Lysa TerKeurst
Nein ist manchmal das bessere Ja
Weise Entscheidungen treffen

Über die Autorin

Lysa TerKeurst ist eine in den USA weithin bekannte Bestseller-Autorin und Rednerin. Sie leitet ihre eigene Organisation – Proverbs 31 Ministries – hat mittlerweile 15 Bücher geschrieben und eine halbe Million Frauen lesen täglich ihre Online-Andachten. Sie lebt mit ihrem Mann und ihren fünf Kindern in North Carolina in den USA.

LYSA TERKEURST

NEIN IST *manchmal* DAS *bessere* JA

WEISE ENTSCHEIDUNGEN TREFFEN

AUS DEM ENGLISCHEN VON ANTJE BALTERS

GerthMedien

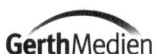

Inhalt

Kapitel 1

DAS DRITTE KÄSTCHEN ANKREUZEN

Meine Tochter und Bestellungen an Drive-in-Schaltern – beide passen irgendwie nicht zueinander. Für ihr Alter kann meine Tochter Brooke wirklich schon sehr viel. Sie ist ein großartiges Mädchen, aber an Drive-in-Schaltern gerät sie regelmäßig in Panik.

Selbst wenn wir schon im Voraus alles genau besprochen haben – dass sie sich überlegen soll, was sie bestellen will und dass sie sich ihre Bestellung gut merken soll –, geht immer irgendetwas schief. Sie braucht viel zu lange, um mir ihre Bestellung zu sagen, oder sie ändert in letzter Sekunde noch einen ihrer Wünsche, und zwar erst während ich bereits dabei bin, die Bestellung durchzugeben. Dadurch bringt sie mich total aus dem Konzept, sodass ich mit unserer Bestellung noch einmal von vorne anfangen muss. Ich bekomme dann immer ein schlechtes Gewissen, weil der Stundenlohn der Person, die meine Bestellung aufnimmt, einfach zu gering ist, um sich lange mit Menschen wie uns aufzuhalten.

Ich fühle mich dann immer furchtbar, weil ich das Gefühl habe, irgendwelche in Stein gemeißelten Drive-in-Regeln zu brechen. Außerdem ist mir qualvoll bewusst, dass wir die wartenden Kunden in der Schlange hinter uns verärgern. Sie hupen zwar nicht, aber ich spüre ihre wütenden Blicke im Rücken und höre förmlich, wie sie sagen, dass wir uns *doch bitte* beeilen sollen. Die Anspannung nimmt stetig zu bis zu dem Punkt, an dem ich weiß, dass jeden Moment doch jemand hupen wird. Ich weiß es einfach. Wenn ich könnte, würde ich dann aus der Schlange ausscheren und mich wieder hinten anstellen, aber das geht ja an einem Drive-in-Schalter nicht, weil rechts und links Begrenzungspfähle stehen, damit die Kundenabfertigung geregelt und zügig vonstattengeht.

Wenn man sich also einmal dazu entschlossen hat, an einem Drive-in-Schalter zu bestellen, dann muss man da durch – auch wenn sich die Tochter nicht entscheiden kann, auch wenn die Schlange hinter einem um das gesamte Gebäude geht, und auch, wenn man der Person am Bestellschalter ansieht, wie sehr sie sich wünscht, man möge doch endlich verschwinden. Man kann nicht weg.

Immer wieder drohe ich Brooke an, dass, wenn so etwas noch einmal passiert, ich ihr mit aller Liebe, derer eine Mutter dann noch fähig ist, sagen werde: „Entweder du sagst mir jetzt sofort, was du haben möchtest, oder wir fahren weiter." Ich drohe ihr an, der Person am Bestellschalter zu sagen, es täte uns leid, wir wollten doch nichts bestellen, und dann wegzufahren. Einfach wegzufahren, und zwar nach Hause, wo sie die gefürchteten Reste von gestern essen müsse oder Toast oder gar nichts, weil sie diese Lektion einfach lernen muss.

Und jetzt kommt das Verblüffendste an der Sache: Wissen Sie, bei welchem Restaurant wir am meisten am Drive-in-Schalter bestellen? Es ist das Restaurant, das von ihrem Vater geleitet wird, das Restaurant, das sie schon ihr Leben lang kennt. Seit Tag eins in Utero wird sie mit den hausgemachten Speisen dieses Lokals ernährt, aber wenn es darum geht, sich etwas davon auszusuchen …

Sie isst so gut wie alles, was auf der Speisekarte steht – und zwar mit Genuss – das habe ich mit eigenen Augen gesehen.

Und trotzdem ist sie wie gelähmt, wenn sie etwas bestellen soll.

Woran liegt das?

Es liegt daran, dass sie nicht ihre Bestellung bekommen und sich dann nach nur wenigen Bissen wünschen möchte, sie hätte sich etwas anderes ausgesucht. Dabei findet sie das, was sie da gerade isst, gar nicht schlecht, sondern ihr wird nur bewusst, dass sie mit ihrer Wahl eine andere – vielleicht bessere – Möglichkeit verpasst. Und dieses Gefühl, vielleicht etwas zu verpassen, das können wir Mädels ja bekanntlich so gar nicht leiden. Genau so wenig wie das Gefühl, etwas so richtig vermasselt zu haben. Oder das Gefühl, haarscharf danebengelangt zu haben in Bezug auf das, was eigentlich hätte sein können und auch sein sollen.

Wenn ich an diesen fast panischen Frust am Drive-in-Schalter denke, den meine Tochter so oft erlebt, weil sie sich nicht entscheiden kann, muss ich mich fairerweise auch selbst fragen, ob ich Schwierigkeiten mit Entscheidungen habe, und wenn ja, an welchen Stellen.

Es gibt ja so seltene Momente, in denen man sich selbst gegenüber absolut ehrlich sein kann, und in einem solchen Moment denke ich: Ja, auch ich habe Mühe mit Entscheidungen. Ich möchte keine Chance verpassen, möchte keine Beziehungen vermasseln, indem ich Menschen enttäusche oder nicht tue, was Gott von mir will. Es fällt mir sehr schwer, ein einigermaßen ausgewogenes Leben zu führen. Es macht mir zu schaffen, wenn ich merke, wie wichtig es mir ist, was andere wohl von meinen Entscheidungen halten. Es bedrückt mich, dass ich mich immer wieder frage, ob meine Unfähigkeit, alles unter einen Hut zu bekommen, vielleicht dazu führt, dass meine Kinder eines Tages auf der Couch eines Therapeuten landen. Und es setzt mir zu, dass ich keine Ahnung habe, wie andere Frauen scheinbar alles mit links schaffen.

Ich möchte nicht immer wieder das Gefühl haben, Gott vielleicht zu enttäuschen, und ich überlege, wie ich mich gerade fühle. Dazu fallen mir Aussagen ein wie: *Ich bin müde. Ich bin abgelenkt. Ich bin enttäuscht von mir selbst. Ich fühle mich ein wenig ausgenutzt und fertig. Ich bin etwas überfordert und ziemlich ausgepowert.*

Aber das sind Gedanken, die ich nur mir selbst eingestehe, unter anderem weil ich eigentlich ein sehr positiver und optimistisch eingestellter Mensch bin und sich solche Eingeständnisse für meinen Geschmack zu negativ anfühlen. Ich mag einfach viel lieber fröhliches Gelb als düsteres Grau. Zum Teil zögere ich aber auch deshalb, derartige Gedanken anderen Menschen mitzuteilen, weil ich keinen blassen Schimmer habe, wie ich daran etwas ändern könnte. Wieso soll ich sie dann überhaupt zum Thema machen?

Ich muss gestehen, dass ich mit der schieren Masse täglicher Anforderungen und wichtiger Entscheidungen nicht wirklich zurechtkomme. Deshalb greife ich jetzt zu Stift und Papier und beschäftige mich intensiv mit diesem Thema als eine Autorin, die hier selbst dringend Hilfe und Orientierung nötig hat.

Das ist gar nicht so leicht für mich, denn jetzt heißt es, mich zu outen, statt einfach den Mund zu halten.

Mir fällt es schwer, so einfach einzugestehen, dass ich ein Thema neu überdenken und einordnen muss. Aber zum Glück ist immer genug Zeit, kurz ein Gebet zu flüstern: „Ich möchte wirklich so leben, wie du es willst, Gott. Deshalb gebe und diene und liebe ich, bringe mich ein und bin auch bereit, dafür Opfer zu bringen. Ich tue das alles mit einem fröhlichen Herzen, einem offenen Geldbeutel und einem Terminkalender, der das Ziel verfolgen soll, eine Frau nach deinem Herzen zu sein. Ich beschäftige mich mit deinem Wort, nehme deine Wahrheit ganz tief in mich auf, und als eine Frau, die mit Zittern und Zagen mutig ist, bin ich entschlossen, jeden Tag Schritte zu tun und mich weiterzuentwickeln."

Und trotzdem ist da dieses nagende Gefühl, dass in meinem Innern irgendetwas nicht im Lot ist. Da bittet mich beispielsweise jemand um etwas, von dem ich eigentlich von vornherein weiß, dass ich es nicht schaffen kann. Mein Kopf sagt Nein, mein Terminkalender sagt Nein, meine Alltagsrealität sagt Nein, aber mein Herz sagt Ja. Und dann vereitelt mein Mund meine Absicht, Nein zu sagen, und er lächelt und sagt: „Ja, natürlich."

Ich will eigentlich nicht Ja sagen, bin aber nicht in der Lage, Nein zu sagen. Ich zögere nicht deshalb Ja zu sagen, weil ich die fragende Person nicht leiden kann. Ich habe sie sogar sehr gern, aber ich habe Angst vor dem, was durch dieses Ja mit mir passiert, denn ich habe auch so schon das Gefühl, auf Reserve zu laufen.

Und so marschiere ich einfach weiter, als ob Christinnen so leben müssten, als ob das völlig normal und in Ordnung sei, als ob das meine Berufung sei, und als ob für mich mehr nicht drin sei.

Ich missbrauche die beiden machtvollsten Worte, die es gibt: *Ja* und *Nein*. Ich verpasse meinem Ziel und Zweck eine schallende Ohrfeige und stampfe meine Berufung in den Boden, wenn ich mich auf Gedeih und Verderb den Bitten und Anforderungen anderer ausliefere, mit denen ich tagtäglich konfrontiert werde. Denn jede Aufgabe fühlt sich an wie meine Aufgabe.

Du brauchst mich? Du kriegst mich, weil ich zu viel Angst habe oder zu feige bin oder zu beschäftigt oder *was auch immer*, um einfach ehrlich zu sein und zu sagen: „Im Moment geht es leider nicht."

Es ist zum Glück mittlerweile möglich, dass wir Frauen ehrlich und aufrichtig sein können, wenn es um unsere Vergangenheit geht, aber im Hinblick auf unsere Gegenwart ist das offenbar noch nicht der Fall. Wir können über unsere Verletzungen aus der Vergangenheit sprechen, aber über das, was uns heute einschränkt und behindert, decken wir lieber den Mantel des Schweigens.

Und währenddessen frisst die Säure der Überaktivität Löcher in unsere Seele, aus denen der Schrei der unerfüllten Berufung dringt. Wir haben zu so vielem Ja gesagt, dass wir leider die Aufgaben, für die ein Ja wirklich wichtig gewesen wäre, verpasst oder gar nicht bemerkt haben – und zwar einfach, weil wir nicht auf die besagten leisen Warnungen aus unserem Inneren gehört haben, diese Warnungen, die da lauten:

Ich bin müde. Ich bin abgelenkt. Ich bin von mir selbst enttäuscht. Ich fühle mich ein wenig ausgenutzt und fertig. Ich bin überfordert und ziemlich ausgepowert.

Wir dürfen das Gebot zu lieben nicht mit dem Wunsch zu gefallen verwechseln, und das nicht nur wegen des Teufelskreises, in den man gerät, wenn man es allen Menschen recht machen will. Ich verpasse manchmal die Chance, ein Ja zu sagen, das richtig und dran ist und die entsprechende Aufgabe zu übernehmen, weil ich einfach nicht weiß, dass sie ein Teil der Gleichung ist. Ich bin so sehr damit beschäftigt zu entscheiden, ob ich Ja oder Nein ankreuzen soll, dass ich das dritte Kästchen gar nicht bemerke, neben dem steht: *Das Ja, das dran ist*, das richtige Ja.

···

*Wir dürfen das Gebot zu lieben nicht mit
dem Wunsch zu gefallen verwechseln.*

···

Was ein solches richtiges Ja, ein Ja, das dran ist, wohl sein mag, werden Sie sich vielleicht fragen. Und genau dieser Frage will dieses Buch nachgehen. Grundsätzlich ist ein solches richtiges Ja, ein Ja, das dran ist, dann gegeben, wenn Sie *Ihre* Aufgabe übernehmen.

In der Gemeinde.

In Schule und Uni.

Am Arbeitsplatz.

Wo immer Sie gerade sind.

Und was soll daran so toll sein?

Im Plan Gottes ist für Sie eine ganz bestimmte Aufgabe vorgesehen. Wenn Sie das wissen und glauben, dann können Sie Ihr Leben auch entsprechend führen. Dann werden Sie in Ihrem Leben Entscheidungen treffen, bei denen das entscheidende Kriterium darin besteht, was gerade für Sie dran ist, und Sie werden dadurch zu einem großartigen Beispiel für das gelebte Wort Gottes. Ihre ungeteilte, durch nichts abgelenkte Liebe wird dafür sorgen, dass Ihr Glaube glaubwürdig ist. Ihre Weisheit wird Ihnen helfen, Entscheidungen zu treffen, die auch morgen noch gut sind und Bestand haben. Und Sie werden lebendig und ganz bei der Sache sein.

....

Ein Ja, das dran ist, liegt dann vor,
wenn Sie Ihren Part, Ihre Aufgabe
übernehmen. Wenn Sie das wissen und
glauben, können Sie es auch leben.

....

Sind Sie bereit, die Frage zu stellen, welches das Ja ist, das für Sie dran ist?

Ich bin jedenfalls bereit. Ich muss nur noch erst schnell die kleine Aktion am Drive-in-Schalter zu Ende bringen. Haben Sie einen Vorschlag für ein stärkeres Deo? Ich habe das Gefühl, dass ich es brauchen könnte.

13

Kapitel 2

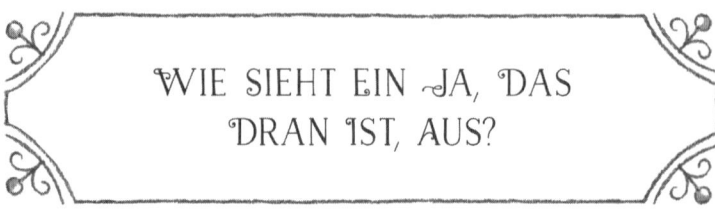

WIE SIEHT EIN JA, DAS DRAN IST, AUS?

Letztes Jahr zu Weihnachten war ich, wie so oft an den Feiertagen, irgendwie fahrig und gehetzt. Jedes Jahr sage ich mir wieder, dass ich im nächsten Jahr bestimmt früher mit allem anfangen und nicht so viel Aufwand betreiben will, damit ich besser im Blick behalte und mich auf das konzentriere, worum es eigentlich geht. Es gibt auch tatsächlich Momente, in denen mir das richtig gut gelingt, aber dann auch wieder solche, in denen ich erbärmlich versage und wie aufgescheucht in der Gegend herumrase.

Ein Beispiel: Ich fuhr noch rasch ins Kaufhaus, um für eine Weihnachtsfeier Geschenkpapier für Wichtelgeschenke zu kaufen. Als ich wieder herauskam, hatte ich 97 Dollar für was weiß ich nicht alles ausgegeben, und zu Hause stellte ich dann fest, dass ich die Geschenkpapierrollen, die ich ganz nach unten in das Fach für Getränkekisten gelegt hatte, weil sie so lang und sperrig waren, vergessen hatte. Ich hatte sie an der Kasse nicht aufs Band gelegt und deshalb zum Glück auch nicht bezahlt. All meine Bemühungen, in dieser *Pinterest*-verrückten Welt die gängigen Feiertagserwartungen zu erfüllen und es ganz besonders gut zu machen, waren also vergeblich gewesen.

Weil wir nach meiner Rückkehr, um nicht zu spät zu kommen, sofort zu der Weihnachtsfeier aufbrechen mussten, blieb mir nichts anderes übrig, als die Wichtelgeschenke in bereits verwendete Geburtstagsgeschenktüten mit „Happy-Birthday"-Aufdruck und recyceltes Packpapier zu verpacken. Und dann erinnerte ich mich plötzlich – ach du Schreck –, dass ich ja zu der besagten Feier auch noch Plätzchen mitbringen sollte.

Alle mit Nachnamen von A–M sollten Häppchen mitbringen, alle mit Nachnamen von N–Z waren mit Nachtisch dran.

Aus lauter Verzweiflung über diese leider zu späte Erkenntnis durchsuchte ich meine Vorratskammer und fand schließlich ein paar vergessene Schokoladenostereier in hübscher pastellfarbener Verpackung.

„Ich nenne sie einfach Schoko-Baumanhänger", redete ich mir ein.

Und während das alles passierte, erzählte mir mein Mann, dass er einer seiner Angestellten Geld schenken wolle.

„Können wir darüber nicht später reden?", schnauzte ich ihn an, weil es mich ärgerte, dass er ausgerechnet in dieser Phase verschärfter Panik über Geldgeschenke für Hilfsbedürftige reden wollte. Unpassender ging es ja wohl nicht. Bei den Stichwörtern Geld und Geschenk machten sich nämlich in meinem Kopf die Gedanken irgendwie selbstständig. Ich dachte, dass ich doch sowieso ständig nur gebe und gebe und gebe und es manchmal einfach leid bin, ja sogar es richtig satt habe zu geben.

Deshalb bringe ich jetzt auch Ostersüßigkeiten als Nachtisch mit und Geschenke in uralten, abgenutzten Geburtstagsgeschenktüten zu einer Weihnachtsfeier, zu der ich eigentlich gar nicht gehen möchte.

„Warum hast du denn die Geschenke so komisch verpackt, Mama?", fragte meine Teenagertochter, eine Hand in die Hüfte gestemmt.

Offenbar hatte sie nicht den Hauch einer Ahnung, dass ich gerade ernsthaft überlegte, nicht nur diese Weihnachtsfeier, sondern das gesamte Weihnachtsfest ersatzlos zu streichen.

„Das ist ja noch gar nichts", entgegnete ich auf ihre Frage. „Wir bringen außerdem noch Ostersüßigkeiten zum Nachtisch mit. Und wenn du auch nur eine kritische Bemerkung über meine offensichtlich so brillanten Fähigkeiten als Gast bei Weihnachtsfeiern machst, dann gehen wir gar nicht."

Und dann sagte mein Mann sinngemäß, wir müssten aber jetzt unbedingt sofort über die finanzielle Unterstützung seiner Angestellten reden.

Wieder schnauzte ich ihn an. Dieses Mal mit den Worten: „Ich will aber nicht helfen!"

Kennen Sie dieses Gefühl, zutiefst überzeugt zu sein, dass Sie der schlechteste Mensch auf diesem Planeten sind? Dass wenn Ernennungsurkunden für den „schlechtesten Menschen" in der gesamten Weltgeschichte verliehen würden, Sie in diesem Moment eine in die Hand gedrückt bekämen?

Ich hatte mich in meiner eigenen kleinen Welt in der Hektik oberflächlicher Dinge so verfranzt, dass ich die Hilfeschreie aus der Welt von jemand anderem nicht mehr hören konnte. Gott wollte eigentlich, dass ich meinem Mann einfach ein paar Minuten Zeit schenkte, um ihm aufmerksam und konzentriert und mit ganzem Herzen zuzuhören, aber ich weigerte mich. Ich ließ diesen Moment einfach verstreichen und ich benahm mich auch noch so, als wäre das absolut berechtigt.

Mein Mann wollte die Familie einer Frau, die gerade als Küchenhilfe in seinem Restaurant angefangen hatte, finanziell unterstützen. Es war eine Einwandererfamilie, von deren Mitgliedern bisher noch keiner Englisch sprach. Schon allein deshalb war es nicht einfach für sie, überhaupt mitzuteilen, dass sie Hilfe brauchten. Die Familie hatte es sehr schwer, denn die Frau hatte im Frühjahr eine schwer kranke Tochter zur Welt gebracht und an diesem Morgen war das Kind gestorben.

Während ich mir also einen Kopf darüber gemacht hatte, dass ich das Geschenkpapier im Supermarkt hatte liegen lassen, hatte eine Freundin der Mutter des verstorbenen Kindes bei meinem Mann angerufen und ihn gebeten, die Familie bei den Kosten für die Beerdigung der Kleinen zu unterstützen.

Als ich schließlich erfuhr, was mein Mann mir die ganze Zeit hatte sagen wollen, fühlte ich mich furchtbar, und zwar nicht in erster Linie, weil ich so viel zu tun hatte, sondern wegen meiner knauserigen Reaktion, bezüglich des Anliegens meines Mannes.

Ich kann manchmal wirklich bockig sein.

Und dabei hatte ich Gott noch am selben Morgen gebeten, sich in meinem Alltag zu zeigen. Aber dann war ich aufgestanden und hatte mit meinem Tagwerk begonnen, ohne genau hinzuhören oder hinzuschauen, was das vielleicht ganz praktisch bedeuten könnte. Ich hatte vergessen, ihm wirklich nachzufolgen, hatte vergessen, mich innerlich ganz auf seine Stimme und seine Einladung an mich auszurichten, und das alles nur, weil ich an diesem Tag so viel zu tun hatte und so in Hektik war.

Wenn sich das Leben nur noch wie das Hetzen von einer Aufgabe und Anforderung zur nächsten anfühlt, dann werden wir leicht vergesslich. Dann vergessen wir so einfache Dinge wie zum Beispiel, wo wir den Autoschlüssel hingelegt haben oder die entscheidende Zutat für unser Abendessen, wegen der wir überhaupt noch schnell zum Supermarkt gefahren sind. Aber was noch viel beunruhigender ist: Wir vergessen auch Gott. Mit dem Mund sagen wir zwar, dass wir Gott vertrauen, aber tun wir das wirklich?

Ob es wirklich stimmt, lässt sich leicht daran feststellen, ob wir merken, was Gott will und ob wir bereit sind mitzumachen, wenn Gott uns dazu einlädt.

DIE AUFGABE NICHT SEHEN

Ich muss gestehen, dass ich solche Einladungen von Gott oft nicht mitbekomme und dadurch Wichtiges verpasse. Heute bin ich beispielsweise in der Gemeinde an einer Frau vorbeigegangen, die sehr blass war und kein Haar hatte. Ganz kurz verspürte ich den inneren Impuls *zu ihr hinzugehen und kurz Hallo zu sagen*, aber dann folgte ich diesem Impuls doch nicht, sondern ich verdrängte ihn.

Auf dem Parkplatz des Restaurants, in dem ich zu Mittag gegessen habe, sah ich einen weggeworfenen Pappbecher liegen. Eigentlich war mir klar, dass ich ihn aufheben und in den Mülleimer werfen sollte, aber ich bin einfach daran vorbeigegangen.

Seit zwei Wochen habe ich immer wieder den Impuls, die Freundinnen meiner Tochter zu einem schönen Abendessen mit anschließender Bibelarbeit bei uns einzuladen, aber bisher habe ich weder mit meiner Tochter darüber gesprochen, noch mir einen möglichen Termin überlegt.

Diesen Impulsen nachzugehen wären ganz einfache Gehorsamsschritte gewesen, die ich aber allesamt versäumt habe, und zwar nicht, weil ich die Impulse nicht bemerkt hätte, sondern einfach weil ich zu beschäftigt war – völlig gefangen und verfranzt in der Hektik nicht endender Anforderungen. Und diese ständige Hektik macht rebellisch. Ich wusste genau, was ich hätte tun sollen, aber ich habe es einfach stumpf ignoriert.

In den beschriebenen Fällen ist durch mein Ignorieren der Führung Gottes vielleicht nichts Weltbewegendes passiert. Ein nicht ordnungsgemäß entsorgter Kaffeebecher ist schließlich nichts Weltbewegendes. Und kann ich denn überhaupt sicher sein, dass der Impuls, ihn aufzusammeln, wirklich von Gott kam?

Ich glaube allerdings, dass die Frage eigentlich lauten sollte: *„Kann ich sicher sein, dass der Impuls nicht von Gott kam?"*

Wenn wir Wert darauf legen, das Ja zu sagen, das wirklich gerade dran ist, dann müssen wir uns nach ständiger und ununterbrochener Gemeinschaft mit Gott sehnen. Der Kaffeebecher war tatsächlich nichts Weltbewegendes, abgesehen davon, dass er der Auslöser dafür war, diesem Impuls von Gott nicht zu folgen. Aber wer heute den Anweisungen und Impulsen Gottes gehorcht, entwickelt ein waches Gespür für seine Führung für morgen. Ich bitte Gott ständig um seine Führung, aber die kann ich natürlich nicht erleben, wenn ich nicht tue, was er sagt.

....

Wer heute den Anweisungen und Impulsen Gottes gehorcht, entwickelt ein waches Gespür für seine Führung für morgen.

....

Es sind genau diese kleinen Unterbrechungen in unserer Gemeinschaft mit Gott, in denen sich Verwirrung darüber einstellt, was wir eigentlich tun sollen. In Kapitel 1 habe ich geschrieben, dass wir *das Gebot zu lieben nicht mit dem Wunsch zu gefallen verwechseln dürfen.* Wenn wir nicht in der Lage sind, die Führung Gottes zu erkennen, zu hören, was er will, dann entsteht eine Verwirrung, die bei vielen Menschen zu Problemen führt.

Kennen Sie den Bibelvers bei Jesaja, in dem es heißt: „Und kommt ihr vom richtigen Weg ab, so hört ihr hinter euch eine Stimme: ‚Halt, dies ist der Weg, den ihr einschlagen sollt!'" (30,19).

Ich mag diesen Vers sehr und ich wünsche mir, dass er mir in Fleisch und Blut übergeht. Ich möchte Gott mit meinen eigenen Ohren sagen hören: „Dies ist der Weg, den du einschlagen sollst."

Das möchte ich mit jeder Faser meines Seins. Geht es Ihnen

nicht auch so? Können Sie sich vorstellen, wie viel Angst und Leid wir uns selbst ersparen könnten, wenn wir wirklich so auf Gott ausgerichtet wären?

Diese Ausrichtung ist tatsächlich möglich, aber dorthin zu gelangen, ist ein Prozess. Lassen Sie uns den eben zitierten Vers aus dem Propheten Jesaja noch einmal im Zusammenhang lesen:

So spricht der Herr, der heilige Gott Israels: „Kehrt doch um zu mir, und werdet ruhig, dann werdet ihr gerettet!

Vertraut mir, und habt Geduld, dann seid ihr stark! Doch das wollt ihr nicht. Ihr prahlt: „Wir haben gute und schnelle Pferde, wir bringen uns rechtzeitig in Sicherheit."

Jawohl – ihr werdet fliehen, aber eure Verfolger bleiben euch auf den Fersen! Ein einziger von ihnen schlägt tausend von euch in die Flucht; und wenn nur fünf euch angreifen, dann lauft ihr alle schon davon.

Zuletzt bleibt nur ein kleines Häufchen von euch übrig, einsam und verlassen wie eine Fahnenstange auf der Bergspitze.

Doch sehnt sich der Herr danach, euch gnädig zu sein. Bald wird er zu euch kommen und sich wieder über euch erbarmen, denn er ist ein gerechter Gott. Wie glücklich sind alle, die auf seine Hilfe warten.

In der *Amplified Bible*[1] steht außerdem noch, dass diejenigen glücklich sind, „die ernsthaft auf ihn warten, die mit ihm rechnen, ihn suchen und sich nach ihm sehnen (nach seinem Sieg, seiner Gunst, seiner Liebe, seinem Frieden, seiner Freude, seiner einzigartigen ständigen Begleitung)"!

Ja, wer hätte das nicht gerne auch?

---

1 Hierbei handelt es sich um eine erweiterte Bibelausgabe, die unterschiedliche Textvarianten miteinbezieht und so ein besseres Textverständnis ermöglicht (Anm. des Verlags)

Ihr Einwohner Jerusalems, ihr Menschen aus Zion, ihr werdet nicht mehr weinen! Der Herr wird euer Rufen erhören und euch in Liebe antworten.

Und schickt er euch auch Zeiten der Not, in denen Brot und Wasser knapp werden, so lässt er euch doch nicht umkommen. Er wird sich nicht länger vor euch verborgen halten, sondern euch unterweisen. Mit eigenen Augen werdet ihr ihn als euren Lehrer sehen.

Und kommt ihr vom richtigen Weg ab, so hört ihr hinter euch eine Stimme: „Halt, dies ist der Weg, den ihr einschlagen sollt!"

Dann sind eure geschnitzten und gegossenen, mit Gold und Silber überzogenen Götzenfiguren für euch auf einmal nur noch Abfall. Verächtlich ruft ihr: „Bloß weg mit diesem Dreck!" (Verse 19-22).

Der folgende Prozess wird uns hier in der Bibel aufgezeigt:

- Gott fordert uns auf, zu ihm zurückzukehren und uns auszuruhen.
- Aber wir sagen Nein und rennen weiter unseren eigenen Weg entlang. (Sie erinnern sich: Hektik macht leicht rebellisch.)
- Der Herr ist barmherzig und liebevoll und freundlich zu uns, selbst wenn wir dabei sind, uns selbst völlig auszupowern.
- Er hört unser Rufen und reagiert darauf mit Erbarmen.
- Ja, es stimmt, unsere Weigerung, auf ihn zu hören, hat Folgen, aber es gibt immer eine zweite Chance, diese ständige Gemeinschaft mit ihm zu erleben, wenn wir gespannt auf ihn warten – oder, wie es in der *Amplified Bible* heißt, wenn wir lange nach ihm suchen.
- Er flüstert also: „*Sag kurz Hallo zu ihr; sammle den Becher auf und wirf ihn in den Mülleimer; lade die Mädchen zum Essen ein. Suche nach mir. Sehne dich nach mir. Erlebe ständige, ununterbrochene Gemeinschaft mit mir.*
- Dann werden wir ihn hören und sehen.

- Und auf die anderen Götzen, denen wir so gerne nachjagen – auf all das also, was wir über Gott stellen – können wir dann verzichten.

Ob ich das perfekt hinbekomme? Ganz offensichtlich nicht, denn allein heute habe ich drei Chancen, mich so zu verhalten, verpasst. Aber es gab dann noch eine vierte Chance zu einem Ja, das dran ist, die ich nicht ungenutzt habe verstreichen lassen. Zu dieser Chance kam es allerdings erst, nachdem ich zu Gott geflüstert hatte: „Bitte vergib mir. Ich mache jetzt Schluss mit dieser Hektik und will merken, was gerade wirklich wichtig ist, und dann auch gehorchen."

Und anschließend schenkte Gott mir tatsächlich einen weiteren Versuch.

Ich erinnerte mich wieder an die Frau, an der ich in der Gemeinde vorbeigehetzt war, und ich hatte die Eingebung, sie mithilfe einer gemeinsamen Freundin ausfindig zu machen und ihr eine ganz einfache E-Mail zu schicken. Und das tat ich dann auch. Und zwar nur, weil Gott sagte: „Diese Kontaktaufnahme ist das Ja, das heute für dich dran ist. Versäume es also nicht."

Jene E-Mail führte schließlich dazu, dass ich mit dieser Frau zusammen einen Kaffee trank, und während unseres Gesprächs gab Gott mir die Antwort auf eine Frage, um die ich ihn schon seit Langem gebeten hatte. Da hatte ich also angenommen, mit unserer Verabredung dieser Frau zu helfen, und am Ende war sie es, die mir half. Ich verstand dadurch, dass das Befolgen einer der Anweisungen Gottes letztlich bewirkt, dass ich seine Führung besser erkennen kann. Ja, diese Verabredung zum Kaffeetrinken war wichtig für mich gewesen, doch es wäre nie dazu gekommen, wenn ich nicht in der Hektik meines Lebens innegehalten und der Frau doch noch eine E-Mail geschrieben hätte, so, wie Gott es wollte.

Durch diesen kleinen Gehorsamsschritt wurde mein geistlicher Gehörgang ein wenig mehr freigepustet. Denn eigentlich ist es gar nicht so, dass wir Gott nicht hören würden. Doch um dies klar und deutlich tun zu können, musste ich mir erst einmal eingestehen, dass ich durch meine Hektik nicht immer alles mitbekomme.

Wenn wir Gott hören wollen, dann müssen wir bekennen, dass wir manchmal direkt an seinen Anweisungen vorbeilaufen und dadurch seine Führung verpassen. Wenn wir uns aber bei unseren Entscheidungen seine Führung wünschen, dann dürfen wir nicht nur nach den großartigen Augenblicken mit spektakulären Aufgaben und Aufträgen Ausschau halten, sondern wir müssen auch die scheinbar kleinen Anweisungen in ganz normalen Alltagsmomenten mitbekommen, in denen Gott sagt: *Geh dort hin.* Und wenn wir das tun, werden wir Gefährten Gottes, deren Augen und Ohren wirklich offen sind und die immer stärker auf ihn ausgerichtet sein werden.

Doch jetzt noch einmal zurück zu meiner Weihnachtsfeiergeschichte. Mir war es an diesem Tag viel wichtiger, es den anderen Leuten auf der Feier recht zu machen und ihnen zu gefallen, als für meine eigene Familie wirklich ansprechbar zu sein. Mir war meine Außenwirkung wichtiger, als tatsächlich mit Gott in Verbindung zu sein. An diesem Abend bat ich meinen Mann um Verzeihung und er überwies der Familie das Geld, damit sie die Beerdigung ihres Kindes bezahlen konnte.

ERST UNTERWEISUNG, DANN FÜHRUNG SUCHEN

Ein paar Tage später nahmen wir an dem kleinen Trauergottesdienst für dieses Kind teil. Wir setzten uns in die hinterste Reihe der Kirche und beim Anblick der weinenden Mutter, die sich an den winzigen weißen Sarg klammerte, wurde mir so unbeschreiblich schwer ums Herz.

Nachdem die beste Freundin der Mutter des verstorbenen Kindes diese von dem Sarg weggeholt und zu einem Platz in der ersten Reihe geführt hatte, begann der Gottesdienst in einer Sprache, die wir nicht verstanden. Es waren aber auch gar keine Worte nötig, um uns in die Trauer der Eltern hineinzuversetzen.

Dann flüsterte die Mutter des verstorbenen Babys ihrer Freundin etwas ins Ohr. Diese drehte sich daraufhin zu uns um, stand mitten in der Predigt auf, kam zu uns nach hinten und forderte uns mit einer Geste auf, mit nach vorne zu kommen.

Ich begriff nicht, was das sollte und wurde rot, als uns die Blicke folgten und die Gottesdienstbesucher dadurch von der Predigt abgelenkt wurden. Eigentlich waren wir nur Teil der Trauergemeinde wie alle anderen Anwesenden auch und wir wollten nicht im traurigsten Moment im Leben dieser Familie die Aufmerksamkeit auf uns ziehen.

Die Freundin der Mutter bedeutete uns jedoch erneut mit einer Geste, nach vorne zu kommen und uns zu den Eltern des Kindes in die erste Reihe zu setzen. Eine Ehre, die uns eigentlich nicht zustand.

Und schließlich bat der Pastor jemanden aus der Trauergemeinde, nach vorne zu kommen und den Rest der Predigt extra für uns zu übersetzen.

„Sie haben dieser Familie und unserer ganzen Gemeinschaft

geschenkt, dass wir heute diesen Gottesdienst abhalten können", sagte der Pastor. „Wir werden Ihnen das zwar niemals in Form von Geld zurückzahlen können, aber Sie können sicher sein, dass wir es in Form von Gebeten für Ihre Familie tun werden. Die kleine Emily wurde am 26. Mai geboren und hatte ein kurzes, aber wichtiges Leben …"

Er sagte noch mehr, aber an den Rest kann ich mich nicht mehr genau erinnern, denn ich war so verblüfft, dass es in meinem Kopf drunter und drüber ging. Es war, als ob Gott flüsterte: „Pass auf und schau hin, was ich dir zeigen will."

Ich hatte an diesem Morgen, bevor wir uns auf den Weg zu dem Trauergottesdienst gemacht hatten, sehr konkret für meine Tochter Ashley gebetet und dann Gott gebeten, mir irgendeine Bestätigung dafür zu geben, dass er mich gehört hatte. Diese Bestätigung schenkte er mir jetzt mitten in diesem Trauergottesdienst in Form der Zusage, dass die ganze Gemeinde für unsere Familie beten werde.

Das waren wirklich unverdiente Gebete. Gebete von Menschen, die mitten in ihrem eigenen Leid und ihrer tiefen Trauer bereit waren zu geben.

Gebete, die so viel wertvoller waren als das bisschen Geld, das wir gegeben hatten.

Und dann, wie als Bestätigung, dass dies hier ein Moment war, den Gott geschaffen und herbeigeführt hatte, stellte sich heraus, dass die kleine Emily und meine Ashley am selben Tag Geburtstag hatten – am 26. Mai.

Ach, wie sehr wünschte ich mir, diese Geschichte würde davon handeln, dass Emily kerngesund auf die Welt gekommen wäre; dass es eine Geschichte wäre, in der Gottes Eingreifen dazu geführt hätte, dass es gar keine Beerdigung hätte geben müssen. Aber in dieser gebrochenen Welt kommen eben gebrochene Geschichten zustande.

Doch inmitten all dessen ist Gott da und weist uns darauf hin, wie wichtig es ihm ist, ständig Gemeinschaft mit ihm zu haben. Ich war absolut überwältigt davon, wie barmherzig und freundlich es von Gott ist, sich zu wünschen, dass wir seine Unterweisung befolgen, damit er uns seine Führung offenbaren kann.

Lassen Sie sich das nicht entgehen. Die ständige Gemeinschaft mit ihm hilft uns, seine Unterweisung zu hören, um schließlich seine Führung erkennen zu können und seine Anweisungen zu befolgen.

Lassen Sie uns erst Buße tun. Lassen Sie uns nicht vergessen, all die kleinen Gelegenheiten zu nutzen, durch die wir die Chance zu dieser ständigen Gemeinschaft mit ihm haben. Denn in dieser Gemeinschaft hören wir seine Stimme hinter uns, die sagt: „Das ist der Weg."

Der Weg des Ja, das jetzt dran ist.

Und wenn wir erst einmal diesen Weg kennen, an ihn glauben und anfangen, ihn auch praktisch zu gehen, dann sind wir auch bereit für ein bisschen mehr: Zum Beispiel für diese Herzenssache, von der wir träumen, und die uns mitten in der Nacht aufweckt. Für jene Berufung, für die eine Sache, von der wir sagen: „Das möchte ich machen, Gott! Lass mich das machen!"

Und damit wollen wir uns als Nächstes beschäftigen.

Kapitel 3

ÜBERFORDERTER ZEITPLAN – UNTERFORDERTE SEELE

EINE FURCHTLOSE FOSBURY WERDEN

Also, bevor es weitergeht muss ich vorausschicken, dass ich zwar mit Sport nicht viel am Hut habe, dafür aber umso mehr mit Geschichten. Wenn Sie vorhaben, mit mir gemeinsam die Sendungen auf einem Sportsender zu schauen, dann wäre es gut für Sie, wenn an diesem Tag nicht reine Sportberichterstattung gesendet würde, sondern eher Interviews, Reportagen und Berichte über Sportler und ihre Familien und über Hindernisse und Widrigkeiten, die sie überwinden mussten, um erfolgreich zu werden. Das interessiert mich, und es würde verhindern, dass ich Sie mit blöden Fragen und verrückten Beobachtungen darüber, wie unmodisch Sportbekleidung sein kann, oder Klagen darüber, wie wenig Style in vielen Sportarten vorhanden ist, wahnsinnig mache.

Wo waren wir noch mal stehen geblieben? Ach ja, ich hab mit Sport nicht viel am Hut. Genau. Aber ich habe folgende Geschichte über einen Sportler gefunden, der seinen Grundansatz, seine Technik, veränderte, und zwar mit ungeahnten Folgen. Er war Hochspringer und hieß Dick Fosbury. Ich erfuhr von ihm, weil meine Tochter sich ausgerechnet Stabhochsprung als ihre Sportart ausgesucht hat – doch davon erst später mehr.

Ich will ganz offen sein, wo und wie ich überhaupt auf diese Geschichte gestoßen bin, nämlich durch einen Werbespot, über den ich zufällig stolperte, als ich versuchte, an den vielen Sportsendern vorbei auf einen Sender mit Wohn- und Gartenreportagen umzuschalten und dabei irgendwie hängen blieb. Und dann konnte ich mich nicht wieder losreißen von diesem Werbespot über einen Mann, der Althergebrachtes auf den Kopf stellte. Dass ich mich nicht wieder losreißen konnte, lag nicht daran, dass mir der Mazda gefiel, für den in dem Spot geworben wurde, sondern an der verschneiten Schwarz-Weiß-Aufnahme von einem Mann, der etwas Bekanntes und Bewährtes völlig auf den Kopf stellte, und zwar im wahrsten Sinne des Wortes.

Mit der althergebrachten Technik im Hochsprung war damals für Sportler bei einer bestimmten Höhe Schluss gewesen, doch Fosbury hatte die wahnsinnige Idee, doch noch höher zu springen, indem er den Körperschwerpunkt weiter nach unten verlagerte. Dazu musste er nur rückwärts und mit dem Kopf zuerst über die Latte springen. Aus diesem Grund wird er auch heute noch „der Furchtlose" genannt. Mit dieser neuen Technik – die seine Trainer in Angst und Schrecken versetzte – stellte Fosbury einen olympischen Rekord auf, den er mit der alten Technik niemals erreicht hätte. Er musste seinen Grundansatz verändern, um seine Leistung zu verbessern. Und genau das tat er.[2]

Er probierte eine neue Technik aus und erfand einen neuen Bewegungsablauf. Er veränderte seinen Grundansatz und hatte damit nicht nur seinen größten persönlichen Erfolg, sondern

---

2   Joseph Durso, „Fearless Fosbury Flops to Glory", New York Times, 20. Oktober, 1986, http://www.nytimes.com/packages/html/sports/year_in_sports/10.20.html

revolutionierte die gesamte Sportart. Heute, also über vierzig Jahre später, springen so gut wie alle Hochspringer immer noch in dieser Technik. Was würde wohl passieren, wenn wir genau wie Fosbury unseren jetzigen Grundansatz beim Treffen von Entscheidungen auf den Kopf stellen würden?

Unser derzeitiger Ansatz sieht grundsätzlich folgendermaßen aus: Die Anforderungen und Bitten anderer bestimmen, welche Entscheidungen wir treffen. Indem wir unsere Zeitplanung von Anfragen und Bitten anderer diktieren lassen, werden wir zu ihren Sklaven, denn schließlich agieren wir dabei nicht, sondern reagieren immer nur.

Doch ein Leben, in dem wir überwiegend reagieren, führt sehr schnell in die Erschöpfung. Wir bekommen Anfragen über Anfragen und stopfen unsere Terminkalender bis zum Anschlag voll, sodass wir darin kaum noch freie Stellen haben und wir nur noch erschöpft sind. Und weil wir unseren Ansatz und unsere Vorgehensweise nicht ändern, erleben wir auch so gut wie nie tiefe innere Befriedigung.

Wenn ich möchte, dass sich in meinem Leben etwas ändert, wenn ich die Verwendung und den Einsatz der beiden machtvollsten Worte der Welt – nämlich Ja und Nein – ändern will, dann passiert das nicht, indem ich mich noch mehr anstrenge oder noch mehr träume, ja nicht einmal, indem ich mich zu Tode schufte. Nein, ich muss meine Vorgehensweise beim Treffen von Entscheidungen grundsätzlich verändern.

Wenn ich immer nach demselben Muster vorgehe, erhalte ich natürlich auch ständig dieselben Ergebnisse, die dann zur Gewohnheit werden. Solche Gewohnheiten führen wiederum zu immer denselben Entscheidungen. Und wenn ich immer dieselben Entscheidungen treffe, sitze ich irgendwann fest. Aber festsitzen möchte ich nicht.

Ich möchte viel lieber eine furchtlose Fosbury werden.

WIE MAN SICH SEELISCH VERAUSGABT

Ein Mensch, der ständig mit dem Stress eines übervollen Termin-kalenders lebt, leidet oft unter der Traurigkeit einer unterforder-ten Seele, weil so eine Seele nichts mehr aufnehmen kann. Eine solche unterforderte Seele ist eine Seele, der bewusst ist, dass Gott eigentlich noch mehr mit ihr vorhat. Sie möchte das tun, woran sie denkt, wenn sie mitten in der Nacht aufwacht. Jedes Jahr im Januar schreibt sie auf die Liste ihrer Pläne, Projekte und guten Vorsätze, dass sie endlich „ihr Ding", ihre Herzenssache, in Angriff nehmen will.

....

Eine Frau, die ständig mit dem Stress
eines übervollen Terminkalenders lebt,
leidet oft unter der Traurigkeit einer
unterforderten Seele.

....

„Ihre Herzenssache" könnte beispielsweise sein, …

- … ein Buch zu schreiben.
- … einen Bibelkreis für Kinder und Jugendliche ins Leben zu rufen.
- … auf Missionsreise zu gehen.
- … eine kleine Konditorei zu eröffnen.
- … noch einmal an die Uni zu gehen und das abgebrochene Stu-dium zu beenden.
- … sich mit dem Fotografieren selbstständig zu machen.
- … in der Gemeinde ein Seminar anzubieten.
- … endlich die Schulden loszuwerden.
- … eine ehrenamtliche Tätigkeit zu übernehmen.

Aber dann kommt der nächste Januar und dann der übernächste und der danach, und Ihre „Herzenssache" steht immer noch ganz unten auf der Liste. Wenn sie es denn überhaupt auf die Liste geschafft hat. Vielleicht die einzige Stelle, an der diese „Herzenssache" überhaupt noch vorkommt, sind die nächtlichen Gedanken zwischen Schlafen und Aufwachen oder die kostbaren ruhigen Minuten unter der Dusche. Doch die Zeit, in der man dieses „Herzenssache" tatsächlich in Gang bringen könnte, zerrinnt offenbar genauso schnell, wie sich der Dampf im Bad nach dem Duschen auflöst. Und dann ist wieder ein Tag vergangen mit einer ganz anderen Liste von Aufgaben und Terminen. Und die Zeit geht einfach immer weiter, ohne dass die betreffende Frau erlebt, dass „ihre Herzenssache" verwirklicht wird.

Was wäre, wenn wir es tatsächlich wagen würden, diese neue, unerreichte Höhe – um im Bild des Hochsprungs zu bleiben –, dieses große Ziel für unser Leben, „unsere Herzenssache", diese Sache, die wir uns so sehr wünschen, aber nie wirklich miteinplanen, tatsächlich einmal schriftlich festhalten?

Und was wäre, wenn wir uns ehrlich aufschreiben würden, welche konkreten ersten Schritte erforderlich wären, um diese „Herzenssache" tatsächlich zu verwirklichen?

Und als Nächstes: Was wäre, wenn wir sogar so kühn wären, tatsächlich einen Zeitplan für diese ersten Schritte aufzustellen? Bitte lesen Sie den letzten Satz noch einmal ganz genau und sorgfältig. Ja, genau, einen Zeitplan aufstellen, um tatsächlich an den ersten Schritten dieser Sache zu arbeiten, die wir als unsere Herzenssache bezeichnen.

Die Entscheidungen, die wir treffen, bestimmen unseren Zeitplan, und unser Zeitplan, der Terminkalender, hat sehr großen Einfluss auf das Leben, das wir führen. Wie wir unser Leben führen, hat wiederum starken Einfluss darauf, wofür wir uns ganz und von Herzen einsetzen und einbringen. Es geht darum, wie wir Gott mit der uns zur Verfügung stehenden Zeit die Ehre geben.

Sie erinnern sich sicher an das letzte Kapitel, in dem von der ständigen Gemeinschaft mit Jesus die Rede war, durch die man Klarheit für alltägliche Dinge bekommt. Aber dann ist da ja auch noch die erwähnte Herzenssache. Es gehört zu dieser ständigen Gemeinschaft mit Jesus, dass wir uns klarer bewusst machen, wofür wir unser Herz, unsere Seele und unsere Zeit einsetzen. Es geht um eine neue Art, genau die Aufgabe zu übernehmen, die Gott uns zugedacht hat.

Es geht nicht darum, dass wir bis jetzt nicht richtig oder sogar schlecht gelebt haben – so wie ja auch Fosburys alte Sprungtechnik keine schlechte Technik war, denn schließlich übersprang er damit große Höhen. Doch er wollte mehr, wollte noch höher springen können, und ich nehme an, dass Sie ebenfalls mehr wollen. Dick Fosbury überwand nie erreichte Höhen, indem er die neue Technik einsetzte, indem er also seinen Körper so drehte, dass er mit dem Rücken zuerst und dann mit den Füßen die Latte überquerte.

Ich finde, das ist ein sehr interessanter Gedanke.

Er ging praktisch rückwärts in den Sprung hinein.

Wenn ich darüber nachdenke, was wir ändern müssen, damit unsere Herzenssache nicht immer wieder verdrängt und verschoben wird, dann glaube ich, dass wir es vielleicht ebenfalls rückwärts angehen müssen. Statt darauf zu warten, dass wir eines Tages irgendwie die Zeit haben werden, um damit anzufangen, müssen wir die Zeit für diese Sache bewusst einplanen.

Meine Herzenssache war jahrelang, ein Buch zu schreiben. Wahrscheinlich würde ich davon immer noch träumen, wenn ich nicht die Bedeutung der 3,5 erfahren hätte.

Ich werde gleich erklären, wieso 3,5 eine so wichtige Zahl für mich war, aber beginnen muss ich mit einer anderen Zahl – der

168. Das ist nämlich die Anzahl von Stunden, die Gott mir jede Woche zur Verfügung stellt.

Nicht mehr, aber auch nicht weniger.

Jetzt lassen Sie sich bitte nicht durch Flashbacks von unsäglichen Mathestunden von dem ablenken, was ich Ihnen erklären möchte. Ich verspreche Ihnen, dass die folgende kleine Übung wirklich einen Sinn hat.

Es gibt doch diese Horrortextaufgabe von den beiden Zügen, die unterschiedlich schnell in unterschiedlichen Zeitzonen unterwegs sind und zu unterschiedlichen Zeiten abfahren und unterschiedliche Fracht geladen haben. Ich bekomme schon Kopfschmerzen, wenn ich an diese Aufgabe nur denke. Aber keine Angst, so etwas kommt jetzt nicht, sondern wir werden einfach nur eine „Bestandsaufnahme" unserer Wochenstunden vornehmen. Die Liste Ihrer Tätigkeiten kann völlig anders aussehen als die meiner, aber vielleicht können Sie meine Liste zur Orientierung gebrauchen. Es sind darauf die Tätigkeiten verzeichnet, die in meinem Alltag regelmäßig vorkommen und bei denen ich in etwa bestimmen kann, wie viel Zeit sie beanspruchen:

- Schlafen
- Mahlzeiten
- Stille Zeit
- Zeit mit der Familie
- Vorbereitungen für Dienste und Mitarbeit
- Anwesenheit und Dienste in der Gemeinde
- Eheabend
- Zeit mit Freunden
- Sport
- Sitzungen der *Proverbs 31*-Arbeit
- Besorgungen und verschiedene Aufgaben im Haushalt
- Aktivitäten der Kinder und Schulveranstaltungen

Wenn ich zusammenrechne, wie viel Zeit ich für diese Aufgaben und Tätigkeiten brauche, bleiben von den 168 Stunden am Ende nur 3,5 Stunden pro Woche übrig. Doch wir wissen ja alle, dass 3,5 Stunden blitzschnell weg sind, wenn nur ein paar wenige Anfragen und Bitten eintrudeln. Und in der Regel bekommen wir pro Woche eher mehr als nur ein paar Anfragen und Bitten um Hilfe oder Mitarbeit. Da ist es nicht weiter verwunderlich, wenn wir von unserem Zeitplan überfordert sind, unsere Seele aber unterfordert bleibt.

Bei mir ist es jedenfalls so. Wenn meine Zeitplanung aus dem Ruder läuft, dann leidet darunter zwar am allermeisten meine eigene Seele, aber auch andere werden dadurch in Mitleidenschaft gezogen, beispielsweise meine Familie, meine innere Einstellung und mein Stresslevel. Doch das Schlimmste von allem ist diese tiefe innere Traurigkeit, die sich einstellt.

Wenn wir nicht unglaublich bewusst mit diesen 3,5 Stunden umgehen, die wir pro Woche übrig haben, dann versickern sie ganz schnell irgendwo. Natürlich ist die Anzahl der Stunden, die Sie pro Woche übrig haben eine andere als meine, aber das Prinzip ist dasselbe. Was wir mit diesen Stunden tun, sagt sehr viel darüber aus, ob wir jemals eine „furchtlose Fosbury" werden.

Doch zurück zu meiner Herzenssache, ein Buch zu schreiben. Ich „kam nie dazu". Und ich „fand nie die Zeit" dazu.

Warum Sie dann aber jetzt gerade mein Buch Nummer siebzehn in den Händen halten, fragen Sie? Weil ich gemerkt habe, dass ich nur „zum Schreiben komme" oder „Zeit zum Schreiben finde", wenn ich meinen Zeit- und Terminplan so organisiere, dass die Zeit zum Schreiben darin einen konkreten Platz hat. Deshalb habe ich die besagten 3,5 Stunden für mein Schreiben geblockt. Ich übernahm die Kontrolle über diese Zeit und reservierte sie für mich, bevor jemand anderer sie sich schnappen konnte. Und ich setzte diese 3,5 Stunden wöchentlich für die Sache ein, von der ich wusste, dass Gott sie in die DNA meines Herzens eingearbeitet hat.

Ich erinnere mich noch, wie ich zum ersten Mal die Einladung einer Freundin in ein Restaurant mit Indoor-Spielplatz ausschlug, weil zu diesem Zeitpunkt „Schreiben" in meinem Terminkalender stand. Ich kam mir dabei ziemlich blöd vor, denn für die Freundin war ich gar keine Autorin. Du liebe Zeit, nicht einmal ich selbst betrachtete mich als Autorin. Ich hatte noch nie etwas von Bedeutung geschrieben – es sei denn, man zählte das kleine Buch mit Gedichten dazu, das ich für meine Mutter geschrieben hatte, als ich zehn war. Dieses kleine Buch mit den Seiten aus Pergamentpapier, die an den Ecken angekokelt waren. Angekokelte Seiten waren damals schwer angesagt.

Außer für meine Mutter war ich für niemanden eine Autorin. Aber meine Mutter hatte auch irgendwann zu mir gesagt, ich könne ohne Weiteres Countrysängerin werden, weil ich genauso eine Stimme hätte wie eine der Sängerinnen der *Honky-Tonk-Angels*. Diese Art von Mutterliebe ist genau das, was Leuten ihre fünfzehn Sekunden Blamage in Castingshows einbringt.

Liebe Mütter, ich weiß ja, dass ihr alle nur das Beste für eure Kinder wollt, aber bitte ermutigt eure Kleinen nicht zu singen, wenn sie nicht singen können.

Nein, ich konnte nicht singen. Und vielleicht konnte ich auch nicht schreiben. Ein Buch mit Gedichten, das man als Kind geschrieben hat, ist ja beileibe noch kein Beweis für schriftstellerisches Talent oder Können. Aber das Schreiben war für mich eine Herzensangelegenheit, und ich musste schreiben. Das wusste ich einfach.

Zu diesem Zeitpunkt war ich einfach nur eine Frau, die davon sprach, dass sie schreiben wollte. Und jetzt musste ich die Einladung meiner Freundin ausschlagen, weil in meinem kleinen Taschenkalender in dem betreffenden Zeitfenster von 12.00 Uhr bis 15.30 SCHREIBEN stand. Am liebsten hätte ich meinen Schreibtermin gestrichen und wäre inmitten bunter Bällebäder bei Kindergeschrei Pommes essen gegangen.

Ich stand mit dem schnurlosen Telefon in der Hand in meiner Küche und starrte in meinen Kalender. Das war mein Dick-Fosbury-Moment. Würde ich jetzt einfach das tun, was sich für mich normal anfühlte, und mich mit meiner Freundin zum Mittagessen treffen und weiter auf den ausgetretenen Pfaden unterwegs sein – tun, was ich immer tat? Würde ich tun, was andere wollten und mich nicht über die Grenzen dessen hinauswagen, was von mir erwartet wurde?

Oder würde ich es tatsächlich wagen, mit dem Kopf zuerst rückwärts über die Latte zu springen? Würde ich meinen Schreibtermin einhalten? Würde ich es wagen, etwas zu Papier zu bringen und damit Gott die Ehre geben für die Gabe, die er mir geschenkt hat? Und würde ich dadurch die Einstellung zum Umgang mit diesen 3,5 Stunden vollkommen ändern – Stunden, die ich bis jetzt einfach hatte versickern lassen?

Gott hat mir diese Zeit geschenkt.

Es ist meine Zeit, meine Entscheidung, meine Methode.

Ihre Zeit, Ihre Entscheidung, Ihre Methode.

Was ist Ihre Herzenssache? Diese Sache zur Ehre Gottes, die Ihnen immer wieder entgleitet, weil dafür keine Zeit übrig ist, die Sie reservieren könnten, um endlich anzufangen. Wie lautet Ihre Zahl? Nehmen Sie Ihre 3,5 Stunden oder wie viel Zeit auch immer es bei Ihnen ist und setzen Sie sich jetzt sofort einen Termin, um damit anzufangen. Es ist Ihr Dick-Fosbury-Moment. Es ist Zeit, Ihre Seele von den Ketten eines aus dem Lot geratenen und überladenen Zeitplans zu befreien.

Schließlich bestimmen die Entscheidungen, die Sie treffen, darüber, wie Ihr Zeitplan aussieht. Ihr Zeitplan entscheidet darüber, wie Ihr Leben aussieht. Und wie Sie Ihr Leben führen, entscheidet darüber, wofür Sie Ihre Seele verausgaben. Diese 3,5 Stunden sind doch ganz offensichtlich ein recht vernünftiges Geschenk, das Sie jetzt sofort Ihrer Seele machen können.

Aber ich höre schon jetzt die Bremsen der Kritiker quietschen. Sie springen aus ihrem Kritikkonvoi und halten Plakate mit folgenden Versen hoch:

Weder Eigennutz noch Streben nach Ehre sollen euer Handeln bestimmen. Im Gegenteil, seid bescheiden, und achtet den anderen mehr als euch selbst. Denkt nicht an euren eigenen Vorteil, sondern habt das Wohl der anderen im Auge. Seht auf Jesus Christus: Obwohl er in göttlicher Gestalt war, hielt er nicht selbstsüchtig daran fest, Gott gleich zu sein. Nein, er verzichtete darauf und wurde einem Sklaven gleich: Er nahm menschliche Gestalt an und wurde wie jeder andere Mensch geboren. (Philipper 2,3-7, Hfa).

Ich glaube allerdings, dass es in diesem Abschnitt eher um Orientierung in Bezug auf unsere generelle Einstellung als auf unsere Taten geht. Bei der besagten Herzenssache geht es nämlich gar nicht so sehr um uns. Es geht nicht um Eigennutz und Streben nach Ehre, sondern diese Herzenssache verleiht dem eine Stimme, was sonst nur ein leises Flüstern in unserem Innern bliebe. Es geht darum, dieser Leidenschaft Ausdruck zu verleihen, die Gott uns ins Herz gelegt hat, und zwar so, dass andere davon berührt werden und es ihnen zum Segen wird.

Diese Herzenssache wirklich zu realisieren, ist das genaue Gegenteil von Egoismus. Egoistisch wäre es, sie für uns zu behalten, ohne eine Chance, andere daran teilhaben zu lassen, sodass sie ihnen zum Segen werden kann. Diese Herzenssache mit der richtigen inneren Einstellung zu verwirklichen, ist die einzige Weise, wie wir anderen mit ihr dienen und ihnen zum Segen werden können. Interessanterweise werden wir in demselben Kapitel des Philipperbriefes direkt im Anschluss an die zitierte Stelle ermahnt, uns nicht vergeblich abzumühen.

Bei allem, was ihr tut, hütet euch vor Nörgeleien und Zweifel. Dann wird euer Leben hell und makellos sein, und ihr werdet als Gottes vorbildliche Kinder mitten in dieser verdorbenen und dunklen Welt leuchten wie Sterne in der Nacht. Dazu müsst ihr unerschütterlich an der Botschaft Gottes festhalten, die euch das Leben bringt. Wenn Jesus Christus dann kommt, kann ich stolz auf euch sein, dass ich nicht umsonst zu euch gekommen bin und mich nicht vergeblich um euch gemüht habe (Verse 14-16).

„Dann wird euer Leben hell und makellos sein" – das klingt wirklich so, wie die Seele eines Menschen aussehen soll, der erfüllt lebt. Denken Sie daran, dass Jesus uns dazu auffordert, das Licht der Welt zu sein. Wenn ich mit einer inneren Haltung der Dankbarkeit diesen Teil meiner Seele, die unbedingt zum Ausdruck kommen will, tatsächlich ausdrücke, dann spiegele ich dadurch Jesus wider. Jemand, der das tut, drückt sich nicht davor, anderen zu dienen, sondern findet, durch die Aufgaben, die für ihn dran sind seine ganz eigene Art zu dienen und für andere ein Licht zu sein.

WEM SOLL ICH ZUM SEGEN WERDEN?

Um meine innere Haltung zu überprüfen, habe ich beschlossen, dass ich an die jeweilige Herzenssache noch die folgende Frage anhänge: „Damit ich wem zum Segen werde?"

Lassen Sie uns jetzt noch einmal die Tätigkeiten anschauen, die wir bereits aufgezählt haben:

- Ein Buch schreiben, damit es wem zum Segen wird?
- Einen Bibelkreis für Kinder und Jugendliche ins Leben rufen, damit es wem zum Segen wird?
- Auf Missionsreise gehen, damit es wem zum Segen wird?
- Eine kleine Konditorei eröffnen, damit es wem zum Segen wird?
- Noch einmal an die Uni gehen und das abgebrochene Studium beenden, damit es wem zum Segen wird?
- Sich mit dem Fotografieren selbstständig machen, damit es wem zum Segen wird?
- In der Gemeinde ein Seminar anbieten, damit es wem zum Segen wird?
- Endlich die Schulden loswerden, damit es wem zum Segen wird?
- Eine ehrenamtliche Tätigkeit übernehmen, damit es wem zum Segen wird?

Aus meinem 3,5-Stunden-Schreiben pro Woche sind jetzt viele Jahre geworden und zahlreiche Artikel und Bücher. Jetzt staune ich darüber, wie ungeheuer wichtig dieser Moment war, als ich mit dem Telefonhörer in der Hand in meiner Küche stand und mich entscheiden musste, entweder meinen selbst gesetzten Termin zum Schreiben einzuhalten oder ihn abzublasen und mit meinen Freundinnen Pommes essen zu gehen. Damit will ich gar nicht sagen, dass ich niemals Autorin geworden wäre und meine innere Leidenschaft niemals eine Stimme bekommen hätte, wenn ich mich in diesem Moment anders entschieden hätte. Aber ich habe erst vor Kurzem von ein paar positiven Auswirkungen – Früchten – erfahren, die nicht zustande gekommen wären, wenn ich mich an jenem Morgen nicht für das Ja zum Schreiben entschieden hätte.

Vor zwei Wochen habe ich nämlich eine erstaunliche Antwort bekommen auf meine Frage: „Damit es wem zum Segen wird?"

Als ich nach einem Vortrag noch Bücher signierte, standen in der Schlange etwa an zehnter Stelle zwei Frauen, die das Bild eines sehr gut aussehenden Teenagers hochhielten.

„Es gibt ihn, weil Sie gewagt haben, darüber zu schreiben", sagten sie mit einem strahlenden Lächeln.

Irgendwie kamen mir die beiden Frauen bekannt vor, aber ich konnte sie nicht unterbringen, und dann begannen sie zu erzählen:

Vor vierzehn Jahren haben wir in dem Artikel, den Sie über das große Leid Ihrer Abtreibung geschrieben haben, ein wenig über Sie und Ihre Geschichte erfahren. Meine Tochter hat damals diesen Artikel gelesen und anschließend meinen Mann und mich gebeten, doch zu versuchen, als ganze Familie einen Gesprächstermin mit Ihnen zu bekommen. Mein Mann war damals Prediger in einer kleinen Gemeinde, und als wir erfuhren, dass unsere Tochter schwanger war, fühlte sich das wie eine ungeheuerliche Schande an. Wir sahen keine andere Lösung, als das Kind abtreiben zu lassen. Aber dann stießen wir erst auf Ihren Artikel und dann erklärten Sie sich auch noch zu einem Gespräch mit uns bereit. Ehrlich gesagt hatten wir gar nicht daran gedacht, dass sich dadurch eventuell etwas an unserer Entscheidung ändern würde, aber da hatten wir uns geirrt. Durch Sie bekamen wir einen Funken Hoffnung, weil Sie uns erzählten, wie man sich dazu entscheiden kann, Gott durch eine bestimmte Situation die Ehre zu geben, statt sich in der Dunkelheit vor dem eigenen Schmerz und der Scham zu verstecken.

In der darauffolgenden Woche hat mein Mann dann der Gemeinde gesagt, was los war. Er hat unsere Tochter zu sich nach vorn geholt und unter Tränen die Gemeinde gebeten, sie zu unterstützen, sie lieb zu haben und ihr beizustehen, nachdem sie die mutige Entscheidung getroffen habe, das Baby zu behalten.

Auch mir kamen die Tränen, als ich an dieses Baby dachte, das inzwischen schon ein Teenager war. Ich umarmte die beiden Frauen und empfand tief in meinem Innern eine unglaubliche Freude. Nicht über das, was ich getan hatte, sondern darüber, was ich erleben durfte, weil ich Gott gehorcht hatte. Die 3,5 Stunden pro Woche waren an dem Tag, an dem ich den besagten Artikel schrieb, wirklich eine fantastische Investition meiner Seele gewesen. Ein Artikel, der sehr viel umfassendere Auswirkungen hatte, als ich es im persönlichen Gespräch mit Einzelnen jemals hätte erreichen können – Auswirkungen in die Familie eines Pastors, ja sogar in den Bauch eines jungen Mädchens hinein. Auswirkungen, die ein Menschenleben gerettet haben.

Es ist sehr wichtig, wie wir auf unsere Seele und auf das, was Gott ihr einflüstert, hören. Nur so können wir unsere Dick-Fosbury-Momente erleben. Es reicht allerdings nicht aus zu wissen, dass diese Augenblicke Momente der Entscheidung sind, sondern wir müssen in diesen Momenten auch den Wunsch haben, furchtlos zu sein und uns immer wieder durch Zweifel, Entmutigung und Unsicherheit hindurchkämpfen. Deshalb habe ich mir gesagt, dass ich eine furchtlose Fosbury werden möchte.

Was ist mit Ihnen? Lassen Sie sich doch nicht von Ihrem überquellenden Terminkalender seelisch auffressen. Es ist Zeit, das Ganze genau andersherum anzugehen. Eine Frau ist dann am erfülltesten, wenn sie sich dafür entscheidet, Termindruck abzubauen, damit Gott ihre Seele aufbauen kann.

Kapitel 4

MANCHMAL MACHE ICH
ALLES ZIEMLICH KOMPLIZIERT

Vor einiger Zeit – mein Mann war gerade auf einer längeren Geschäftsreise – wurde per Paketdienst eine Kiste bei uns angeliefert. Es war eine ziemlich große Kiste. Nicht so groß wie eine Kommode, aber auf jeden Fall größer als ein normales Paket. Und die Kiste war schwer, so schwer, dass ich sie nicht allein fortbewegen konnte.

Der Mann vom Paketdienst war so freundlich, sie wenigstens ins Haus zu schleppen, denn es sah sehr nach Regen aus. Ich traute mich dann allerdings nicht mehr, ihn zu bitten, die Kiste noch ein Stück weiter ins Haus zu schaffen, nämlich die Treppe hinauf in das Zimmer im Obergeschoss, das mein Mann seine Männerhöhle nennt, und das auch der Ort ist, an den ich Dinge schaffe, von denen ich nicht weiß, wohin damit. So viel Schlepperei wäre sicher zu viel verlangt gewesen von dem Mann vom Paketdienst und ich hatte darüber hinaus auch das Gefühl, dass es bereits in der Diele mit der Freundlichkeit des guten Mannes ziemlich abrupt vorbei war.

Da stand sie nun also, die große, geheimnisvolle, schwere Kiste. Tief in meinem Innern war mir natürlich klar, dass es sich hier

um irgendein Produkt handeln musste, das von einem Familien-
mitglied bestellt worden war, und ich wusste natürlich auch, wie
damit zu verfahren war: Es musste geöffnet werden, es musste
festgestellt werden, wem es gehörte, und danach musste besagtem
Eigentümer aufgetragen werden, sich umgehend zu überlegen,
wie er es aus der Diele in sein Zimmer schaffen wollte.

Doch ich hörte nicht auf diese Stimme ganz tief in meinem
Innern, sondern ignorierte sie und hörte stattdessen auf meine
Ängste. Man weiß, dass man zwei Krimis zu viel geschaut hat,
wenn einem beim Anblick einer geheimnisvollen Kiste in der
Diele des eigenen Hauses als Erstes der Gedanke kommt, dass
diese Kiste als Versteck für eine Person, die einem an den Kragen
will, groß genug wäre. Ja, vielleicht hatte sich ein bewaffneter Irrer
per Post direkt in unsere Diele befördern lassen und wartete jetzt
als Paket getarnt den ganzen Tag seelenruhig ab, bis wir alle im
Bett lagen. Und wenn man dann später die tragischen Ereignisse
noch einmal nachstellte, würde man alle Beteiligten förmlich
rufen hören: „Lass die Kiste nicht in der Diele stehen! Schaff sie
aus dem Haus!"

Ahem. Ich bin ein absolut rationaler Mensch. Außer wenn ich
manchmal das Gegenteil davon bin.

Also trat ich erst einmal gegen die Kiste, um zu sehen, ob
irgendeine reflexartige Reaktion erfolgte, nur für den Fall, dass
der Inhalt lebendig war. Was natürlich nicht der Fall war. Nur um
ganz sicherzugehen, beschloss ich danach noch, mich außer Sichtweite der Kiste zu begeben, um festzustellen, ob vielleicht etwas
zu hören war: ein Husten oder leises Schniefen oder sonst ein
Geräusch. Wirklich nur, um ganz sicherzugehen. Absolut sicher.
Ich konnte nicht riskieren, dass bezüglich der Kiste irgendwelche
Zweifel blieben, zum Beispiel, dass diese Kiste vielleicht irgendwelche schlimmen Auswirkungen haben könnte.

Und dann öffnete ich schließlich die Kiste mithilfe eines Messers, nur für alle Fälle, um dann festzustellen, dass sich darin ein kleiner Kühlschrank befand, den irgendjemand aus der Familie bestellt hatte. Gute Güte! Da hatte ich einen halben Tag damit vertan, mich wegen einer Kiste verrückt zu machen, in der nur ein harmloser Minikühlschrank war.

Aber manchmal sind wir eben so. Wir müssen eine Entscheidung treffen, und tief in unserem Innern wissen wir auch welche. Wir wissen im Grunde ganz genau, was wir tun sollen, aber wir tun es trotzdem nicht. Wir denken zu viel „Was wäre wenn", drehen und wenden die „Wenns" und „Abers" und „Vielleichts", bis wir irgendwann hinter einer Ecke stehen und horchen, ob eine Kiste, in der sich ein Kühlschrank befindet, vielleicht hustet.

Nicht zu fassen!

Nun ist es auf jeden Fall so, dass es tatsächlich auch Entscheidungen gibt, die gut überlegt sein wollen. In den folgenden Kapiteln werden wir uns intensiv damit beschäftigen, wie man bei Entscheidungen vorgeht, die notwendig sind und deshalb getroffen werden müssen. Doch es gibt eben auch die Entscheidungen, bei denen man einfach nur Ja oder Nein zu sagen braucht und dann weitermachen kann. Sprechen Sie so ein mutiges Ja aus. Kämpfen Sie für das beherzte Nein. Erkennen Sie es, äußern Sie es, stehen Sie dazu und dann machen Sie ohne all die Komplikationen weiter.

....

Das mutige Ja äußern.
Für das beherzte Nein kämpfen.

....

Wissen Sie, was ich meine? Manchmal geht es nur um die leise Stimme tief in unserem Innern, die sagt: „Aha – Ja", oder nur „Nein, das nicht."

Gott schenkt uns die Fähigkeit, zu erkennen, was richtig ist.

*Und ich bete darum, dass eure Liebe immer noch reicher werde an Erkenntnis und aller Erfahrung, sodass ihr prüfen könnt, **was das Beste sei,** damit ihr lauter und unanstößig seid für den Tag Christi.[3]*

Zu erkennen, was das Beste ist, was wir tun und wie wir uns entscheiden sollen, ist etwas, wozu wir fähig sind, wenn wir fortwährend in unserem Leben Wissen und Erkenntnis ansammeln. Lesen Sie diese Verse noch einmal und dann verstehen Sie, dass man durch das Erlangen von Wissen und Erkenntnis ein verlässliches Urteilsvermögen entwickelt.

Wissen ist Weisheit, die daher rührt, dass man Wahrheit erlangt.

Erkenntnis ist Weisheit, die daraus entsteht, dass man die erlangte Wahrheit praktiziert und lebt.

Urteilsvermögen ist Weisheit, die dadurch entsteht, dass einen der Heilige Geist an das Wissen und die Erkenntnis erinnert.

Der Heilige Geist hilft uns dabei, an dieses Wissen und die Erkenntnis zu denken, damit wir sie in Form eines guten Urteilsvermögens in Entscheidungssituationen des Alltags einsetzen können. Das ist dieses tiefe Wissen, das ich meine, und von dem die Rede sein soll.

WO WEISHEIT GESAMMELT UND NICHT VERGEUDET WIRD

Neulich sprach ich im Fitnessstudio mit einer jungen Mutter, die mir sagte, sie könne sich nicht entscheiden, ob sie ihren Zweijährigen im nächsten Jahr ein paar Vormittage pro Woche in den

---

3   Philipper 1,9-10 (LÜ) Hervorhebung der Autorin.

Kindergarten geben solle oder nicht. Als ich ihr so zuhörte, verspürte ich den Impuls, ihr drei Fragen zu stellen.

1. Haben Sie in letzter Zeit in der Bibel gelesen und darüber gebetet?
2. Haben Sie in letzter Zeit in Ihrer Rolle und Aufgabe als Mutter Gottes Wort angewendet?
3. Haben Sie weise Menschen um Rat gefragt, die Genaueres über Ihre Situation wissen?

Sie beantwortete alle drei Fragen mit Ja, und deshalb erinnerte ich sie noch einmal daran, dass sie von Gott die Aufgabe bekommen habe, die Mutter dieses Kindes zu sein. Wenn die drei genannten Punkte alle erfüllt seien, dann verfüge sie auf jeden Fall über die Fähigkeit, zu beurteilen, was für ihr Kind und auch für sie selbst das Beste sei.

Diese Frau brauchte nicht darauf zu warten, dass die Antwort auf ihre Frage in lila Schrift am Himmel auftauchen würde, nur um zu wissen, was sie tun sollte. Wenn sie zutiefst überzeugt war, dass es gut für ihr Kind war, in den Kindergarten zu gehen, dann sollte sie es dorthin schicken. Es geht weniger darum, uns auf uns selbst zu verlassen, als darauf zu vertrauen, dass der Heilige Geist das tut, was Jesus uns versprochen hat.

Der Heilige Geist, den euch der Vater an meiner Stelle als Helfer senden wird, er wird euch an all das erinnern, was ich euch gesagt habe, und euch meine Worte erklären.[4]

Wenn wir alles Notwendige getan haben, um Wissen und Erkenntnis der Wahrheit zu erlangen, dann wissen wir tief in unserem

---

4   Johannes 14,26 (Hfa).

Innern, was richtig und dran ist. Wir müssen nur lernen, diesem Wissen zu vertrauen und es anzuwenden, und je mehr wir das tun, desto mehr Weisheit erlangen wir.

Und jetzt kommt die Kehrseite dieses Zusammenhangs: Wenn wir nicht das Notwendige getan haben, um zu Wissen und Erkenntnis der Wahrheit zu gelangen, dann erkennen wir wahrscheinlich auch nicht, was richtig ist. Wir haben zwar vielleicht eine Ahnung, aber eine Ahnung ist etwas anderes als sicheres Wissen.

Eine Ahnung ist laut Definition die Wahrnehmung einer Wahrheit ohne einen vorangehenden Gedankengang.[5] Sie beruht auf Bauchgefühl. Wir müssen uns jedoch davor hüten, einfach nur auf unseren Bauch zu hören, wenn wir das Gehörte nicht anhand von Wissen und Erkenntnis, die auf der Wahrheit basieren, überprüft haben.

Laut unserem Vers wissen wir aufgrund unseres Urteilsvermögens, was das Beste ist. Lassen Sie uns jetzt den Vers noch einmal lesen.

*Und ich bete darum, dass eure Liebe immer noch reicher werde an Erkenntnis und aller Erfahrung, sodass ihr prüfen könnt, **was das Beste sei**, damit ihr lauter und unanstößig seid für den Tag Christi.*[6]

Ich hatte neulich ein Gespräch mit einer jungen Frau, die überlegte, sich beruflich zu verändern. Ihr Bauch sagt: Mach's einfach. Als ich ihr dann dieselben Fragen stellte wie der besagten jungen Mutter, bekam ich ganz andere Antworten.

---

5   *Merriam Webster's College Dictionary*, 11th ed., s.v. „Intuition".
6   Philipper 1,9-10, Hervorhebungen der Autorin.

1. Haben Sie in letzter Zeit in der Bibel gelesen und darüber gebetet?
2. Haben Sie in letzter Zeit in Ihrer Rolle und Aufgabe als Mutter Gottes Wort angewendet?
3. Haben Sie weise Menschen um Rat gefragt, die Genaueres über Ihre Situation wissen?

Bei dieser Frau war es so, dass ihre Bibel schon seit ein paar Monaten unberührt auf dem Bücherregal stand. Wenn sie am Samstagabend feiern gewesen war, dann war sie am Sonntagmorgen oft einfach zu müde, um in den Gottesdienst zu gehen. Sie war lieber mit den Freunden zusammen, mit denen sie feierte, als mit denen, mit denen sie betete. Und damit waren im Grunde alle drei Fragen mit einem klaren Nein beantwortet.

Ich fragte sie, ob sie mit der Entscheidung in Bezug auf ihre Arbeit nicht noch wenigstens so lange warten wolle, bis sie auf der Grundlage der Wahrheit zur Erkenntnis gelange, weil sie dann eine weit bessere Chance hätte zu beurteilen, was richtig und dran war.

··

Wir müssen Herz und Verstand dorthin
bewegen, wo Weisheit zusammen-
getragen ist, nicht wo sie vertan wird.

··

Unser Ziel ist es zu erkennen, welches Ja gerade dran ist. Das geschieht am ehesten dann, wenn wir es uns zur Gewohnheit machen, immer nach Weisheit zu suchen. Wir müssen Herz und Verstand dorthin bewegen, wo Weisheit zusammengetragen ist, nicht wo sie vertan wird.

Wenn wir Weisheit haben, führt das heute zu Entscheidungen, die auch morgen noch gut und gültig sind. Weisheit wird zusammengetragen beim Studium der Bibel. Vertan wird Weisheit an der Bar. Man trägt Weisheit zusammen, wenn man in der Gemeinde mitarbeitet und sich engagiert. Vertan wird Weisheit, wenn man den Kontakt zu den Menschen aus der Gemeinde verliert. Es wird Weisheit zusammengetragen in Gesprächen, die anerkennend und wertschätzend sind. Bei Klatsch und Tratsch wird Weisheit vertan. Es wird Weisheit zusammengetragen, wenn man sich mit der Wahrheit beschäftigt. Vertan wird Weisheit, wenn man stundenlang geistlose Fernsehsendungen anschaut – besonders – *ähm* – die Art von Sendungen, die einen dazu bringen können zu glauben, dass sich Killer in Kühlschrankkisten verstecken.

....

Wenn wir über Weisheit verfügen,
führt das heute zu Entscheidungen, die
auch morgen noch gut und gültig sind.

....

Wenn man diese hochwirksame Verbindung von Wissen, Erkenntnis und Urteilsvermögen einsetzt, kann man weise Entscheidungen treffen. Und genau das wünsche ich uns allen. Ich möchte, dass wir Frauen fähig sind, starke und wirkungsvolle Entscheidungen zu treffen; dann werden wir ein starkes und wirkungsvolles Leben führen. Und dann setzen wir unsere Seele dafür ein, stark und wirkungsvoll zur Verherrlichung Gottes beizutragen.

VORSICHT! LASSEN SIE NICHT DAS TÄGLICHE EINERLEI LINKS LIEGEN

Doch wir wollen nicht voreilig sein. Mir ist schon klar, dass der Alltag vielleicht nicht unbedingt mit starken, wirkungsvollen Möglichkeiten gespickt ist, wenn die Spüle mit schmutzigem Geschirr vollsteht, die Wäsche müffelt, weil sie nicht rechtzeitig aus der Waschmaschine in den Trockner befördert worden ist und direkt vor der Terrassentür ein Hundehaufen liegt. Ganz toll!

Vielleicht schauen Sie aber auch gerade die traurigen Auszüge Ihres Studiendarlehens an, oder glauben beim Anblick Ihrer Examensnoten Ihren Augen nicht zu trauen, oder Sie haben gerade die Einladung zur Hochzeit ihrer besten Freundin bekommen, bei der Sie Brautjungfer sein sollen und zweihundert Dollar für das Brautjungfernkleid springen lassen müssen – Geld, das Sie nicht haben für ein Kleid, das Sie nach der Hochzeit nie wieder anziehen werden. Trotz der Zusicherung Ihrer Freundin, dass es ein Kleid ist, das Sie immer wieder werden tragen können, wissen Sie, dass es nur Platz in Ihrem ohnehin schon überfüllten Kleiderschrank wegnehmen wird. Und um dem Ganzen die Krone aufzusetzen, haben Sie für die Hochzeit noch nicht einmal einen Begleiter. Auch ganz toll!

Oder vielleicht haben Sie den Einsatzplan fürs Begrüßungsteam in der Gemeinde bekommen. Dabei ist Sonntag der einzige Tag, an dem Sie ausschlafen können und die einzige Möglichkeit, die Ruhe zu bekommen, die Sie so dringend brauchen, und jetzt bekommen Sie die Anfrage, ob Sie diese Woche nicht noch ein bisschen früher kommen können, um bei der Zubereitung eines kleinen Imbisses für die Gäste zu helfen, die zum ersten Mal in der Gemeinde sind. Na super!

Sie sind ganz heiß darauf, über das Thema „stark und wirkungsvoll sein" zu sprechen. Und in Ihrem Kopf feuert eine Menschenmenge Sie an: „Auf Mädel! Los geht′s! Die Welt wartet nur auf deinen ganz persönlichen Beitrag. Tu das, wozu du berufen bist. Erzähl der ganzen Welt von Jesus." Und dann blicken Sie von den Anregungen in diesem Buch auf und sehen den Hundehaufen vor der Terrassentür.

Das Leben hat seine eigene Art, dafür Sorge zu tragen, dass man durch die ganz normalen Anforderungen, die der Alltag stellt, das Gefühl von Kraft und Wirksamkeit aus den Augen verliert, oder?

Ich sage Ihnen jetzt einmal etwas, das Sie umhauen wird: Dieses Alltagseinerlei, all diese Aufgaben und Pflichten, die einem eher wie Ablenkungen vorkommen und die Sie so schnell wie möglich hinter sich bringen möchten, sie bringen genau die Erfahrungen, durch die wir uns einen Reichtum an Weisheit erschließen. Gerade in unserem ganz normalen Alltag sollen wir Weisheit anwenden.

Verschmähen Sie nie das Alltägliche, sondern lassen Sie sich darauf ein. Packen Sie es aus wie ein Geschenk und gehören Sie zu den wenigen, die auch unter die Oberfläche schauen. Sehen Sie mehr, sehen Sie das Besondere in Ihrem Alltag und im Alltäglichen. Das gibt es nämlich. Wir können hier und jetzt lernen, wie man weise wird. Wenn wir durch das, was unseren Alltag ausmacht, Weisheit zusammentragen, wenn wir dadurch zu Einsicht und Erkenntnis gelangen, wenn wir durch Alltagsdinge um die Weiterentwicklung unseres Urteilsvermögens ringen, dann ist das zu unserem Vorteil, denn dadurch können wir bessere Entscheidungen treffen.

So wie Lucy aus den Peanuts-Comics müssen wir gut darin werden, etwas aus dem zu machen, was wir zur Verfügung haben. In einer Episode dieser Zeichentrickserie beispielsweise verlangt Lucy von Linus, dass er beim Fernsehen auf einen anderen Sender umschaltet und droht ihm mit der Faust für den Fall, dass er es nicht tut.

„Wieso glaubst du eigentlich, dass du einfach hier hereinmarschieren und das Kommando übernehmen kannst?", fragt Linus sie.

„Diese fünf Finger", sagt Lucy, „sind einzeln vielleicht gar nichts, aber wenn ich sie so zusammenbringe, dann werden sie zu einer furchtbaren Waffe."

„Welchen Sender möchtest du?", fragt Linus daraufhin. Und dann schaut er seine eigenen Finger an und sagt: „Hey Jungs, warum schafft ihr es eigentlich nicht, euch so gut zu organisieren?"

Unser Alltagseinerlei kommt uns vielleicht genauso normal vor wie die Tatsache, dass Lucys Hand Finger hat. Aber wenn man das Wissen, die Erkenntnis und die Urteilskraft, die man durch Alltagserfahrungen bekommt, klug zusammenbringt, dann entwickelt man Weisheit. Und diese Weisheit stärkt dann wiederum die eigene Sicherheit, dass man in der Lage ist, gute Entscheidungen zu treffen.

Doch lassen Sie uns dafür nicht Lucy als strahlendes Beispiel nehmen. Bloß nicht! Wahrscheinlich wollte Lucy in der geschilderten Szene von einer Sportübertragung auf eine Sendung über das Attentat aus der Kühlschrankkiste umschalten. Und wir wissen ja alle, wohin das führt.

Nein, ich möchte Ihnen den beschriebenen Zusammenhang mithilfe einer Frau aus der Bibel veranschaulichen, die ich erst vor Kurzem entdeckt habe, und die ich mittlerweile richtig verehre. Es gibt ja unglaublich viele Menschen, die unbedingt die Marias und Marthas kennenlernen möchten, wenn sie im Himmel sind oder Ruth und Esther. Ich möchte sofort nach meiner Ankunft im Himmel diese Frau kennenlernen, von der nur in einer ganz versteckten Ecke der Bibel ein ganz klein wenig und ganz leise die Rede ist.

Mitten in der großartigen Geschichte von König David gibt es eine kurze Episode, die allerdings weitreichende und langfristige Auswirkungen hat. Eine Episode, die in der Bibel jedoch nicht besonders viel Aufmerksamkeit bekommt, denn es werden kaum Einzelheiten erwähnt. Ich habe auch in all den Jahren, in denen ich jetzt schon zur Kirche gehe, noch nie eine Predigt über diese Geschichte gehört.

Es ist weder bekannt, wie die Frau hieß, die ich meine, noch ob sie eine Familie hatte.

Wir wissen weder, wovon sie ihren Lebensunterhalt bestritt, noch ob sie ihre Beine zu dick und ihre Oberarme zu schlaff fand.

Wir wissen nicht, ob sie modebewusst war oder eher eine graue Maus, ob reich oder arm, ob sie gut mit Geld umgehen konnte oder auf diesem Gebiet eher impulsiv war.

Wir wissen nicht, ob sie kreativ war oder konservativ oder kontemplativ oder verrückt oder humorvoll.

Und ehrlich gesagt gefällt mir genau das so gut, dass man keine Einzelheiten erfährt. Warum mir das so gefällt? Weil es dadurch viel einfacher ist, in die Geschichte hineinzuschlüpfen und sich alles vorzustellen.

Stellen Sie sich vor, Sie haben so viel Wissen, Erkenntnis und Urteilskraft entwickelt, dass sie für Ihre Weisheit bekannt sind. Woher ich weiß, dass sie weise war, wenn doch so vieles ein Geheimnis bleibt? Weil das die einzige Information ist, die uns die Bibel über diese Frau gibt. Dort wird sie nämlich als „sehr kluge Frau" bezeichnet, die in einer Stadt lebt, welche plötzlich ein ziemliches Problem hat.[7] Ein Verräter namens Scheba hält sich hinter der Stadtmauer versteckt, deshalb greifen die Kämpfer von König David an.

Es bleibt keine Zeit mehr, den Angriff aufzuschieben, in Panik zu geraten oder mit Angst zu reagieren. Es ist keine Zeit mehr,

---

7   2. Samuel 20,16.

die Stadtbevölkerung zu einer Versammlung zusammenzurufen. Es ist keine Zeit mehr, die Kiste, die ihnen da in die Diele gestellt worden ist, zu untersuchen oder dagegenzutreten.

Sie müssen sich darauf verlassen, dass sie über genügend Weisheit, Erkenntnis und Urteilsvermögen verfügen, um jetzt richtig zu entscheiden.

Als nun Joab und seine Soldaten die Stadt erreicht hatten und hörten, dass Scheba sich dort aufhielt, begannen sie mit der Belagerung. Sie schütteten einen Wall auf und gelangten so über die Vormauer. Dann fingen sie an, die Hauptmauer zu untergraben, um sie zum Einsturz zu bringen.

In der Stadt wohnte eine sehr kluge Frau. Von der Mauer aus rief sie den Belagerern zu: „Hört her! Ruft bitte Joab zu mir, ich möchte mit ihm reden!"

Als er an die Mauer gekommen war, fragte sie: „Bist du Joab?"

„Ja, der bin ich", antwortete er.

Sie bat: „Ich muss mit dir sprechen, bitte hör mich an!"

„Gut", erwiderte er (2. Samuel 20,15-17; Hfa).

An dieser Stelle muss ich kurz unterbrechen, um im Zusammenhang mit dieser Frau auf etwas hinzuweisen. Wir wissen, dass diese Frau sehr klug war, weil die Bibel sie so bezeichnet. Aber sehr klug zu sein ist nicht nur ein Etikett, das sie bekommt, sondern es ist ihr Lebensstil.

Sie erinnern sich, wenn wir durch unseren Alltag lernen, weise zu sein, dann bleibt uns diese Weisheit erhalten. Die Frau muss also in ihrem ganz normalen Alltag mit Problemen zu tun gehabt haben, die sie lösen musste – Dinge wie Rechnungen, Kredite, Brautjungfernkleider und Jungs wie Linus, die einen daran hindern, im Fernsehen die Lieblingssendung anzuschauen.

Ja, sie hatte mit Sicherheit ihre Sorgen und Probleme, und

im Umgang damit hat sie bestimmt gelernt, in allen möglichen Situationen richtig und angemessen zu reagieren. Sie wusste, wie man auch mitten in einem Streit ruhig bleiben kann. Dass sie klug reagierte statt panisch und irrational, ist an ihrer Reaktion auf Davids Feldherrn Joab zu erkennen. Er tat nämlich etwas, das er nicht getan hätte, wenn diese Frau absolut außer sich auf ihn zugekommen wäre: Er ging zu ihr hin und hörte ihr zu.

Kein Mann möchte doch mit einer Frau zu tun haben und ihr sogar zuhören, die emotional und auch von ihrem Verhalten her völlig außer sich ist. Lassen Sie uns genau an dieser Stelle noch einmal zu der Geschichte zurückkommen.

Und sie brachte ihr Anliegen vor: „Früher sagte man bei uns: ‚Hol dir Rat in Abel, und du bist gut beraten!‘ Unsere Stadt ist eine der friedlichsten Städte Israels, immer konnte man auf sie zählen. Sie wird sogar ‚Mutter in Israel‘ genannt. Und nun willst du sie zerstören? Wie kannst du es wagen, das Eigentum des Herrn zu vernichten!"

Joab entgegnete: „Nie wollte ich eure Stadt zerstören! Ich bin aus einem anderen Grund hier: Ein Mann vom Gebirge Ephraim hat einen Aufstand gegen unseren König angezettelt. Er heißt Scheba und ist ein Sohn Bichris. Ihn allein suchen wir. Liefert ihn uns aus und wir lassen die Stadt in Ruhe!"

„Einverstanden, man wird dir seinen Kopf über die Mauer zuwerfen!", erwiderte die Frau.

Sie redete mit den Einwohnern Abel-Bet-Maachas und setzte mit ihrer Klugheit ihren Plan durch: Man enthauptete Scheba und warf seinen Kopf zu Joab hinaus. Dieser blies das Horn als Zeichen zum Aufbruch, und die Soldaten kehrten in ihre Heimatorte zurück. Joab aber ging nach Jerusalem zu König David (2. Samuel 20,18-22, Hfa).

Lassen Sie sich jetzt nicht durch die Enthauptung von Scheba aus dem Konzept bringen. Ich weiß, das ist ein schockierendes Ende für eine Geschichte über eine kluge Frau, aber wenn man sich die Schwere des Verbrechens von Scheba bewusst macht, dann machten die Umstände offenbar eine dermaßen drastische Reaktion erforderlich. Dasselbe Schicksal ereilte ja auch Goliath und Absalom und den vorherigen König Saul. Ihre schwerwiegenden Entscheidungen hatten entsprechend schwerwiegende Folgen.

Statt also bei diesem grausamen Aspekt der Geschichte hängen zu bleiben, lassen Sie uns das Augenmerk auf einen anderen Satz richten: „Sie redete mit den Einwohnern Abel-Bet-Maachas und setzte mit ihrer Klugheit ihren Plan durch" (V.22).

Diese Frau hatte eine Methode entwickelt, in ihrem Leben kluge Entscheidungen zu treffen, und eine solche Methode, im ganz normalen Alltag kluge Entscheidungen zu treffen, bewirkt letztlich, dass man dann auch in Ausnahmesituationen noch klug entscheiden kann. Die Frau rettete jedenfalls die Stadtmauer ihrer Stadt und möglicherweise auch viele Menschenleben. Ihre Klugheit ging ihr voraus – es war also bekannt, dass sie weise war. Als es darauf ankam – im kritischsten Moment dieser Krise –, brauchte sie die Leute nicht erst davon zu überzeugen, dass ihr Rat klug war. Sie vertrauten auf ihre Erkenntnis und ihr Urteilsvermögen.

Sie hatte diese tiefe innere Sicherheit, weil sie eine sehr kluge Frau war. Sie brauchte nichts kompliziert zu machen. Und das brauchen wir auch nicht. Wir müssen nur erkennen, was richtig ist.

Wie wir bereits festgestellt haben, sind wir nämlich tatsächlich in der Lage zu erkennen, was das Beste ist, aber dazu müssen wir in unserem Leben Wissen und tiefe Einsichten sammeln, durch die dann ein sicheres inneres Urteilsvermögen entsteht. Noch einmal:

Wissen ist Weisheit, die dadurch entsteht, dass man Wahrheit erlangt.

Einsicht ist Weisheit, die daraus entsteht, dass man die Wahrheit, die man erlangt, anwendet.

Urteilsvermögen ist Weisheit, die daraus entsteht, dass der Heilige Geist einen an dieses Wissen und die Einsicht erinnert.

DIE KISTE ÖFFNEN

Lassen Sie uns noch einmal in meine Diele zurückkehren. Hätte ich mich mehr auf mein auf Weisheit beruhendes Urteilsvermögen verlassen, hätte ich gemerkt, wie irrational meine Ängste waren, hätte die Kiste einfach geöffnet, alles wäre viel leichter gewesen und ich hätte mich emotional nicht dermaßen verausgabt.

Diese Kiste in meiner Diele ist ein gutes Bild für eine Entscheidung, vor der man steht. Wenn man seine Ängste, seine Dummheit und seine Gefühle nicht unter Kontrolle bekommt, dann führt das dazu, dass die Entscheidung sehr kompliziert wird. Auf Weisheit beruhende Urteilsfähigkeit hilft einem dabei, die Entscheidung zu durchdenken und dann zu treffen.

Bitte lesen Sie diesen letzten Abschnitt nicht zu schnell, denn außer Kontrolle geratene Angst, Dummheit und Gefühle spielen manchmal eine erhebliche Rolle dabei, wenn man zögert, Entscheidungen zu treffen. Menschen haben einfach Angst vor Dingen, die sie nicht verstehen. Menschen geraten aus Dummheit an Stellen, an denen sie eigentlich gar nicht sein wollen. Und außer Kontrolle geratene Gefühle können einen manchmal einfach in die Irre führen.

Deshalb müssen wir Angst, Dummheit und Gefühle zugunsten einer gesunden Furcht vor Entscheidungen, die uns weise macht, beiseiteschieben. Aber lassen Sie sich das nicht nur von mir sagen, sondern schlagen Sie es in der Bibel nach. Dort steht:

Die Furcht des Herrn ist der Weisheit Anfang.
Klug sind alle, die danach tun.[8]

Alle Weisheit beginnt damit, dass man Ehrfurcht vor Gott hat.
Den heiligen Gott kennen, das ist Einsicht![9]

Gottesfurcht ist ein Begriff, mit dem ich wirklich meine Mühe habe und den ich gern besser verstehen würde. Ich weiß, dass damit eine tiefe Ehrfurcht vor Gott gemeint ist. Unglaublich gut gefällt mir, was mir kürzlich eine Freundin gesagt hat, die sich mit der Herkunft von Wörtern beschäftigt, um biblische Begriffe besser zu verstehen. Nachdem sie sich lange und intensiv mit dem Begriff der Furcht beschäftigt hat, definiert sie eine Person, die Gott fürchtet, als einen Menschen, der „in allem die Hand Gottes erkennt".

Es gibt im Hebräischen mehrere Begriffe für das Wort *Furcht*, von denen wir uns zwei ein wenig genauer anschauen wollen. Das eine Wort ist *pachad*, das bedeutet Schrecken. Dieser Begriff wird in der zitierten Bibelstelle über die Furcht des Herrn nicht verwendet, sondern dort steht das Wort *yirah*, das Ehrfurcht vor Gott haben bedeutet. Damit ist die tiefe Ehrfurcht vor Gott gemeint, in der wir den ehrlichen Wunsch haben, in allem nach der Hand und dem Handeln Gottes Ausschau zu halten.

Wenden Sie Weisheit an, Wissen, Einsicht und Urteilsvermögen.

Lassen Sie uns mit den Augen und mit dem Herzen dort sein, wo Weisheit zusammengetragen ist, und dann lassen Sie uns mutig entscheiden. Öffnen Sie die Kiste, gehen Sie voran und seien Sie entschlossen, nicht alles so schrecklich kompliziert zu machen.

---

8   Psalm 111,10.
9   Sprüche 9,10.

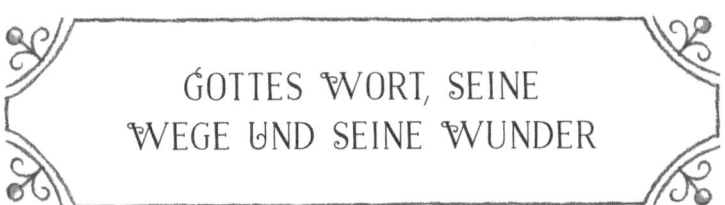

Kapitel 5

GOTTES WORT, SEINE WEGE UND SEINE WUNDER

Ich hatte absolut keine Lust auf den Stress, noch eine Entscheidung treffen zu müssen. Mal im Ernst, wie finden mich diese Entscheidungen, die unbedingt getroffen werden müssen, eigentlich ständig?

Manchmal frage ich mich, ob ich unabsichtlich per E-Mail eine Art Einladung verschicke, die lautet: „Sie brauchen etwas? Dann fragen Sie doch einfach mich. Antworten Sie auf diese E-Mail, schicken Sie eine SMS, rufen Sie mich an, melden Sie sich über Facebook, twittern Sie, oder bekommen Sie mich nach dem Gottesdienst in der Gemeinde zu fassen – egal auf welche Weise Sie mit mir in Kontakt treten, ich würde mich freuen."

Vielleicht sollte ich all diese Anfragen ablehnen, indem ich mir einen Klebezettel auf die Stirn hefte mit der Aufschrift: „Ich spüre, dass Gott dir ans Herz legt, mich um etwas zu bitten, aber mein Kontingent für heute ist bereits erschöpft. Versuch es zu einem späteren Zeitpunkt noch einmal. Oder auch nicht. Das wäre auch gut!"

Weil ich jedoch keinen solchen Klebezettel auf der Stirn habe, kam prompt eine Anfrage, und zwar eine, auf die ich reagieren musste.

Ich erinnerte ich mich jedoch daran, wie es Scarlett O'Hara aus „Vom Winde verweht" in prekären Situationen machte und dachte: *Darüber kann ich jetzt nicht nachdenken. Wenn ich das tue, dann werde ich verrückt. Ich werde morgen darüber nachdenken. Ja, morgen. Morgen fühlt sich besser an als heute.*

Also vertagte ich die Entscheidung.

Dann bekam ich eine SMS, die mich daran erinnerte, dass die Entscheidung getroffen werden müsse, aber ich ignorierte die Nachricht. Als mein Mann die SMS sah und mich daran erinnerte, dass ich noch die Entscheidung treffen müsse, wurde ich sauer auf ihn. Ich schmollte und schließlich wurde mir klar, dass die Entscheidung am nächsten Tag auch nicht leichter werden würde und dass ich dann nicht nur eine schwere Entscheidung zu treffen, sondern als Zugabe auch noch eine unschöne Verzögerung zu erklären hätte.

Um folgende Entscheidung ging es: Eine befreundete junge Frau Anfang zwanzig hatte vor, die eigene Wohnung aufzugeben, weil sie ihre hohe Miete nicht mehr bezahlen konnte. Unsere Familie mag die junge Frau sehr. Sie ist viel bei uns, ein ganz reizender Mensch und macht absolut keine Probleme.

Doch in diesem Fall hatte ich nicht dieses Wissen ganz tief in meinem Innern, von dem im letzten Kapitel die Rede war, sondern ich hatte sehr zwiespältige Gefühle. Ich hatte keine eindeutige Antwort auf ihre Anfrage, wusste nicht genau, was richtig war, und deshalb war klar, dass ich mich dem Prozess stellen musste, das Für und Wider gegeneinander abzuwägen. Und in diesem Prozess spielte das Abwägen meiner Kapazitäten die entscheidende Rolle. Hatte ich die Reserven, um zusätzlich zu all meinen bereits bestehenden Aufgaben eine weitere Person in unserem Haushalt aufzunehmen? War das physisch, finanziell, geistlich und emotional noch zu leisten?

War das physisch, finanziell, geistlich
und emotional noch zu leisten?

Ich kramte in meiner Handtasche nach einem Kassenbon, um darauf Notizen zu machen und schalt mich dafür, dass ich nicht ordentlicher war und nicht einmal einen leeren Zettel dabeihatte … also ehrlich … Und dann schrieb ich mir eine Reihe von Aspekten auf, die bei dieser Entscheidung bedacht werden mussten. Konnte ich guten Gewissens jeden Aspekt dieser Anfrage mit einem Ja bestätigen?

Räumlicher Aspekt? Wir hatten ein freies Zimmer im Haus.

Finanzieller Aspekt? Die kleine Miete, die sie bezahlen konnte, würde die zusätzlichen Kosten decken.

Geistlicher Aspekt? Wir sind Christen und möchten anderen Menschen mit Liebe begegnen. Das passte doch alles ganz genau mit unseren Grundwerten zusammen. Aber es gab noch einen weiteren Aspekt, der bedacht werden musste.

Konnte ich noch eine zusätzliche Person in unserem Haushalt auch emotional bewältigen? Hatte ich die seelischen Reserven, eine weitere Person unter unserem Dach zu verkraften? Es ging ja nicht nur darum, dass wir dann eine Person mehr waren, sondern auch um all das, was eine weitere Person mitbringt: ihre Meinungen und Überzeugungen, der Umstand, dass sie auch hin und wieder die Waschmaschine und den Trockner brauchen würde und es vielleicht auch hin und wieder Reibereien mit unseren Kindern geben würde etc.

Rein oberflächlich betrachtet waren das alles eher Nebensächlichkeiten, mit denen ich natürlich fertigwerden würde, denn schließlich ist es doch wichtiger, jemandem, den ich mag, etwas Gutes zu tun und nett zu sein, als eigene Bedenken zu hegen.

Von Christen wird erwartet, dass sie Gutes tun.

Ich bin Christin.

Deshalb sollte ich Ja sagen.

Aber warum setzt mich der Gedanke daran so unter Stress? Es ist tatsächlich so, dass Gott uns manchmal geistliche Reserven schenkt, die unsere eigenen begrenzten Möglichkeiten weit übersteigen, damit wir zu etwas Bestimmtem Ja sagen können. Aber das ist nicht unbedingt immer der Fall.

Es ist nicht falsch, Weisheit, Wissen und Urteilsvermögen in Bezug auf unsere eigenen Kräfte einzusetzen, um unsere Entscheidungen genau abzuwägen. In Sprüche 24,3-4 werden wir an Folgendes erinnert: „Durch Weisheit wird ein Haus gebaut und durch Verstand erhalten, und durch ordentliches Haushalten werden die Kammern voll kostbarer, lieblicher Habe" (Sprüche 23,4-4, LÜ).

Und in Lukas 14,28-30 steht: „Denn wer ist unter euch, der einen Turm bauen will und setzt sich nicht zuvor hin und überschlägt die Kosten, ob er genug habe, um es auszuführen, – damit nicht, wenn er den Grund gelegt hat und kann's nicht ausführen, alle, die es sehen, anfangen, über ihn zu spotten, und sagen: Dieser Mensch hat angefangen zu bauen und kann's nicht ausführen?"

Als ich meine emotionalen und kräftemäßigen Reserven und den Aufwand gegeneinander abwog, den es bedeuten würde, die junge Frau bei uns aufzunehmen, hatte ich das Gefühl, dass ich Nein sagen sollte. Trotzdem spürte ich immer noch die Erwartung von außen, Ja sagen zu müssen. Sollte ich tun, was von mir erwartet wurde oder das, was ich fühlte?

Immer wenn ein Widerstreit existiert zwischen einer gefühlten Erwartung von außen und dem eigenen Gespür dafür, was man tun soll, ist es Zeit, von dieser Entscheidung einen Schritt zurückzutreten – Abstand zu bekommen – und Klarheit zu suchen bei der einzigen Quelle, die von allen Verwicklungen, irrigen Meinungen und unrealistischen Erwartungen frei ist.

Und das ist Gott.

Es mag sich zwar ein bisschen komisch anfühlen, Gott mit so einer Entscheidung zu belästigen, aber das ist es nicht. Es ist genau das, wozu uns Gott immer und immer wieder auffordert.

Er flüstert: „Genau das hier bedeutet es doch, eine persönliche Beziehung zu mir zu haben, dass du zu mir kommst und mit mir sprichst. Denk dran, dass ich allen, die mühselig und beladen sind, Ruhe gebe und sie erquicke. Ich will dir die Last deiner Fragen, Entscheidungen und deines Ärgers nehmen und dir in all deiner Verwirrung Ruhe schenken. Vielleicht gebe ich dir sofort eine Antwort auf deine Frage, vielleicht zeige ich dir aber auch einen Weg, auf dem du selbst auf die Antwort kommen kannst. Bleib einfach bei mir. Bei meinem Wort, meinem Wesen, meinem Weg, meinem Staunen. Und dann wirst du es wissen."[10]

In Gottes Wort steht, wie ich meine Aktivitäten angehen soll: „Kommt alle her zu mir, die ihr euch abmüht und unter eurer Last leidet! Ich werde euch Ruhe geben" (Matthäus 11,28, Hfa).

Gott spricht die Einstellung an, die ich bei meinen Aktivitäten haben soll.

„Lasst euch von mir in den Dienst nehmen und lernt von mir! Ich meine es gut mit euch und sehe auf niemanden herab. Bei mir findet ihr Ruhe für euer Leben" (Matthäus 11,29).

Gottes Staunen ist die Bestätigung, dass nicht jede Aktivität meine Aktivität ist: „Mir zu dienen, ist keine Bürde für euch. Meine Last ist leicht" (Matthäus 11,30).

Sein Wort. Sein Wesen. Sein Wunder. Sein Weg zur Erkenntnis. Ja, da muss ich hingehen.

---

10   Matthäus 11,28 in den Worten der Autorin.

GOTTES WORT BESCHÄFTIGT SICH MIT MEINER VORGEHENSWEISE

Die Bibel erklärt uns, welches *Handeln* für die Menschen, die zu ihm gehören, mit seinem Willen im Einklang steht. Und Gastfreundschaft zu praktizieren, entspricht auf jeden Fall seinem Willen.

Doch die Bibel sagt uns auch, wie wir die Aufgaben, die das Leben uns stellt, *angehen* sollen. Deshalb ist es wichtig zu überprüfen, mit welcher inneren Einstellung wir an etwas herangehen, welchen Ansatz wir dabei verfolgen. Wenn unser Handeln mit dem Wort Gottes übereinstimmt, unsere Vorgehensweise aber nicht, dann überziehen wir unser Kräftekonto und gehen in diesem Bereich unseres Lebens irgendwann bankrott. Eine gute Herangehensweise an etwas erfordert einfach genügend Kapazitäten, um die Anforderungen dieses Handelns auch tatsächlich bewältigen zu können.

Anhand der Faktoren, die ich im Zusammenhang mit meiner Entscheidung für wichtig hielt, begann ich zu überprüfen, ob ich wirklich die erforderlichen Kapazitäten hatte, die junge Frau bei uns wohnen zu lassen, und zwar räumlich, finanziell, geistlich und emotional betrachtet.

Räumlich: Wir hatten ein Zimmer übrig. Deshalb war mein Herangehen in Bezug auf diese Frage realistisch und würde für die ganze Familie sicher nicht zu einem räumlichen Kollaps führen.

Finanziell: Wie bereits gesagt würde die geringe Miete die Kosten decken, die durch ihr Leben in unserer Familie entstünden. Also auch hier waren die nötigen Kapazitäten vorhanden. Deshalb war meine Vorgehensweise auch in diesem Bereich realistisch und würde nicht zu einem unverantwortlichen Umgang mit unseren Finanzen führen.

Geistlich: Es würde uns geistlich ganz sicher nicht schaden, sie bei uns aufzunehmen. Es würde uns nicht daran hindern, weiterhin Mitglieder unserer Gemeinde zu sein und dort mitzuarbeiten oder in der Bibel zu lesen, um uns in unserer Beziehung zu Gott weiterzuentwickeln. Deshalb war meine Herangehensweise auch in diesem Punkt realistisch und in Ordnung.

Emotional: An dieser Stelle sah es mit den Kapazitäten schon ein bisschen kritischer aus. Wir erinnern uns – eine gute Herangehensweise an ein Projekt oder Anliegen erfordert ausreichend Kapazitäten, um die damit verbundenen Anforderungen bewältigen zu können.

Der Umstand, dass ich Mutter von fünf Teenagern bin, die meine ganze Aufmerksamkeit brauchen, dass ich eine leitende Position in der *Proverbs 31*-Arbeit habe, die mich ebenfalls beansprucht, dass ich in meiner Gemeinde mitarbeite, dass ich zu einem bestimmten Termin mein Buchmanuskript abgeben muss – bedeutet, dass mir zurzeit nur sehr begrenzt zusätzliche emotionale Kapazitäten zur Verfügung stehen.

Und wenn ich Kräfte verbrauche, die ich gar nicht habe, dann richte ich mich über kurz oder lang selbst zugrunde. Ich weiß nicht, wie es Ihnen geht, aber ich bin durchaus gefährdet, mich zu überschätzen und dadurch emotional zu überfordern. Das ist richtig schlimm. Wir würden also Gott zwar die Ehre geben, wenn wir die junge Frau bei uns aufnähmen, aber hinsichtlich meines Umgangs mit meinen emotionalen Kapazitäten würde ich das nicht tun.

Und an dieser Stelle kam das Wort Gottes wieder ins Spiel und erinnerte mich an etwas, das ich bedenken musste: „Und alles, was ihr tut mit Worten oder mit Werken, das tut alles im Namen des Herrn Jesus und dankt Gott, dem Vater, durch ihn" (Kolosser 3,17, LÜ).

Was ich tue
mit Worten oder Werken,
mein Umgang mit der Situation soll Jesus ehren.

Ja, das Wort Gottes spricht sowohl mein Tun an als auch meine Herangehensweise. Doch jetzt kommt das Interessante. Das Wort Gottes geht dabei nicht sehr ins Detail. Wenn es um unser Tun geht, ist das Wort Gottes nicht gerade konkret. In der Bibel steht nicht: „Wenn du gerade in einer Lebensphase bist, in der dein Mann eine eigene Firma managt, du fünf Teenager zu Hause hast, eine stetig wachsende geistliche Arbeit leitest, dich in deiner Kirchengemeinde engagierst und einen Abgabetermin für ein Buchmanuskript hast, der schon jetzt nur sehr schwer einzuhalten ist … und eine großartige junge Frau Mitte zwanzig dich fragt, ob sie für ein Jahr bei euch einziehen kann, dann solltest du Folgendes tun …"

Manchmal wünschte ich, die Bibel wäre in Bezug auf mein Handeln und meine Projekte genau so konkret. Doch auch wenn die Bibel nicht konkret meine einzelnen Aktivitäten anspricht, so ist sie doch sehr konkret, wie ich hinsichtlich meiner Aktivitäten vorgehen soll.

Was ich tue,
mit Worten oder Werken,
meine Vorgehensweise muss Jesus ehren.

Und ehrlich gesagt fällt mir das besonders schwer, wenn ich nur über einen begrenzten emotionalen Freiraum verfüge. Noch eine Mitbewohnerin bei uns aufzunehmen würde Aufmerksamkeit verlangen. Ich müsste nicht nur räumlich mehr Platz haben für die zusätzliche Mitbewohnerin, sondern auch emotional, um den Anforderungen einer zusätzlichen Person gerecht werden zu können. Und wenn jemand oder etwas Aufmerksamkeit von mir braucht, für die ich nicht die emotionalen Reserven habe, so ist mein Handeln ein Verrat an meinen guten Absichten. Dann kann ich Jesus in meinem Reden und Handeln nicht mehr so gut widerspiegeln und folglich auch nicht mehr so gut das Wort Gottes leben.

Und wenn wir darin nachlassen, das Wort Gottes zu leben, dann lassen wir auch darin nach, den Willen Gottes zu tun. Und damit hatte ich meine Antwort.

Sie lautete: *Nein.*

Es ist in dieser Phase meines Lebens nicht möglich, längerfristig eine weitere Person bei uns aufzunehmen. Ich verfüge nicht über die emotionalen Reserven, die nötig wären, um diese Aufgabe gut und richtig anzugehen.

Also schrieb ich ganz unten auf den Kassenbon: „Kategorie *emotional*: Hier lautet die Antwort Nein." Ich bin deshalb kein schlechter Mensch, sondern zurzeit einfach nicht die Richtige für diese Aufgabe.

WIE GOTT MEINE EINSTELLUNG BETRACHTET

Nachdem ich zu dieser Antwort gefunden habe, beginnen leider dennoch meine Gedanken zu kreisen, und mir wird das Herz schwer. Ich habe entschieden, dass die Antwort Nein ist. Ich bin sicher, dass die Antwort Nein lauten muss. Und dann bin ich auch wieder gar nicht mehr so sicher, dass die Antwort Nein ist.

Kann denn überhaupt ein Nein ein Ausdruck von Liebe sein?

Es fühlt sich jedenfalls liebevoller an, Ja zu sagen.

Und sollte ich nicht bevorzugen, was am liebevollsten ist? Denn Gott befiehlt schließlich, dass wir ihn und unseren Nächsten lieben sollen. Kann mir deshalb nicht die Liebe dabei helfen, über meine emotionalen Kräfte hinauszuwachsen, ohne dass es zum Bankrott kommt?

An dieser Stelle müssen wir uns vom Wesen Gottes leiten lassen. „Gott ist Liebe", heißt es (1. Johannes 4,8). Deshalb definiert das Wesen Gottes – also die Art, wie Gott ist und handelt – was Liebe ist. In der amerikanischen Bibelübertragung *The Message* ist der berühmte Abschnitt des Paulus über die Liebe „Das Hohelied der Liebe" in 1. Korinther 13 überschrieben mit „Das Wesen der Liebe":

Wenn ich die Sprachen aller Menschen spreche und sogar die Sprache der Engel, aber ich habe keine Liebe – dann bin ich doch nur ein dröhnender Gong oder eine lärmende Trommel.

Wenn ich prophetische Eingebungen habe und alle himmlischen Geheimnisse weiß und alle Erkenntnis besitze,

wenn ich einen so starken Glauben habe, dass ich Berge versetzen kann, aber ich habe keine Liebe – dann bin ich nichts.

Und wenn ich all meinen Besitz verteile und den Tod in den Flammen auf mich nehme, aber ich habe keine Liebe – dann nützt es mir nichts (Verse 1-3).

Wörtlich übersetzt heißt es im Original: „Ohne Liebe bin ich bankrott" (V.3). Deshalb konzentrieren wir uns an diesem Punkt auf das Wort *bankrott*. Ja, es könnte liebevolles Handeln sein, jemanden bei uns wohnen zu lassen. Es könnte ein Handeln sein, das mit dem Wesen und Tun Gottes übereinstimmt. Wenn das jedoch ohne eine innere Haltung der Liebe geschähe, dann würde es nicht die Liebe Gottes widerspiegeln. Eine *Vorgehensweise*, durch die Gott die Ehre gegeben wird, erfordert die entsprechenden Kapazitäten und eine innere Haltung, die Gott die Ehre gibt. Sie muss die Liebe Gottes widerspiegeln.

Meine innere Haltung der Liebe muss immer bestehen bleiben, sobald ich in Betracht ziehe, noch weitere Aufgaben zu übernehmen. Sie darf nicht auf dem Altar des Tuns und der Aktivitäten geopfert werden.

An dieser Stelle müssen wir uns selbst gegenüber brutal ehrlich sein. Falsch verstanden, könnte dieser Grundsatz als Entschuldigung dienen, egoistischer zu werden, aber so ist er nicht gemeint. Wir haben in anderen Phasen unseres Lebens für Missionare, Waisen, Witwen und Teenager die Türen unseres Hauses weit geöffnet, aber in diesem Fall und zu diesem Zeitpunkt geht es nicht.

Ich muss mir selbst die Frage stellen: *Sage ich jetzt aus Egoismus Nein, oder sage ich Nein als diejenige, die den Finger am Puls ihrer Familie hat und weiß, dass eine weitere Mitbewohnerin zurzeit eine Überforderung wäre?*

Wenn ich von einer „inneren Haltung der Liebe" spreche, dann ist das keine Entschuldigung, mit der ich mich davor zu drücken versuche, anderen zu dienen. Es ist eine Übung darin, Gott um Hilfe zu bitten bei der realistischen Einschätzung, wie ich einen Menschen lieben soll, ohne dass meine Familie dadurch Schaden nimmt.

Ich soll diese Person lieben. Ich komme gleich noch darauf zurück, dass ich das betreffende Mädchen nicht einfach im Regen stehen ließ, aber ich musste eingestehen, dass ich sie nicht bei uns aufnehmen konnte, wenn ich eine innere Haltung der Liebe bewahren wollte. Meine *innere Haltung* ist meiner Aktivität, dem, was ich tun soll oder will, *übergeordnet*.

Schauen Sie sich einmal die Aktivitäten an, die in dem Hohelied der Liebe aufgezählt sind:

- Sprachen aller Menschen sprechen
- Prophetische Eingebungen haben
- Einen so starken Glauben haben, dass er Berge versetzen kann

- Alles, was man hat, den Armen geben
- Den Märtyrertod auf sich nehmen

Das alles sind erstaunliche Aktivitäten, Aktivitäten und Taten, die Gott gefallen und zu denen man immer Ja sagen sollte, weil sie richtig und eigentlich immer dran sind (na ja, vielleicht außer der Sache mit dem Märtyrertod – puuh!) Aber sehen Sie selbst, wie uns die Bibel herausfordert, die innere Haltung der Liebe noch über jede dieser guten Taten und Handlungsweisen zu stellen. Denn ohne Liebe sind wir nichts – sind wir bankrott.

Das Wesen Gottes, seine Art, besteht auf der inneren Haltung der Liebe. Und deshalb sollten auch mein Wesen und mein Handeln eine innere Haltung der Liebe widerspiegeln und keine innere Haltung der Hetze, Überaktivität und eines vorschnellen Aktionismus. Ist es liebevoll, Nein zu sagen? *Ja, absolut,* wenn dadurch für die Aufgaben, die mir tatsächlich zugedacht sind, die innere Haltung der Liebe bewahrt wird.

Entsprechend der Themen, die in 1. Korinther 13 angesprochen werden, kann ich mich selbst hinterfragen: *Ich kann einen Gast in unserem Haus aufnehmen, aber wenn ich dabei keine Liebe habe, dann erreiche ich dadurch nichts, bin nichts als eine missmutige Gastgeberin mit einer genervten inneren Einstellung.*

Ja, eine innere Haltung der Liebe entspricht dem Wesen Gottes. Und da ist noch etwas, das wir wissen müssen: Mit welcher inneren Haltung auch immer wir in eine Situation hineingehen, sie wird in ihr noch verstärkt. Denken Sie beispielsweise daran, wie Jona eine innere Haltung des Ungehorsams mitbrachte und das beinahe dazu geführt hätte, dass ein Schiff mit Mann und Maus gesunken wäre. Der kleine Junge, der Jesus auf dem Berg zuhörte und großzügig Brot und Fisch hergab, bewirkte dadurch letztlich, dass Tausende satt wurden. Welche Grundhaltung auch immer wir mitbringen, sie wird noch verstärkt.

Wenn ich zu Hause eine missmutige, mürrische innere Haltung habe, dann dauert es nicht lange, und alle anderen werden auch ein bisschen mürrisch.

Wenn ich im Büro angespannt in eine Sitzung gehe, dann dauert es nicht lange und alle Anwesenden sind ebenfalls etwas angespannt.

Wenn ich in einer Freundschaft abwehrend oder gereizt reagiere, dann dauert es gar nicht lange und meine Freundin wird auch abwehrend und gereizt.

Und wenn ich eine weitere Mitbewohnerin bei uns zu Hause aufnehme, das aber meine emotionalen Kräfte übersteigt, dann bin ich gestresst und dieser Stress überträgt sich auf das gesamte Haus und seine Bewohner – und damit natürlich auch auf das Leben der neuen Mitbewohnerin. Das wiederum ist weder fair noch liebevoll und es entspricht nicht dem Wesen Gottes.

Das Wesen Gottes ist Liebe, also sollen meine Art und mein Handeln das widerspiegeln. Wenn ich diese Entscheidung treffe, muss ich bedenken, was sie mich in Bezug auf meine innere Haltung kostet. Meine innere Haltung der Liebe muss über meinem jeweiligen Tun stehen und deshalb wird auch an dieser Stelle mein Nein bestätigt.

....

*Mit welcher Grundhaltung auch immer
wir in eine Situation hineingehen, sie
wird in ihr noch verstärkt.*

....

Das Wort Gottes spricht meine *Vorgehensweise* an. Das Wesen und die Art Gottes spricht meine *innere Haltung* an. Das Wunder Gottes wiederum sorgt dafür, dass ich *Sicherheit* habe.

Und an dieser Stelle wird es spannend, selbst wenn es sich hart

71

anfühlt, Nein zu sagen. Gottes Wunder nimmt mein Nein und lässt für mich daraus Sicherheit entstehen.

Mein Nein zu der jungen Frau kann für sie der Weg werden, auf dem sie erlebt, wie Gott selbst für sie sorgt. Ich wusste, dass mein Nein im Leben der jungen Frau für einen Mangel sorgen würde. Sie brauchte immer noch eine Unterkunft. Sie brauchte immer noch etwas, um ihre Situation durchzustehen.

Nun ist es aber wichtig zu wissen, dass Gott ganz besonders gerne Mangel ausfüllt. Gott ist ein Meister darin, im richtigen Augenblick für genau das Richtige zu sorgen. Manchmal setzt Gott uns ein, um bei anderen einen Mangel zu beheben. Manchmal erfahren und erleben andere durch unser Ja die Versorgung durch Gott.

Und Folgendes ist das Kernproblem: Nicht wir sind der Meisterversorger, sondern er ist es. Deshalb musste ich all die Aspekte, von denen in diesem Kapitel die Rede war, ehrlich bedenken und abwägen. Egal, ob meine Antwort bei künftigen Anfragen und Projekten Ja oder Nein ist, ich habe die Gewissheit, dass Gott der Meisterversorger ist. Denen, die mit Gott unterwegs sind, verspricht die Bibel:

Der wird in der Höhe wohnen, und Felsen werden seine Feste und Schutz sein. Sein Brot wird ihm gegeben, sein Wasser hat er gewiss. Deine Augen werden den König sehen in seiner Schönheit; du wirst ein weites Land sehen.[11]

In diesem Fall bestand Gottes Hauptanliegen für die junge Frau nicht darin, dass ich ihr eine Unterkunft zur Verfügung stellte, sondern dass sie merken sollte, wie sie von ihm versorgt wird.

Oswald Chambers schreibt, dass wir das, was wir für unsere

---

11 Jesaja 33,16-17 (LÜ)

Pflicht halten, in direkte Konkurrenz mit den Geboten Jesu treten lassen sollen. Wenn wir uns weigern, eine Chance ungenutzt verstreichen zu lassen, damit er selbst derjenige sein kann, der die Sache erledigt, dann sollten wir folgende Warnung beherzigen:

....

Und Folgendes ist das Kernproblem:
Nicht wir sind der Meisterversorger,
sondern er ist es.

....

Als du gehorchtest und alle Folgen Gott überließest, ging der Herr selbst in deine Stadt, um zu lehren; so lange du nicht gehorchen wolltest, warst du ihm im Wege. Achte darauf, wo du anfängst zu debattieren und das, was du Pflicht nennst, den Geboten des Herrn gegenüberzustellen. „Ich weiß, dass er mich gehen hieß, aber damals war meine Pflicht hier – das heißt: Du glaubst nicht, dass Jesus das, was er sagt, ernst meint. … Spielen wir im Leben anderer Menschen die Amateurvorsehung? Gehen wir in unseren Belehrungen anderer so geräuschvoll vor, dass Gott nicht an die herankommen kann?"[12]

Wenn ich Ja gesagt hätte, hätte ich Gott keinen Raum gelassen, seinen Plan umzusetzen. Und sein Plan war für die junge Frau letztlich sogar eine ganz wunderbare Überraschung.

Ich hatte schließlich irgendwann dann doch genügend Mumm, ihr zu erklären, warum ich Nein sagen musste, und noch am selben Tag bekam sie einen Anruf von der Besitzerin einer ganz reizenden kleinen Wohnung, die sie ihr für einen Spottpreis zur Miete anbot. Die junge Frau war völlig begeistert, denn die Woh-

---

12   Oswald Chambers, Mein Äußerstes für sein Höchstes 1. August

nung lag viel näher an ihrer Arbeitsstelle und sie hatte darin so viel Platz und auch Privatsphäre, wie sie brauchte. Auf jeden Fall war sie damit sehr viel besser versorgt als mit einem Zimmer bei uns.

Ach, Gottes Wunder bewirken Dinge, die wir uns gar nicht vorstellen könnten, um die wir niemals bitten würden und die wir nicht für möglich gehalten hätten. Seine Wunder sind meine Sicherheit. Es hängt nicht alles von mir ab.

Nicht jede Aufgabe ist meine Aufgabe, aber das bedeutet nicht, dass keine Aufgabe meine Aufgabe ist. Ich habe die Aufgabe, großzügig zu geben, verschwenderisch zu lieben und mein Haus zu öffnen.

Jetzt hatte ich die Kapazitäten, mir andere Möglichkeiten zu überlegen, wie ich der betreffenden jungen Frau zum Segen werden konnte. Sie konnte zwar nicht bei uns wohnen, aber das bedeutete nicht, dass ich gar nichts für sie tun konnte. Ich machte mir also Gedanken darüber, was ich ihr stattdessen anbieten konnte.

Ich wusste, dass sie unter anderem deshalb gern bei uns eingezogen wäre, weil sie einfach gern mit uns zusammen war. Sie ist ein Familienmensch, aber ihre eigene Familie lebt weit entfernt. Außerdem wendet sie sich gern an meinen Mann oder mich, wenn sie geistlichen Rat braucht.

Als Alternative zum Wohnen bei uns luden wir sie deshalb ein, den Sonntag regelmäßig mit uns zu verbringen, und zwar zunächst im Gottesdienst und anschließend bei uns zu Hause. Außerdem war sie jeden Montagabend bei uns zum Abendessen und zu Gesprächen eingeladen. Sie ist darüber hinaus in fast jedem Familienurlaub, den wir im vergangenen Jahr gemacht haben, dabei gewesen und sie hat außerdem alle Fest- und Feiertage bei uns verbracht. Wir haben sehr viel Spaß miteinander gehabt! Dieses Ja, das dran war, das richtige Ja, passt ganz wunderbar zu uns allen.

Vor dem Ende dieses Kapitels noch schnell eine Warnung: Lassen Sie uns nicht mit wasserfestem Edding ein dickes fettes Nein auf unsere Stirn schreiben oder unsere E-Mails automatisch mit einem einzigen Nein beantworten oder gleich alle Termine in unserem Kalender streichen. Beim Erkennen des Ja, das dran und richtig ist, geht es nicht darum, zu allem Nein zu sagen, was sich unbequem anfühlt oder anstrengend ist oder unsere Kapazitäten übersteigt.

Dieses Buch ist keine Entschuldigung dafür, nicht im Glauben Schritte zu tun. Bitte, verstehen Sie es unbedingt so, dass es auch immer wieder Zeiten und Orte gibt, an denen wir Ja sagen. Denn letztlich gilt ebenso, dass Glaube ohne Taten tot ist. Es gibt tatsächlich auch die Zeiten und die Orte, Ja zu sagen. In den folgenden Kapiteln werde ich darauf noch ausführlich zu sprechen kommen.

Es geht darum, Ja zu sagen zu den Dingen, die ganz klar und eindeutig unsere Aufgabe sind. Nicht weil uns das schlechte Gewissen dazu treibt oder weil wir unter Druck gesetzt werden, Ja zu sagen, oder weil wir nicht wissen, wie wir Nein sagen sollen und deshalb automatisch Ja sagen.

Wir sollen vielmehr Gottes Einladung spüren, Ja zu sagen.

Das Ja, das dran und richtig ist.

Aber das Ja, das dran ist, macht es notwendig, zu anderen Dingen Nein zu sagen. Nein zu den falschen Dingen, zu denen, die zurzeit oder überhaupt nicht dran sind. Nein auch zu Dingen, die vermeintlich gut sind. Das ist die einzige Möglichkeit, wie wir für genügend Raum und Zeit sorgen können, um im Glauben in Richtung der Dinge, die richtig und dran sind, den Sprung zu wagen.

Kapitel 6

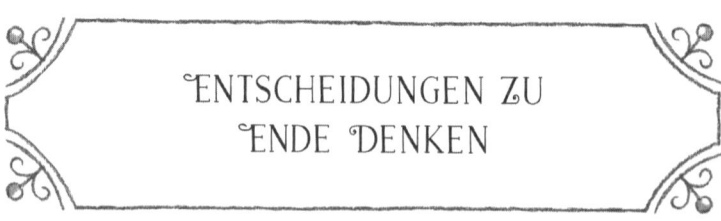

ENTSCHEIDUNGEN ZU
ENDE DENKEN

Ich bin noch nie gebeten worden, auf der Abschlussfeier einer Highschool eine Rede zu halten, aber wenn ich darum gebeten würde, dann glaube ich, dass die Kernaussage meiner Rede lauten würde: Denkt die Entscheidungen, die ihr jetzt trefft, zu Ende.

Ich erinnere mich daran, dass es ein schwülheißer Tag war. Alle Mädchen trugen weiße Kleider unter ihren Roben aus grünem seidigem Stoff. Die Jungen sollten darunter ihre Sonntagskleidung und Krawatte tragen, aber natürlich waren auch einige dabei, die kurze Sporthosen anhatten und kein Hemd. Stattdessen hatten sie sich unterschiedliche Botschaften auf die nackte Brust gepinselt. Als sie dann nach vorne gingen, um ihr Zeugnis in Empfang zu nehmen, rissen sie ihre Examensrobe vorne auseinander und enthüllten so bedeutsame Aussagen wie „Jahrgang '87 ist der Beste!" Ich wette, ihre Mütter waren richtig stolz auf sie.

Es wurde geklatscht und gejubelt, Hüte wurden in die Luft geworfen, und ich bin sicher, die Reden, die an diesem Tag gehalten wurden, waren großartig.

Ich erinnere mich nicht mehr ganz genau, aber wahrscheinlich gab es die üblichen Aussagen wie zum Beispiel: Ihr geht auf eine fantastische Reise; vor euch liegt eine strahlende Zukunft; packt das Leben bei den Hörnern und lebt euer Abenteuer. Abschließend folgte eine Diashow mit Fotos aus unserer Schulzeit zu der Melodie des Songs *Friends are Friends Forever*.

Die Atmosphäre war hoffnungsvoll, und bei all diesen jungen Menschen mit ihren unterschiedlichen Träumen lagen Optimismus und Vorfreude in der Luft. So viele Entscheidungen standen an – Entscheidungen, durch die jedes einzelne Leben eine bestimmte Richtung bekommen würde. Ja, so ist das, wenn Entscheidungen getroffen werden.

Die Entscheidungen von heute bestimmen die Lebensumstände von morgen. Schon in Sprüche 27,12 heißt es: „Der Kluge sieht das Unglück voraus und bringt sich in Sicherheit; ein Unerfahrener rennt mitten hinein und muss die Folgen tragen" (Hfa).

· ·

Die Entscheidungen von heute bestim-
men die Lebensumstände von morgen.

· ·

Ich wünschte, an dem besagten Tag auf der Abschlussfeier wäre Folgendes passiert: Ich wünschte, man hätte uns Absolventen ein Video darüber gezeigt, wo wir alle beim zwanzigsten Jubiläum unseres Schulabschlusses stehen würden.

So etwas ist natürlich nicht möglich, aber stellen Sie sich doch nur einmal vor, wie wirkungsvoll es gewesen wäre, wenn ein Festredner damals zu uns gesagt hätte:

Es spielt eine große Rolle, welche Entscheidungen ihr jetzt trefft. Jede
Entscheidung weist nämlich in die Richtung, in die euer Leben gehen
wird. Keine Entscheidung steht isoliert und für sich allein, sondern
es ergeben sich daraus immer Ketten von Ereignissen. Wenn ihr klug

entscheidet, dann wird sich das in eurer Zukunft widerspiegeln. Wenn ihr aber nicht klug entscheidet, dann werden die Entscheidungen, die ihr trefft, euch an Orte und in Situationen bringen, in denen ihr nicht sein möchtet (Film ab).

Es wären natürlich großartige Erfolgsgeschichten dabei gewesen, die für begeisterten Applaus des Publikums gesorgt hätten. Zum Beispiel die Geschichte von Stephanie, die so lange mit dem Heiraten wartete, bis sie einen Mann kennenlernte, der fest im Glauben verankert und geistlich stabil war, ein behutsamer, sanfter Mensch mit einem starken Charakter. Die Entscheidung, auf diesen Mann zu warten, erwies sich als ebenso goldrichtig wie lebenswichtig, denn er trug entscheidend dazu bei, dass Stephanie den Krebs besiegen konnte, an dem sie mit Ende zwanzig erkrankte. Heute wäre sie eine Frau, die den Krebs besiegt hat, mit einer starken Ehe und der klaren Berufung, anderen Menschen zu helfen, deren Leben ebenfalls durch besondere Umstände völlig auf den Kopf gestellt worden ist.

Und auch die Geschichte von Tony wäre dabei gewesen, der sich mit Anfang zwanzig selbst das Versprechen gab, nie über seine Verhältnisse zu leben. Er ist zwar nicht reich geworden, aber es geht ihm gut – auch materiell –, weil er sich nicht durch hohe Schulden versklavt hat, wie viele seiner damaligen Schulfreunde. Er war davon überzeugt, dass Finanzen wie ein Elefant sind. Man kann entweder darauf sitzen, oder er sitzt auf einem. Wenn Tony Entscheidungen zu treffen hatte, dann tat er das anhand biblischer Grundsätze, und das war gut für ihn. Auch bei ihm hätten wieder alle applaudiert und gejubelt, weil er seine Sache gut gemacht hat.

Aber auch Amandas Geschichte wäre gezeigt worden. Amanda hat gerade ihre zweite Scheidung hinter sich. Während des Studiums hatte sie sich in Brad verliebt, den Partytypen, mit dem man so viel Spaß haben konnte. Sie hatte sich zwar eigentlich immer einen Mann gewünscht, der Christ ist und so wie sie zu einer Gemeinde gehörte, aber sie war der Meinung, dass bei Brad dieser Partylebensstil nur eine vorübergehende Phase sei, die sich irgendwann auswachsen würde, spätestens wenn sie verheiratet wären. Zehn Jahre und zwei Kinder später war das aber immer noch nicht passiert. Nachdem Brad Amanda mit einer anderen Frau betrogen hatte, wurde die Ehe geschieden.

Noch während der Zeit, in der sie diesen Treuebruch mühsam verarbeitete, lernte sie bei der Arbeit Tom kennen. Bei ihrem dritten Date schliefen sie miteinander und Amanda wurde schwanger. Weil sie überzeugt waren, dass sie Seelenverwandte sein mussten, da sie so viel füreinander empfanden, wurde schnell geheiratet, obwohl Amanda und Tom sich zu dem Zeitpunkt noch gar nicht richtig kannten. Aber es fühlte sich so richtig an, dann muss es doch eigentlich auch richtig sein, oder?

Vielleicht auch nicht.

Drei Jahre später lernte Amanda im Fitnessstudio Craig kennen. Zu diesem Zeitpunkt hatte sie Toms verantwortungsloses Verhalten bereits gründlich satt. Er konnte absolut nicht mit Geld umgehen, hatte zehn Kilo zugenommen und weigerte sich strikt, ein Fitnessstudio auch nur zu betreten. Craig dagegen trainierte dreimal in der Woche gemeinsam mit Amanda. Tom redete fast gar nicht mehr mit ihr, aber Craig blieb nach dem Training immer noch ein wenig, und dann unterhielten sie sich über Themen, die Amanda wirklich interessierten. Bei nahezu allen Entscheidungen, die Amanda traf, verließ sie sich fast ausschließlich auf ihr Gefühl.

In der Schlussszene des Videos, in der Amanda zum zweiten Mal Scheidungspapiere unterschreibt, wäre es im Saal mucksmäuschenstill gewesen.

Und dann wäre da noch die Geschichte von Davis. Er fand nichts dabei, in der Highschool bei Tests und Klausuren zu schummeln, später dann auch am College und schließlich im Beruf. „Manchmal muss man sich einfach nehmen, was man haben will", rechtfertigte er sein Verhalten und genau das tat er auch. Im vergangenen Jahr hatte er sich allerdings zu viel genommen und musste eine Haftstrafe wegen Unterschlagung und Untreue antreten. Das ergaunerte Geld hatte er gebraucht, um seinen aufwendigen Lebensstil zu finanzieren.

Auch dieses Video hätte das Publikum bestenfalls ernüchternd, aber im Allgemeinen doch eher tragisch gefunden.

Ein Video wie dieses, das uns die Tragweite unserer Entscheidungen vor Augen geführt hätte, wäre eine Abschlussrede gewesen, die wir so schnell nicht vergessen hätten.

Doch bei meiner Abschlussfeier gab es so einen aufschlussreichen Moment nicht. Ich war nur erfüllt von der naiven Hoffnung, dass eine junge Frau mit großen Träumen und guten Absichten schon ihren Weg machen und ihre Ziele erreichen würde. Und ich hörte auf meinen Bauch. Wenn etwas sich gut anfühlte und gut aussah, dann musste es gut sein. Hätte ich weiter nach dieser Philosophie gelebt, ich mag mir gar nicht vorstellen, wie mein Leben dann verlaufen wäre.

....

Zeig mir eine Entscheidung und ich sage
dir, in welche Richtung es geht

....

Mit zum Besten, was mir mit Anfang zwanzig passierte, war, dass mir der Junge, von dem ich glaubte, dass ich ihn einmal heiraten würde, das Herz brach. In meiner Verzweiflung über diese Situation lag ich zunächst nur im Bett und suhlte mich in einem Anfall von Depression und Verzweiflung, und dann sah ich mich nach Möglichkeiten um, den Schmerz über das Ende der Beziehung zu betäuben. Das waren dann meist Kneipenbesuche mit Kollegen nach der Arbeit.

An einem Wochenende ging es mir so schlecht, dass ich nicht einmal mehr aufstehen wollte. Nachdem ich mich mehrere Tage im abgedunkelten Schlafzimmer meiner Wohnung verkrochen hatte, kam meine Mitbewohnerin irgendwann in mein Zimmer, riss das Fenster auf und verkündete, dass ich zwei Dinge bräuchte. Das Erste sei ein bisschen mehr Licht. Und dann hielt sie mir eine Zeitungsanzeige vor die Nase, in der sich eine Kirchengemeinde in der Stadt vorstellte. Ihr zweiter Vorschlag war ganz klar und eindeutig. In ihrem skurrilen Südstaatenakzent sagte sie: „Da musst du Leute kennenlernen und nicht in irgendwelchen Kneipen."

Bis heute liebe ich sie dafür, dass sie mir an jenem Tag etwas so Grundlegendes vermittelt hat. Ich brauchte wirklich Licht, und zwar sowohl im physikalischen als auch im geistlichen Sinne. Doch was ich noch viel dringender brauchte, war eine neue Ausrichtung, und ich brauchte eine Führung, die mir zeigte, wie ich dort hinkommen konnte, wo ich eigentlich hinwollte. Weil mir das aber selbst noch gar nicht richtig bewusst war, hörte ich ihr nur mit halbem Ohr zu und stopfte die Zeitungsanzeige einfach zwischen Nachtschrank und Bett.

Am nächsten Tag konnte ich mich gerade so eben aufrappeln, um zur Arbeit zu gehen. Nach der Arbeit schloss ich mich wieder ein paar Kollegen an, die in eine Kneipe um die Ecke gehen wollten, weil ich dachte, dass mir ein bisschen Spaß und gute Laune wahrscheinlich guttun würden.

Einige Stunden lang spielten wir Billard und tranken etwas, bis mich einer der Männer einlud, mit ihm zusammen in seiner Wohnung etwas zu kochen. Ich wollte auch tatsächlich mitgehen. Ich war allein, es ging mir schlecht und ich hatte Hunger. Aber dann stellte ich mir meine Mitbewohnerin vor, wie sie mir die Zeitung mit der

Anzeige vor die Nase gehalten hatte, und irgendetwas in meinem Innern machte mich fähig, diese Einladung auszuschlagen.

Wäre ich mit dem Mann aus der Kneipe mitgegangen, hätte mich das in meinem angeschlagenen Zustand sicher auf einen sehr gefährlichen Weg bringen können. Ich will gar keine Vermutungen darüber anstellen, was alles hätte passieren können, aber ich weiß, dass es mich ganz sicher nicht der Wahrheit nähergebracht hätte, die ich so dringend nötig hatte.

Am nächsten Abend kramte ich nach der Arbeit die Zeitungsanzeige wieder hervor, las sie durch und am darauffolgenden Sonntag ging ich in die besagte Gemeinde.

Damit will ich natürlich nicht sagen, dass sich in dem Augenblick, in dem man eine Kirche betritt oder in eine Gemeinde geht, alles von selbst regelt. Man wird ja auch nicht satt, wenn man ein Restaurant von außen anschaut. Wenn es uns wirklich guttun soll, müssen wir uns auf das Angebot einlassen, das wir dort bekommen. Doch dadurch, dass ich endlich innerlich bereit war, mir die Wahrheit anzuhören, änderte ich auf jeden Fall schon mal die Richtung. Die besagte Gemeinde war ein Ort, an dem ich schließlich gute Orientierung fand und stabile Freundschaften, von denen viele bis heute bestehen.

Damals wusste ich noch nicht, wie man eine Entscheidung und ihre Folgen zu Ende denkt. Hätte ich es gewusst, dann hätte ich erkannt, dass mich die Szene in der Kneipe sicher auch irgendwohin geführt hätte, dass aber diese Gemeinde genau der Ort war, an dem ich sein sollte.

Unsere Entscheidungen sind keine voneinander getrennten und isolierten Vorgänge, sie gehen oftmals ineinander über und geben unserem Leben eine Richtung. Zeige mir eine Entscheidung, und ich sage dir, in welche Richtung es geht. Und das ist nicht nur eine Botschaft für Schulabsolventen, die ihr ganzes Leben noch vor sich haben. Es ist eine Botschaft für jeden Menschen, egal wie viel Lebenszeit noch vor ihm liegt. Wir müssen uns darin üben, unsere Entscheidungen zu Ende zu denken. Wir müssen erkennen, wohin uns Entscheidungen führen und uns vergewissern, ob wir dorthin wirklich wollen.

Neulich fragte mich eine Freundin, ob ich eine Karamell-Crunch-Latte-mit-irgendwas-Schickem-und-Sahne probieren wolle. Ja bitte, auf jeden Fall! Dieses Getränk würde ich wirklich sehr gerne probieren. Aber ich tat es dann doch nicht. Warum nicht? Weil ich mich ziemlich gut kenne. Auf etwas, das ich gar nicht kenne, kann ich keinen Heißhunger bekommen. Wenn ich aber erst einmal so eine süße Köstlichkeit probiert habe, dann bekomme ich irgendwann Heißhunger darauf. Und dann will ich nicht nur einmal kurz daran nippen, sondern ich möchte einen ganzen Becher davon für mich alleine haben. Schließlich möchte ich mehrmals pro Woche so einen ganzen Becher davon für mich allein haben. Ich möchte als Beispiel diese Entscheidung hier einmal zu Ende denken.

Ich recherchierte, dass das besagte Getränk 560 Kalorien hat. Wenn ich es mir angewöhne, ein Jahr lang drei solcher Becher pro Woche zu trinken, ohne sonst irgendetwas an meinen Ess- und Bewegungsgewohnheiten zu ändern, dann nehme ich dadurch 87360 zusätzliche Kalorien zu mir. 3500 Kalorien sind vierhundertfünfzig Gramm Fett. Je nach Stoffwechsel, nur anhand der reinen Zahlen, würde ich demgemäß im Laufe des nächsten Jahres über elf Kilo zunehmen. Wenn ich diese Entscheidung wirklich zu Ende denke, dann darf ich an so einem Getränk tatsächlich nicht einmal nippen.

Manchmal lachen Leute, wenn ich ihnen von solchen inneren Abwägungsprozessen erzähle, und sagen: „Na ja, dann sind Sie wohl ein besonders disziplinierter Mensch." Aber das bin ich eigentlich gar nicht. Vielleicht haben Sie den Teil überlesen, dass bei mir schon ein kleiner Probierschluck dazu führen kann, dass ich drei Mal pro Woche Heißhunger auf diese Köstlichkeit bekomme. Ich bin eigentlich gar nicht besonders diszipliniert, sondern nur entschlossen – fest entschlossen, nicht an Stellen zu landen, an denen ich gar nicht sein möchte, nur weil ich mir nicht die Zeit genommen habe, genau und ehrlich abzuwägen und einen etwas eingehenderen Blick auf die Details zu werfen.

Mir ist bewusst, dass uns manches passiert, worauf wir keinerlei Einfluss haben. Aber vieles geschieht auch ganz einfach, weil wir nicht wissen, wie wirkungsvoll und sinnvoll es ist, Entscheidungen zu Ende zu denken.

Denken Sie einmal an irgendeine derzeit bestehende Situation in Ihrem Leben. Scheinbar einzelne, voneinander isolierte Entscheidungen gipfeln in einer bestimmten Situation. Wenn ich beispielsweise heute Morgen aufwachen würde und Schulden hätte, dann läge das an einer Reihe von Entscheidungen, die ich irgendwann getroffen habe. Ganz sicher hätten dazu auch Umstände beigetragen, die außerhalb meiner Kontrolle lagen, aber die Wahrscheinlichkeit ist doch ziemlich groß, dass ich durch eigene Entscheidungen diese Schulden angehäuft hätte. Ich habe einen Weg eingeschlagen und weiterverfolgt, der mich in meine derzeitige finanzielle Situation gebracht hat.

Wenn ich meine Entscheidungen bis in diese Situation hinein Schritt für Schritt schriftlich festhielte, und jemand anderer würde dann ganz genau die gleichen Schritte machen, dann hätte diese Person wahrscheinlich ebenfalls am Ende Schulden. Jede einzelne Entscheidung, die ich getroffen habe, ist mir wirklich wie nur eine Entscheidung vorgekommen, aber in Wirklichkeit war sie jeweils ein Schritt in Richtung Schulden.

In seinem Buch *The Principle of the Path (Das Prinzip des Weges)* schreibt Andy Stanley Folgendes:

Die Richtung, in der Sie derzeit unterwegs sind – beziehungsmäßig, finanziell, geistlich – und die Liste ließe sich beliebig fortsetzen –, wird darüber bestimmen, wo Sie in jedem der betreffenden Bereiche landen werden. Das gilt unabhängig von Ihren Zielen, Ihren Träumen, Ihren Wünschen und Ihren Bedürfnissen. Das Prinzip des Weges ist all dem übergeordnet.

Ihre derzeitige Richtung bestimmt ihr Ziel. Und wie jedes Prinzip, können Sie auch dieses entweder zu Ihrem Vorteil nutzen oder zu ihrem Nachteil außer Acht lassen. Genauso, wie es Wege gibt, die uns an Orte führen, wo wir nie sein wollten, gibt es auch Wege, die uns von diesen Orten wegführen.[13]

Deshalb bin ich auch so begeistert davon, mit Ihnen gemeinsam auf dem Weg zu dem Ja zu sein, das dran ist, dem richtigen Ja. Es besteht nämlich die Hoffnung, neue Wege zu gehen, die zu neuen Orten führen. Die Richtung wird dabei durch unsere Entscheidungen bestimmt, und die Richtung bestimmt das Ziel. Diese Tatsache sollten wir immer bedenken, denn sie ist von entscheidender Bedeutung, wenn wir bessere Entscheidungen treffen wollen. Unsere Entscheidungen bestimmen, welchen Kurs unser Leben nimmt.

WIE KÖNNTE DAS HEUTE GANZ KONKRET AUSSEHEN?

Ich weiß nicht, welche Entscheidungen heute bei Ihnen anstehen, aber ich hoffe, dass die Aussage „Entscheidungen zu Ende denken" dazu beiträgt, dass das, was Sie denken, und die Wahrheit im Einklang miteinander sind.

---

13   Andy Stanley, *The Principle of the Path*, Thomas Nelson, 2008, S. 15.

Ich möchte Ihnen gern an einem Beispiel veranschaulichen, wie das letzte Woche bei mir funktioniert hat.

Ich war stinksauer auf meinen Mann. Wir hatten vor, uns zusammen einen Film anzuschauen, aber dann bekam er einen dringenden Anruf. Und statt geduldig zu sein und daran zu denken, wie verständnisvoll er immer reagiert, wenn ich dringende Anrufe bekomme, wurde ich stinksauer.

Ich fühlte mich abgeschoben, übergangen und nicht wichtig.

Es war ein Abend, auf den ich mich sehr gefreut hatte, und ich wollte spüren, dass er sich auch darauf freute. Zu wissen, dass der andere sich auch darauf freut, ist für mich einer der wichtigsten Punkte an einem Date. Aber je länger das Telefonat dauerte, desto überzeugter war ich, dass er unsere Verabredung, gemeinsam den Film zu schauen, nur aus Pflichtgefühl getroffen hatte, und nicht, weil er wirklich gern mit mir zusammen sein wollte.

Als aus „nur ganz kurz" fast eine Dreiviertelstunde geworden war, gab ich auf und ging ins Bett, und zwar sauer. Richtig sauer (während mir gleichzeitig dieser Bibelvers in den Ohren klingelte, dass man die Sonne nicht über seinem Zorn untergehen lassen soll). Am nächsten Tag fragte Art mich, ob wir nicht noch einen zweiten Versuch machen wollten, aber ich war immer noch sauer. Ich wollte es nicht noch einmal versuchen. Ich wollte vor mich hin schmollen und ihn mit meinem Schweigen bestrafen. Ich wollte ihm zeigen, wie verletzt ich war. Ich wollte, dass er am eigenen Leib erfuhr, wie es sich anfühlt, eine Abfuhr zu bekommen, und dass er das genauso belastend fand, wie ich am Abend zuvor.

Manchmal kann Schweigen bedeuten, dass wir erst einmal zulassen, dass sich die Dinge ein wenig setzen können, bis man besser darüber reden kann. Aber das bedeutete mein Schweigen in diesem Fall nicht.

Mein Schweigen war vielmehr unglaublich egoistisch. So richtig egoistisch zu sein fühlt sich gut an, wenn man aufgebracht, verletzt, enttäuscht und wütend ist. Und ich hatte den Wunsch, Bibelverse wie: „Die Frau soll ihren Mann achten"[14] und „Halte dich genau an die Lehre, wie du sie von mir gehört hast. Halte dich an den Glauben und die Liebe, die wir in Jesus Christus haben"[15], einfach zu ignorieren.

Aber die Verse existierten trotzdem. Wenn wir die Wahrheit vor uns haben, hat sie ihre ganz eigene Art, uns in unseren Fluchtgedanken zu unterbrechen. Ich ließ also diese Verse vor mir aufmarschieren, ließ mir von ihnen zeigen, wer letztlich das Sagen hat und lenkte ein. Anschließend dachte ich meine Entscheidung zu schweigen zu Ende:

Aus meinem egoistischen Schweigen an diesem Tag konnte sich sehr schnell ein Verhaltensmuster entwickeln, auf das ich immer wieder zurückgreifen würde, wenn es zwischen Art und mir schwierig wurde. Die Angewohnheit, egoistisch zu schweigen, konnte letztlich sogar dazu führen, dass die Kommunikation in unserer Ehe völlig abbrach. Das Zusammenbrechen der Kommunikation in unserer Ehe wäre nicht nur frustrierend, sondern es war durchaus möglich, dass unsere Beziehung sogar daran zerbrach.

Als ich also zu Ende dachte, wohin meine Entscheidung zu schweigen führen konnte, wusste ich, dass ich dort auf keinen Fall hinwollte. Denn das Bedrohlichste für eine Ehe ist nicht, wenn das Reden schwer wird, sondern wenn das Reden aufhört. Deshalb musste ich mir einen Ruck geben und diesen Konflikt ansprechen.

Erinnern Sie sich an den Vers, den ich bereits an anderer Stelle zitiert habe, Sprüche 27,12: „Der Kluge sieht das Unglück voraus und bringt sich in Sicherheit; ein Unerfahrener rennt mitten hinein und muss die Folgen tragen."

---

14 Epheser 5,33 (Hfa).
15 2. Timotheus 1,13 (Hfa).

Andy Stanley schreibt dazu Folgendes:

Dieser Vers besagt, dass ein kluger Mensch begreift, dass zwischen allem im Leben eine Verbindung besteht. Ihm ist klar, dass zwischen dem, was er heute entscheidet und dem, was er morgen erlebt, eine Ursache-und-Wirkung-Beziehung besteht [...]

Folglich blicken kluge Leute so weit wie möglich voraus, wenn sie Entscheidungen treffen, und zwar bei jeder Entscheidung; denn ihnen ist klar, dass heute und morgen miteinander verbunden sind. Wie der Verfasser der Sprüche es formuliert, blicken sie voraus und halten Ausschau nach Problemen [...] Sie stellen die Frage, die ich als die beste Frage überhaupt bezeichne: „Was tue ich am besten im Hinblick auf Erfahrungen, die ich gemacht habe und im Hinblick auf Träume und Hoffnungen für die Zukunft?" Der Kluge stützt sich dabei auf den Reichtum an Fakten, mit dem ihn das Leben bereits ausgerüstet hat, und er unternimmt Entsprechendes, wenn er künftige Gefahr erkennt."[16]

Mir gefällt die Frage: „Was tue ich am besten im Hinblick auf Erfahrungen, die ich gemacht habe und im Hinblick auf Träume und Hoffnungen für die Zukunft?" Wir werden uns in den folgenden Kapiteln ganz sicher noch mit der Frage beschäftigen, was Weisheit eigentlich ist, woher sie kommt, und wie wir sie erlangen können. Wir werden außerdem erfahren, dass das Treffen einer Entscheidung Ähnlichkeit hat mit dem Sprung in einen Fluss. Bevor wir hineinspringen, müssen wir uns den Lauf des Flusses anschauen und abschätzen, wie weit uns die Strömung davontragen wird.

Aber lassen Sie uns erst einmal damit beginnen, Entscheidungen zu Ende zu denken. Welche Entscheidung steht bei

---

16 Andy Stanley, a. a.O., S.39-40.

Ihnen gerade an? Denken Sie die Angelegenheit wirklich ganz durch. Was wird wahrscheinlich passieren, wenn Sie sich für eine bestimmte Option entscheiden? Und was dann? Und dann? Fragen Sie weiter, bis Sie die Sache wirklich zu Ende gedacht haben.

Das soll allerdings nicht dazu führen, dass Sie Angst davor bekommen, überhaupt Entscheidungen zu treffen. Auch darauf werden wir im nächsten Kapitel noch näher eingehen. Für den Moment soll das Zu-Ende-Denken einer Entscheidung das genaue Gegenteil von Angst bewirken. Es soll Ihnen nämlich helfen, deutlicher zu erkennen, dass jede Entscheidung, die man trifft, ein Gesamtpaket ist. Das schafft Klarheit, die wiederum Ängste zerstreut. Mir ist es lieber zu wissen, was auf mich zukommt, als völlig unvorbereitet zu sein.

Ja, besser noch, so habe ich sogar die Chance, etwas umzulenken und vermeide es, an Orte zu geraten, an denen ich nie sein wollte.

Sollte ich also jemals die Chance bekommen, eine Rede bei einer Schulabschlussfeier zu halten, dann wäre das meine Botschaft. Aber ich wende diese Methode, Entscheidungen zu Ende zu denken, auch im Coffeeshop an, wenn meine Freundin mich fragt, ob ich dieses superleckere Getränk probieren will, oder bei meinen Kindern, bei meinen Mitarbeitern und bei meiner Arbeit, und ganz sicher werde ich es weiterhin der Person predigen, die es am dringendsten nötig hat – mir selbst.

Kapitel 7

ENTSCHEIDUNGSLÄHMUNG

Das Klettergerüst war das Spielgerät auf dem Schulhof, das ich am spannendsten fand, das mir aber auch am meisten Angst einjagte. Ich erinnere mich noch genau, wie ich den anderen Kindern zuschaute, wenn sie lachend und unbekümmert die Leiter hinaufstiegen, sich an das Gerüst hängten und sich dann von einer Querstange zur nächsten hangelten. Es sah so leicht aus, und sie wirkten dabei so entspannt und angstfrei, als wäre diese Art der Fortbewegung das Selbstverständlichste von der Welt.

Eines nach dem anderen hangelten sich die Kinder von der einen Seiten auf die andere, kletterten die Leiter wieder herunter und rannten zum Anfang zurück, um wieder die Leiter zu erklimmen und sich erneut ans andere Ende zu hangeln. Ich tat so, als wäre ich auf der Schaukel in meiner ganz eigenen Welt, aber eigentlich interessierte mich die Schaukel kein bisschen. Ich benutzte sie nur als Aussichtspunkt, von dem aus ich am besten zuschauen konnte, mit welcher Leichtigkeit sich die anderen Kinder am Klettergerüst tummelten.

Ich wollte mitmachen. Am Klettergerüst wollte ich lieber spielen als an jedem anderen Gerät auf dem Schulhof.

Aber ich hatte Angst.

Einmal probierte ich es aus, aber weil ich noch ungeübt war, konnte ich nicht so schnell hangeln wie die anderen Kinder und hielt sie auf. Genauso wie in einem Verkehrsstau irgendwann Ärger entsteht, war auch hier die Spannung in der Schlange hinter mir mit Händen zu greifen. Je länger die Kinder, die sich an dem Gerüst entlanghangeln wollten, warten mussten, desto lauter wurde ihr ungeduldig genervtes Stöhnen hinter mir.

Ein Junge war es so leid zu warten, dass er seinen Freund aufforderte, ihn an der zweiten Querstange – das war die vor der, an der ich gerade hing – hochzuheben. Andere Kinder fanden die Idee toll und machten es ihm nach, und plötzlich hatte ich nicht nur Angst, sondern ich schämte mich auch noch.

Dabei hätte ich doch nur die Querstange, an der ich hing, mit einer Hand loslassen und dann mit dieser Hand die nächste Querstange zu greifen brauchen. Doch irgendwie konnte ich meine Muskeln einfach nicht dazu bringen, das zu tun, was ich wollte. Sosehr ich mich auch bemühte, mit reiner Willenskraft eine Hand zum Loslassen zu bewegen, es ging nicht, weil meine angstvollen Gedanken mich lähmten. Ich konnte an nichts anderes denken als an all das Schlimme, das in dem Augenblick passieren konnte, wenn ich die Querstange mit der einen Hand losließ. Also blieb ich hängen, wo ich war – fast die ganze Pause lang.

Irgendwann bekam dann eine Lehrerin mit, was los war und eilte mir zu Hilfe. Sie umfasste mit beiden Händen meine Taille und half mir herunter. Aber das fühlte sich an wie eine Bestätigung dessen, was ich am allermeisten fürchtete: „Du kannst das nicht!"

Da wäre es ja fast noch besser gewesen herunterzufallen. Nach einem Sturz hätte ich wieder aufstehen können, aber mein Anspruch, dass ich auf keinen Fall versagen darf, bewirkte letztlich, dass ich nie wieder den Versuch machte, am Klettergerüst entlangzuhangeln. Und deshalb saß ich Tag für Tag auf der Schaukel und schaute von dort aus zu dem Klettergerüst, an dem die anderen Kinder Spaß hatten bei dem, was ich auch so gerne geschafft hätte.

Vielleicht haben Sie so etwas ja auch schon erlebt: Es steht eine Entscheidung an und Sie überlegen, wägen ab und beten. Sie informieren sich, holen die Meinung anderer ein und analysieren das Wie und das Was-wäre-wenn. Sie möchten unbedingt wissen, welche Entscheidung die richtige ist, was der perfekte nächste Schritt und was der Wille Gottes ist.

Und plötzlich merken Sie, dass Sie wie gelähmt an der ersten Querstange hängen. Angst bremst ihren Vorwärtsdrang ab, der Sie dazu gebracht hat, den Satz zur ersten Querstange zu wagen. Und dort bleiben Sie dann so lange hängen, bis jemand Sie herunterhebt. Doch dadurch werden Sie in mehr als nur einer Hinsicht auf den Boden zurückgeholt.

DIE FÜNF BESTANDTEILE EINER ENTSCHEIDUNG

Wenn man nicht in der Lage ist, Entscheidungen zu treffen, ist das ein Symptom – so wie Fieber bei einer Grippe beispielsweise –, aber es ist nicht die eigentliche Krankheit. Die eigentliche Ursache für eine solche Entscheidungslähmung ist die Angst zu versagen. Es gibt faszinierende Untersuchungsergebnisse, die Eltern davor warnen, ihre Kinder ständig vor der Erfahrung des Versagens und Scheiterns zu schützen. Mit solchen Erlebnissen umzugehen, muss jeder Mensch lernen. Da wäre beispielsweise Chris, eine junge Frau, die bei jeder anstehenden Entscheidung gleich in Panik gerät:

Ihre Unsicherheit und die Angst, eine Entscheidung später vielleicht zu bereuen, ist heftig und anhaltend, und zwar egal, ob es um die Auswahl einer Nudelsorte im Supermarkt geht oder um die Antwort auf den Heiratsantrag ihres Freundes. Manchmal glaubt Chris, dass sie eine Berufung in den vollzeitlichen Dienst hat, aber dann wieder ist sie sich da nicht so sicher. Vor Kurzem hat sie meiner Freundin erzählt, sie würde lieber einen Job mit Mindestlohn annehmen und weiter mit ihrer WG-Mitbewohnerin aus der Collegezeit zusammenwohnen, als bei der Frage, wie es jetzt in ihrem Leben weitergehen soll, eine „falsche" Entscheidung zu treffen.

Chris ist da sicher ein Extremfall, aber viele Menschen Mitte zwanzig erleben so schwerwiegende Selbstzweifel, dass sie im persönlichen, beruflichen, Beziehungs- und geistlichen Bereich wie gelähmt sind. Junge Erwachsene, die sogenannte Helikoptereltern hatten, sind ihr Leben lang vor Versagen und Scheitern abgeschirmt worden. In ihrem Denken kommen negative Folgen eines Verhaltens oder einer Entscheidung gar nicht vor und wenn doch, erscheinen sie ihnen unverhältnismäßig bedrohlich. Warum hätten ihre Eltern sie denn sonst dermaßen davor beschützt und abgeschirmt?

Manche junge Erwachsene, die in Gemeinden groß geworden sind, erleben ganz ähnliche Selbstzweifel, wenn es darum geht, Dinge geistlich zu beurteilen. Statt sie so in Glaubensdingen vorzubereiten, dass sie durchdachte und durchbetete Entscheidungen treffen und dann alles andere Gott überlassen können, wird in Gemeinden oft eine lähmende Angst davor geschürt, zu sündigen oder „aus dem Willen Gottes" zu fallen. Wie können wir erwarten, dass die nächste Generation mit Zuversicht und Selbstvertrauen in Gottes Zukunft vorangeht, wenn sie solche Angst davor hat, auch nur einen falschen Schritt zu tun?[17]

---

17   David Kinnaman, You Lost Me, Baker Books, 2011, S. 100-101.

Ich muss gestehen, dass mir beim Lesen des letzten Absatzes ein leises „Wie bitte?" entwichen ist. Ich glaube nämlich, dass wir sehr wohl Angst davor haben sollten, aus dem Willen Gottes zu fallen. Aber wenn Sie den Wunsch haben, mit einer von Ihnen zu treffenden Entscheidung Gott zu gefallen und sich dann später herausstellt, dass diese Entscheidung falsch war, dann ist das zwar ein Fehler, aber nicht das Ende.

Es hat eine ganze Weile gedauert, bis ich das begriffen habe. Ich erinnere mich noch, dass ich mich als junges Mädchen oft gefragt habe, wie um Himmels willen ich es schaffen sollte, bei all den Entscheidungen, die vor mir lagen, immer die richtige zu treffen. Was, wenn ich mir das falsche College aussuchte? Und wenn ich nach dem Studium in die falsche Stadt zöge? Und wenn ich dann den falschen Beruf wählte, durch den ich in Kontakt mit falschen Freunden käme? Und wenn ich dadurch dann niemals den Mann kennenlernte, den ich einmal heiraten sollte. Dann würde ich ja auch nie die Kinder bekommen, die ich eigentlich haben sollte. Und dann und dann und dann … Tausende von Fehlern, die sich alle aus dem ersten – nämlich das falsche College auszusuchen – ergäben. Ich analysierte und hinterfragte jede Möglichkeit und alle möglichen Alternativen, bis ich, genau wie Chris, gar keine Entscheidung mehr treffen wollte aus Angst, es könnte die falsche sein.

. . . .

Wenn Sie den Wunsch haben, mit einer von Ihnen zu treffenden Entscheidung Gott zu gefallen, und sich dann später herausstellt, dass diese Entscheidung falsch war, dann ist das zwar ein Fehler, aber nicht das Ende.

. . . .

Eine Freundin erzählte mir einmal, dass sie auch lange unter einer solchen Entscheidungslähmung gelitten habe, bis eines Tages ein Mentor etwas sehr Weises zu ihr gesagt habe. Er hatte gesagt, dass sich so viele Menschen Stress damit machten, den Willen Gottes zu erkennen und die richtige Entscheidung zu treffen, aber manchmal gäbe Gott uns auch mehrere Möglichkeiten zur Auswahl, die ihm alle gleich recht und lieb seien. Und dann hätten wir die Wahl.

Meine Freundin sagte, dass sie durch diese Sichtweise viel mehr Freiheit und Sicherheit beim Entscheiden bekommen habe. Und darüber hinaus hat diese Sichtweise auch noch ihre Beziehung zu Gott gestärkt, denn wenn sie jetzt im Glauben Schritte tut, dann vertraut sie darauf, dass Gott ihr die nötige Erkenntnis schenkt, um kluge Entscheidungen treffen zu können.

Die Angst davor, falsche Entscheidungen zu treffen, sollte uns in unserem Glauben nicht das Vertrauen nehmen. Die einzige Möglichkeit, unseren Glauben und unser Vertrauen zu stärken besteht darin, beides einzusetzen. Wenn wir Entscheidungen treffen müssen, sollten wir unseren Kopf benutzen und beten und alles andere dann Gott überlassen. Unser Ziel sollte es immer sein, im Glauben zu wachsen und nicht aus Angst vor unserem Scheitern und Versagen ständig zu zaudern.

Hier kommt jetzt einer meiner Lieblingsbibelverse aus der Bibel, aus Sprüche 3,5-6 in drei unterschiedlichen Übersetzungen:

Verlass dich auf den Herrn von ganzem Herzen, und verlass dich nicht auf deinen Verstand, sondern gedenke an ihn in allen deinen Wegen, so wird er dich recht führen. (LÜ)

Verlass dich nicht auf deine eigene Urteilskraft, sondern vertraue voll und ganz dem Herrn! Denke bei jedem Schritt an ihn; er zeigt dir den richtigen Weg und krönt dein Handeln mit Erfolg. (Hfa)

Mit ganzem Herzen vertrau auf den Herrn, bau nicht auf eigene Klugheit; such ihn zu erkennen auf all deinen Wegen, dann ebnet er selbst deine Pfade. (EÜ)

Diese Verse haben alle denselben Dreh- und Angelpunkt, und ich möchte, dass uns das ganz klar ist. Ohne diesen Dreh- und Angelpunkt könnte man irrtümlich glauben, dass eine Entscheidung nur drei Bestandteile hat:

1. Analysieren der Entscheidung
2. Treffen der Entscheidung
3. Zu der Entscheidung stehen

In Wirklichkeit besteht aber meiner Meinung nach eine Entscheidung aus fünf Teilen, wobei der erste und der fünfte Bestandteil fast gleich sind. Sie haben in etwa die gleiche Funktion wie die Brötchenhälften eines Hamburgers. Sie sehen nicht ganz genau gleich aus, aber sie sind aus demselben Teig, und sie halten das Ganze zusammen. Beide haben sie mit *Vertrauen zu Gott* zu tun.

1. Gott vertrauen, indem ich das, was ich mir wünsche, seiner Herrschaft unterstelle
2. Analysieren der Entscheidung
3. Fällen der Entscheidung
4. Zu der Entscheidung stehen
5. Gott vertrauen, dass er sogar aus nicht so guten Aspekten der Entscheidung etwas Gutes machen kann

Schauen Sie sich jetzt noch einmal die drei Fassungen des Verses Sprüche 3,5-6 an. Egal, welche der drei Versionen Sie lesen, es ist klar, dass das Gegenteil von Gottvertrauen das Vertrauen auf unsere eigene Klugheit ist, der Versuch, alles selbst auf die Reihe zu bekommen. Und ob wir ihm vertrauen oder nicht, ist daran zu erkennen, worauf wir unseren Blick richten.

WIR LENKEN IMMER IN DIE RICHTUNG, IN DIE WIR SCHAUEN

Also davon, wie man vom Kurs abkommen kann, wenn man sich am Falschen orientiert und seinen Blick nicht auf das Richtige lenkt, kann ich wirklich ein Lied singen. Letzte Woche bin ich mit zwei Freundinnen zu einem Videodreh in die *Saddleback Church* in Kalifornien gefahren. Es sollten vor Ort Hunderte von Frauen als Publikum anwesend sein und weitere zwölftausend Frauen würden online dabei sein. Wir durften also auf keinen Fall zu spät kommen, und um absolut sicher zu gehen, dass wir uns nicht verfuhren, folgten wir dem Wagen des Aufnahmeteams, das in einem riesigen roten SUV unterwegs war. Wir blieben immer direkt hinter diesem auffälligen Wagen. Wenn er schneller fuhr, fuhren wir auch schneller. Wenn er die Spur wechselte, taten wir es auch. Nur einmal wurden wir durch einen Sattelschlepper kurz getrennt, aber selbst danach holten wir den Wagen schnell wieder ein und fuhren wieder direkt hinter ihm. Irgendwann fuhr der rote Wagen von der Autobahn ab, also fuhren wir auch ab. Er fuhr durch Wohngebiete, wir immer hinterher. Irgendwann hatten wir fast das Gefühl, der Fahrer spielte Spielchen mit uns, um uns abzuschütteln, aber wir ließen uns nicht so leicht ins Bockshorn jagen und blieben immer direkt hinter ihm.

Richtig merkwürdig wurde es dann, als der rote Wagen in die Einfahrt eines Einfamilienhauses einbog, statt auf den Parkplatz der *Saddleback Church*. Und völlig verrückt wurde es, als aus dem Auto Leute ausstiegen, die gar nicht zu dem Aufnahmeteam gehörten, und uns wütend anstarrten, als wollten sie sagen: „Wir haben absolut keine Ahnung, wer ihr durchgeknallten Typen seid oder warum ihr uns verfolgt, aber einen Schritt noch und wir rufen die Polizei."

Toll, was? Wir legten den Rückwärtsgang ein, winkten und entschuldigten uns mit vielsagenden Gesten, bis sie außer Sichtweite waren. Dann riefen wir die Freunde an, von denen wir geglaubt hatten, wir führen ihnen hinterher und erklärten ihnen, dass es zu einer klitzekleinen Verzögerung gekommen sei. Und warum das alles? Nur weil wir den richtigen roten SUV wegen eines großen Sattelschleppers ganz kurz aus dem Blick verloren hatten. Wir waren vom richtigen Weg abgekommen, weil wir uns am falschen roten Wagen orientiert hatten.

Wenn ich mir selbst und meiner Klugheit vertraue, dann schaue ich auf all die verschiedenen Möglichkeiten, wie ich scheitern könnte. Wenn ich mein Vertrauen auf Gott setze, dann schaue ich auf all die verschiedenen Möglichkeiten, dieses Vertrauen einzusetzen, und zwar egal ob ich scheitere oder nicht.

Wenn ich auf mögliches Scheitern und Versagen schaue, dann bekomme ich irgendwann Angst davor. Ich bin dann überzeugt, dass zu scheitern das Schlimmste ist, was passieren kann. Und dann sitze ich fest. Wenn ich aber auf all die Möglichkeiten schaue, wie Gott die Situation nutzen kann, und zwar egal ob die Sache gelingt oder scheitert, dann kann ich wirklich entscheiden. Dann kann ich mich davon überzeugen, dass es besser ist, etwas zu tun als festzusitzen. Und dann greife ich nach der nächsten Querstange am Klettergerüst.

Damals auf dem Schulhof wäre es besser gewesen, wenn die Lehrerin gesagt hätte: „Lysa, das Schlimmste, was du jetzt machen kannst, ist, in deiner Angst stecken zu bleiben. Das ist schlimmer als jede falsche Entscheidung. Wenn du die Stange loslässt und die nächste zu fassen bekommst, dann kommst du vorwärts und beweist dir selbst, dass du das hier schaffen kannst. Wenn du die Stange loslässt und herunterfällst, merkst du, dass du gar nicht so tief fällst. Es wird sich vielleicht nicht so toll anfühlen zu fallen, aber es ist ganz sicher nicht schlimmer als der Stress und die Ermüdung, die du erlebst, wenn du einfach da an der ersten Sprosse hängenbleibst."

Jahre später spielte meine jüngste Tochter mit einer Freundin am selben Klettergerüst wie ich damals. Ich war zwar selbst nicht dabei und habe deshalb nicht persönlich miterlebt, was passierte, aber die Mutter ihrer Freundin rief mich an, um mir zu sagen, dass meine Tochter Brooke gestürzt sei. Als ich später mit ihr zum Arzt fuhr, bestätigte der, was wir wegen der Schwellung schon vermutet hatten: Der Arm war gebrochen. Doch jetzt kommt das Erstaunliche: Brooks Arm ist mittlerweile wieder geheilt und sie turnt trotzdem noch an Klettergerüsten herum. Ich dagegen würde es bis heute nicht wagen.

Manchmal ist es leichter, mit einem Sturz und einem Knochenbruch fertigzuwerden als mit der Angst vor dem Versagen. Wie oft erleben wir genau diese Situation, wenn wir eine Entscheidung treffen müssen? Wir klammern uns mit beiden Händen an die erste Quersprosse des Klettergerüstes, wir sind auch fest entschlossen, es zu schaffen, und wir schwingen einmal zurück, aber dann merken wir plötzlich, dass wir unfähig sind, uns zu bewegen.

Wir schauen nach unten, denken, dass alles von uns abhängt, glauben, wir schaffen es nicht und werden unsicher. Die Angst lähmt unsere Muskeln, sodass sie zu nichts mehr nutze sind.

Ich möchte gerne etwas ändern und nicht mehr mir selbst, sondern Gott vertrauen, aber wie geht das? Die Angst macht aus einer kleinen Lücke zwischen dem Punkt, an dem ich bin und dem Vertrauen auf Gott eine scheinbar unüberwindliche Kluft.

SO ETWAS WIE EINE PERFEKTE ENTSCHEIDUNG GIBT ES NICHT

Kürzlich habe ich über Twitter und Facebook eine kleine Umfrage mit folgender Frage durchgeführt: „Was ist Ihrer Meinung nach der Hauptgrund dafür, dass Menschen Schwierigkeiten haben, Entscheidungen zu treffen?" Und in fast jeder Antwort spielte *Angst* eine Rolle.

Angst vor dem Unbekannten
Angst vor Versagen
Angst, verletzt zu werden
Angst vor dem, was andere denken
Angst vor Ablehnung
Angst, etwas Besseres zu verpassen
Angst, die falsche Entscheidung zu treffen

Ich kann all diese Ängste absolut verstehen und auch nachvollziehen. Ich habe schließlich selbst mit ihnen zu kämpfen. Und ein bisschen Ängstlichkeit kann durchaus auch nützlich sein, weil sie uns vor zeitweiligen Anfällen von Dummheit bewahren kann. So verhindert beispielsweise die Angst meiner Kinder vor dem Entzug von Privilegien, dass sie sich nicht an vereinbarte Zeitvorgaben halten. Diese Art von Angst ist positiv. Aber dann gibt es auch Momente, da fühle ich mich wieder wie das Kind am Klettergerüst, das vor Angst wie gelähmt ist.

Folgendes verhindert bei mir, dass ich hinsichtlich einer Entscheidung festsitze: Ich mache mir immer wieder neu bewusst, dass es so etwas wie eine perfekte Entscheidung nicht gibt.

So verrückt es klingt, aber ich habe schon so oft in einer Entscheidungslähmung festgesessen und herauszufinden versucht, welches die perfekte Entscheidung wäre. Und wenn ich nicht auf die perfekte Entscheidung kam, war es mir lieber festzusitzen. Zumindest war mein irrationales Denken dieser Meinung. In Wirklichkeit ist das aber der absolut unbefriedigendste Aufenthaltsort. Perfektion ist eine Illusion.

Gibt es gute und schlechte Entscheidungen? Auf jeden Fall gibt es die. Das haben wir ja bereits im letzten Kapitel ausführlich erörtert, in dem es darum ging, Entscheidungen möglichst zu Ende zu denken. Aber an dem Punkt meines Lebens, an dem ich mich zurzeit befinde, machen mir nicht mehr gute kontra schlechte Entscheidungen besondere Mühe, sondern ich merke, dass ich oft bei der Auswahl zwischen zwei guten Alternativen festsitze und zu ergründen versuche, welche von beiden die perfekte ist.

- Sollten wir in den Frühjahrsferien lieber zu Hause bleiben und eine Woche ausspannen oder Urlaub machen und gemeinsame Erinnerungen schaffen? Gut und gut.
- Soll ich meinen Töchtern erlauben, in die Tanzstunde zu gehen, was aber bedeuten würde, dass unser gemeinsames Abendessen darunter leiden würde oder die Tanzstunde nicht erlauben, weil wir so nicht auf die gemeinsame Mahlzeit verzichten müssen? Gut und gut.
- Soll ich weiter jeden Dienstagabend eine Bibelstunde in der Gemeinde leiten oder lieber bei den Kindern zu Hause bleiben und ihnen bei den Hausaufgaben helfen? Gut und gut.
- Soll ich noch eine Stunde länger schlafen, damit ich heute einen klaren Kopf habe, oder soll ich lieber mein Trainingsprogramm absolvieren, damit mein Körper straff und knackig bleibt? Gut und gut.

Und was ist mit noch weiter reichenden guten Dingen?

- Soll ich lieber mit auf Missionsreise gehen oder an einem Eheseminar teilnehmen? Gut und gut.
- Soll ich meinen Job kündigen und den Dienst anfangen, der mir schon die ganze Zeit am Herzen liegt, oder sollte ich mehr von meiner dienenden Seite in meinem Job einbringen? Gut und gut.

Solche Entscheidungen fallen tagtäglich an. Und noch einmal: Eines muss man wissen, wenn man versucht, die perfekte Wahl zu treffen – eine perfekte Wahl gibt es nicht.

Wenn Sie das begriffen haben, dann befreit Sie das von der Angst, einen Fehler zu machen.

Solange Sie den Wunsch haben, mit Ihren Entscheidungen Gott zu gefallen, kann keine Entscheidung, die Sie treffen, ausschließlich schlecht sein. Aber es wird auch keine Entscheidung einfach nur fantastisch sein. Jede Entscheidung ist ein Paket aus beidem. Jede Begeisterung ist risikobehaftet. Jeder Sprung, den man im Glauben tut, enthält Momente der Ungewissheit. Und jede große Erfolgsgeschichte enthält auch Elemente des Scheiterns. Mit anderen Worten: Weil es keine perfekte Wahl gibt, muss man auch nicht vor Angst gelähmt sein, vielleicht nicht exakt die richtige Entscheidung zu treffen.

Noch einmal: Ich möchte Gott mit meiner Entscheidung gefallen, aber ich möchte ihm auch mein Vertrauen beweisen, indem ich wirklich eine Entscheidung treffe, nachdem ich mit der Tatsache, dass diese nicht perfekt sein kann, Frieden geschlossen habe.

Es gibt keinen perfekten Job.
Es gibt keine perfekte Schule oder Uni.
Es gibt keinen perfekten Ehepartner.
Es gibt keine perfekte Arbeit im Reich Gottes.
Es gibt keine perfekte Gemeinde.

Es gibt keine perfekte Erziehung.
Es gibt kein perfektes Haus.
Es gibt keine perfekte Route.
Es gibt keine perfekte Entscheidung.

Jede dieser Entscheidungen enthält so viel Unvollkommenheit, dass sie eine Kombination aus gut und nicht so gut ist. Selbst wenn Sie Gott nachfolgen, Sie klar und deutlich seine Führung erkennen und sich an diese Führung halten, eine bestimmte Entscheidung zu treffen, wird auch diese Entscheidung nicht perfekt sein.

Es gibt keine perfekte Entscheidung – nur die Entscheidung, unsere Ängste zu überwinden und zu wissen, dass Gott in uns wirkt, um durch uns Gutes zu bewirken.

Und ich wiederhole noch einmal: *Es gibt keine perfekten Entscheidungen.*

Ich glaube, es gibt zwei Gründe, weshalb es so wichtig ist, das zu begreifen:

Erstens, weil es uns vielleicht hilft, nicht so furchtbare Angst davor zu haben, Fehler zu machen. Selbst richtige Entscheidungen können Aspekte haben, die vielleicht schwierig sind. Und zweitens, weil es uns womöglich ein wenig davor bewahrt, Entscheidungen im Nachhinein anzuzweifeln, wenn sie sich als unzulänglich erweisen.

Wenn Sie mich nach meiner Ehe fragen, dann würde ich sagen, dass ich für meine Ehe mit Art unglaublich dankbar bin. Er ist ein gläubiger Mann mit einem starken Charakter, der mich manchmal immer noch zum Dahinschmelzen bringt. Aber es gibt auch Zeiten, da sind mir seine Schwächen und Unvollkommenheiten sehr, sehr bewusst.

Das gilt auch umgekehrt. Er ist verrückt nach mir. Er findet, dass das Leben mit mir Spaß macht, weil ich abenteuerlustig und lustig bin. Ich bringe Romantik in sein Leben, und er findet immer noch, dass ich lieblich von Gestalt und Charakter bin (ich glaube, das ist die biblische Version für sexy). Ja, er ist verrückt nach mir, aber manchmal mache ich ihn auch verrückt – im Sinne von wahnsinnig. Ich habe eine lange Liste von Macken, die ihm enorme Geduld abverlangen.

Ich mag Bananen nur, wenn der Ansatz noch absolut grün ist und sie noch keine Spur von braunen Flecken haben. Ich kann Minze nicht ausstehen – und zwar in keiner Form. Und ich kann wirklich nichts dafür, aber ich muss die Person am Steuer, mit der ich im Auto unterwegs bin, an die zugelassene Höchstgeschwindigkeit erinnern, und zwar spätestens, wenn diese um zehn Kilometer überschritten ist. Bitte, danke. Und all diese kleinen Macken können durchaus ein gewisses Maß an Geduld erfordern. Diese Geduld hat Art mit meinen Macken und ich habe sie mit seinen.

Wir haben zwar eine gute Entscheidung getroffen, als wir geheiratet haben, aber es war keine Entscheidung, die sich immer nur perfekt anfühlt.

ᚢND WAS IST MIT FEHLERN?

Es gibt aber auch Entscheidungen, die sich nicht perfekt anfühlen, weil sie einfach falsch sind. So habe ich beispielsweise nach vielem Betteln und Bitten meinen Töchtern erlaubt, einen Hamster zu halten, obwohl wir drei Hunde haben. Eine Weile lief es ganz gut, aber eines Tages nicht mehr. Und nachdem unsere Tochter beschloss, unser kleines Familiendrama in der Schule als Gebetsanliegen vorzubringen, bekam ich eine Nachricht von der Lehrerin, dass ich nicht mehr geeignet sei, am Wochenende Gastmutter für das Klassenmeerschweinchen zu sein. Es war also eine schlechte Entscheidung, einen Hamster anzuschaffen und aufgrund dessen die Beschämung über das Betreuungsverbot durch die Lehrerin erdulden zu müssen, oder? Vielleicht.

Aber selbst diese schlechte Entscheidung hatte etwas Gutes. Es war besser, einen Brief zu bekommen, in dem stand, dass man das Klassenmeerschweinchen nicht mehr versorgen darf, als das Meerschweinchen zu betreuen und es wegen der Hunde ins Jenseits zu befördern. Und alle Mamas auf Gottes Erde sagen: „Amen!"

Fazit: Selbst gute Entscheidungen enthalten oft auch nicht ganz so gute Aspekte. Und nicht so gute Entscheidungen haben auch immer etwas Gutes. Aber so oder so, wenn ich hoffe, erst die perfekte Wahl zu erkennen, um dann mit Gewissheit voranzugehen, dann werde ich wahrscheinlich gar nicht vorangehen.

Sicher ist nur eines: Meine Unvollkommenheit kann niemals verhindern, dass Gott seine Versprechen hält. Gottes Versprechen hängen nämlich nicht von meiner Fähigkeit ab, immer die richtige Entscheidung zu treffen, sondern von der Tatsache, dass er aus allem – selbst aus meinen Fehlern – etwas Gutes machen kann.

Gott nutzt das Gute und das nicht so Gute unserer Entscheidungen. Daran erinnert uns der bekannte Bibelvers in Römer 8,28: „Wir wissen aber, dass denen, die Gott lieben, alle Dinge zum Besten dienen, denen, die nach seinem Ratschluss berufen sind" (LÜ).

Und beachten Sie den entscheidenden Teil: „die Gott lieben …" In unserem tiefsten Innern müssen wir Gott lieb haben und uns ganz auf ihn einlassen, wenn wir von ihm geleitet werden wollen.

Achten Sie deshalb auf den Zusammenhang, in dem dieser Vers steht. Die vorangehenden Verse 26-27 erinnern uns nämlich daran, dass wenn wir uns unsicher oder schwach fühlen, der Heilige Geist nach Gottes Willen für uns betet. Hier der ganze Abschnitt im Zusammenhang:

Desgleichen hilft auch der Geist unsrer Schwachheit auf. Denn wir wissen nicht, was wir beten sollen, wie sich's gebührt; sondern der Geist selbst vertritt uns mit unaussprechlichem Seufzen.

Der aber die Herzen erforscht, der weiß, worauf der Sinn des Geistes gerichtet ist; denn er vertritt die Heiligen, wie es Gott gefällt.

Wir wissen aber, dass denen, die Gott lieben, alle Dinge zum Besten dienen, denen, die nach seinem Ratschluss berufen sind.

Wenn Ihr Inneres und Ihr Denken ganz auf Gott ausgerichtet sind, dann brauchen Sie sich nicht bis zur völligen Lähmung mit anstehenden Entscheidungen herumzuquälen. Wir lenken in die Richtung, in die wir schauen. Also schauen Sie auf Gott und seinen Plan. Und wenn Sie seinen Plan nicht kennen, dann achten Sie darauf, sein Wort in Ihrem Leben anzuwenden. Dann wird sich sein Plan jeden Tag – Tag für Tag – in Ihrem Leben entfalten. Entscheidung für Entscheidung.

Nehmen Sie eine von Ihren Händen, lockern Sie den Griff und greifen Sie nach der nächsten Sprosse, sie wird da sein. Und falls Sie fallen, fallen Sie nicht tief.

Kapitel 8

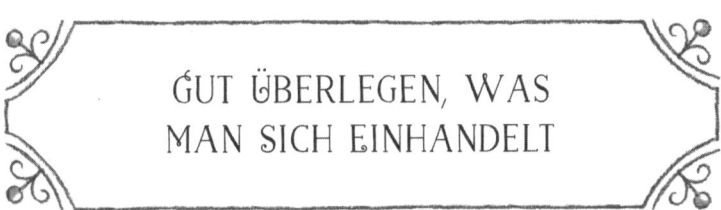

GUT ÜBERLEGEN, WAS MAN SICH EINHANDELT

Als ich vor ein paar Jahren eine Freundin in Connecticut besuchte, fielen mir schon in dem Moment, als sie mich vom Flughafen abholte, die Sturmschäden auf, von denen sie mir bereits am Telefon erzählt hatte. Obwohl es noch mitten im Herbst war, lagen schon über zehn Zentimeter Schnee. Es waren aber gar nicht die Schneemassen, die liegen geblieben waren oder die Schneemänner, die immer noch stolz und aufrecht in den Vorgärten standen oder die riesigen Schneeverwehungen an den Straßenrändern, die mich am meisten verblüfften, sondern all die abgeknickten und umgestürzten Bäume.

Überall an den Straßen und in den Vorgärten lagen große Haufen abgebrochener Äste und sogar ganze Bäume – alle noch in vollem Laub. Und genau das war auch der Grund, weshalb die Bäume zerstört worden waren. Das passiert nämlich, wenn es zu früh schneit. Die Bäume sind nicht dafür geschaffen, die Schneelast zu tragen, bevor die Blätter abgefallen sind. Sie können nur eine bestimmte Last tragen. Und das ist bei uns Menschen genauso.

Ich weiß, was für eine Last es ist, mehr zu tragen, als mir eigentlich zugedacht ist. Und wenn ich mehr trage als ich soll, dann liegt das normalerweise daran, dass ich mich weigere, für eine neue Aufgabe eine andere loszulassen und abzugeben. Wenn ich mich für ein Ja entscheide, das dran und richtig ist, dann ist es von entscheidender Bedeutung, dafür erst einmal Raum zu schaffen, denn sonst kann aus einem Ja, das dran ist, auch schnell mal ein sehr gestresstes Ja werden. Und ein gestresstes Ja ist so wie Schnee auf einem Baum, dessen Laub noch nicht abgefallen ist. Es führt zu Rissen und Brüchen im Kern.

Ich erinnere mich noch genau, wie ich mir vor ein paar Jahren eine Sendung im Fernsehen anschaute, in der eine Ordnungsexpertin einem Messie beibrachte, strukturierter, organisierter und dadurch ordentlicher zu werden. Das Problem dabei war allerdings, dass der armen Frau Verhaltensweisen und Methoden von Menschen vermittelt wurden, die organisiert und systematisch sind. Ich war zwar fasziniert von dem, was ich sah, aber nicht so fasziniert, dass ich mir Notizen und Pläne gemacht hätte, wie ich das Gezeigte auch für mich persönlich anwenden konnte. Ich war eher fasziniert wie jemand, der mit einer großen Portion Eiscreme vor dem Fernseher sitzt und sich dabei eine Infosendung über neue Trends im Fitnessbereich anschaut. Ich war von den versprochenen Ergebnissen beeindruckt, glaubte aber nicht, auch selbst die erforderlichen Opfer für sie bringen zu können, und blieb dadurch nur eine Zuschauerin.

Die Organisations- und Ordnungsexpertin vermittelte also zunächst in der Theorie, wie Ordnung erreicht werden kann und beschloss anschließend, der betroffenen chaotischen Frau zu helfen, dieses praktisch umzusetzen. In der nächsten Szene zeigte die Messiefrau der ganzen Welt ihren Kleiderschrank, mit der Folge, dass ich stellvertretend für meine neue Messiefreundin beinahe einen Herzinfarkt bekam. Ich zeige ja nicht einmal meiner besten Freundin meinen Kleiderschrank, geschweige denn einem riesigen Fernsehpublikum, und das hätte die Messiefrau auch lieber nicht tun sollen.

Ich saß vor dem Fernseher und rief ihr zu: „Machs nicht! Bitte, bitte lass das doch lieber!" Aber genau wie die Leute in Horrorfilmen, die die Tür zu einem finsteren Keller öffnen und dann ins Dunkel hinuntersteigen, obwohl die Menschen vor den Fernsehern sie anflehen, wieder nach oben zu kommen, hörte die Messiefrau auch nicht auf mich. Sie ging schnurstracks auf diesen Wahnsinn zu, den sie als Kleiderschrank bezeichnete, und die ganze Welt konnte zuschauen.

An der Miene der Expertin war zu erkennen, dass ihr eine dermaßen drastische Ausgangssituation richtig gut gefiel. Drastische Situationen beziehungsweise Dramen eignen sich immer gut fürs Fernsehen, weil verrückte Leute wie ich dann weiter zuschauen. Wenn ich etwas Drastisches, etwas Verrücktes sehe, bin ich wie eine Klette. Und dieser Schrank war drastisch! Ungefähr so wie meiner.

Die Ordnungsexpertin wirbelte herum wie eine gute Fee, ordnete an, dass die falschen Dinge aussortiert und die richtigen Sachen nach Farben sortiert werden müssten, und ich saß nur da und war absolut fasziniert, wie sie mit ihrem Expertenwissen in diesem Durcheinander doch noch ein gewisses Potenzial entdecken konnte und wusste, was nötig war, um daraus einen Traumkleiderschrank zu machen.

Die letzte Szene, in der der „neue" Kleiderschrank präsentiert wurde, war für die Messiefrau eine echte Offenbarung, denn sie kommentierte die erzielte Veränderung mit Unmengen von Ooohhs und Aaahs, ja sogar mit spitzen Entzückensschreien. Und obwohl sie sich während der Aufräumaktion weigerte, sich den Vorschlägen der Expertin entsprechend von bestimmten Sachen zu trennen, war das Endergebnis alle Mühe wert. Die Phase der Befreiung durch Verzicht war zwar schwer, aber der Friede, der sich anschließend einstellte, war es dermaßen wert, dass sie auf der Stelle aufhörte, über die Sachen zu lamentieren, die sie aussortiert und weggegeben hatte.

Am Ende forderte die Ordnungsexpertin dann die Messiefrau auf, eine Hand zu heben und zu schwören: „Ich gelobe, dass ich immer erst ein Teil aussortiere, bevor ein Neues dazukommt."

Eine alberne Sendung über Organisation und Ordnung wurde für mich zu einer Lektion über die Notwendigkeit von Loslassen und Verzichten. Wenn wir uns weigern, uns von etwas zu trennen, bevor wir etwas Neues hinzufügen, dann überlasten wir uns.

Die Ex-Messiefrau kann nicht damit rechnen, dass ihr jetzt geordneter und gut sortierter Kleiderschrank so geordnet und übersichtlich bleibt, wenn sie wieder einfach nur immer mehr dazuräumt. Ich kann nicht erwarten, dass ich Raum für das Ja, das dran ist, habe, wenn ich mich weigere, dafür auf anderes zu verzichten, indem ich mich davon trenne.

WIR HABEN EINE WAHL

Folgendes ist schwer. Folgendes ist genau das, was der Ex-Messiefrau solche Mühe machte, und Folgendes ist auch der Grund, weshalb ich auf dem Sofa saß und zuschaute, wie andere Leute Ordnung lernten, statt zu meinem eigenen Kleiderschrank zu gehen und anzuwenden, was ich gerade lernte:

Wie können wir unterscheiden zwischen dem, was Gerümpel und damit Ballast ist, und dem, was wir behalten sollen?

Und in einem umfassenderen Sinn: Wie sollen wir erkennen, ob ein Ja richtig und dran ist?

Offenbar stellt sich diese Frage nicht nur in Bezug auf unseren Kleiderschrank. Im letzten Kapitel habe ich Ihnen bereits davon berichtet, wie schwer es mir fällt, zwischen mehreren guten Möglichkeiten zu entscheiden. Ich möchte mich jetzt gern mit der inneren Spannung beschäftigen, die entstehen kann, wenn ich das Gefühl habe, vielleicht etwas zu verpassen, wenn ich auf eine bestimmte Möglichkeit verzichte. Ich möchte nicht dauernd etwas aufgeben oder mich von etwas trennen müssen. Und ich bin der irrigen Meinung, dass ich einfach immer noch mehr annehmen kann, ohne überlastet zu sein.

Diese Angst, mich von etwas zu trennen, bewirkt, dass ich in Gerümpel und Chaos festsitze. In Bezug auf meinen Kleiderschrank sieht das etwa so aus:

Das orangefarbene T-Shirt ist toll. Es gefällt mir sehr, aber ich habe es schon seit über einem Jahr nicht mehr angehabt. Aber lag das nicht nur daran, dass es zwischen all den anderen Sachen verschollen war? Oder dass mir an den meisten Tagen nicht so nach Orange ist?

Wenn ich es jetzt aussortiere, dann brauche ich es bestimmt in ein paar Tagen unbedingt und dann ärgere ich mich schwarz. Und ich möchte nicht ein neues T-Shirt kaufen müssen, wo dieses doch noch absolut in Ordnung ist. Vielleicht behalte ich es also lieber doch – nur für alle Fälle.

Aber vielleicht sollte ich dann für alle Fälle einfach alles behalten. Schließlich wäre das T-Shirt ja nicht in meinem Kleiderschrank, wenn ich es nicht toll gefunden hätte, als ich es gekauft habe. Boah – es ist wirklich schwer, meinen Kleiderschrank aufzuräumen.

Ich tausche innere Zufriedenheit gegen die vage Chance, das orangefarbene T-Shirt jetzt auszusortieren und es dann später zu bereuen. Du lieber Himmel! Das ist kein guter Tausch. Niemals.

Es fällt schwer, etwas auszusortieren, sich von etwas zu trennen. Warum ist das so? Weil wir Angst haben, vielleicht etwas zu verpassen. Aber genau dadurch verpassen wir dann das Beste. Wenn wir das Ja erkennen wollen, das dran ist, dann müssen wir genau bedenken, was wir uns einhandeln.

In der Bibel gibt es viele Personen, die immer wieder Probleme und Ärger bekommen, weil sie sich weigern, auf etwas zu verzichten. Eva weigerte sich, auf die verbotene Frucht zu verzichten, und weil sie nur noch Augen für diese eine verbotene Sache hatte, verpasste sie am Ende das Allerbeste am Paradies. Ein furchtbarer Tausch.

Esau wollte nicht darauf verzichten, seinen Appetit auf das leckere Linsengericht sofort zu stillen. Und weil er an nichts anderes mehr denken konnte, als an den Linseneintopf, brachte ihn das am Ende um sein Erstgeburtsrecht. Ein furchtbarer Tausch.

Mose weigerte sich, seine Angst abzulegen, dass vielleicht gar kein Wasser aus dem Fels kommen würde, wenn er einfach zu dem Felsen spräche, wie Gott ihm gesagt hatte. Und weil er zwei Mal mit dem Stock gegen den Felsen schlug, war er beim Einzug ins Gelobte Land nicht dabei. Ein furchtbarer Tausch.

David weigerte sich, auf die verheiratete Batseba zu verzichten. Und weil er dadurch eine Kette von Ereignissen in Gang setzte, die nicht nach Gottes Willen und Gebot waren, unter anderem Ehebruch und der Mord an Batsebas Mann, musste er erleben, wie sein Kind starb. Ein furchtbarer Tausch.

Jede der erwähnten Personen musste einen hohen Preis bezahlen für die Weigerung, auf etwas zu verzichten, etwas loszulassen, letztlich die eigenen Wünsche und Vorstellungen aufzugeben, um den Willen Gottes zu tun. Sie luden eine schwere und oft brutale Last auf sich, weil sie Gott nicht vertrauten, und weil sie nicht überlegt hatten, was sie sich womöglich durch ihre Entscheidungen einhandeln würden. Leider konnten sie damals nicht so klar erkennen, was sie sich einhandelten, wie wir es heute rückblickend können, aber trotzdem kann uns ihr Verhalten eine Hilfe sein, ihre Fehler nicht zu wiederholen und etwas genauer zu überlegen, was wir uns einhandeln, wenn wir uns weigern, etwas aufzugeben und zu verzichten.

Folgendes möchte ich dazu noch anmerken: Der Ausgang der

Geschichten, die ich gerade aufgezählt habe, erscheint einem oft so hart, dass man sich kaum vorstellen mag, dass ein liebender Gott so etwas zulassen würde. Es ist aber auch wichtig, sich bewusst zu machen, dass bestimmt auch Gott selbst keiner der betroffenen Personen diese Folgen gewünscht hat. Jeder Mensch hat einen freien Willen und kann für sich entscheiden, was er tut.

Gott zeigt uns den richtigen Weg und sagt uns, wohin wir gehen sollen, aber wir müssen uns selbst dazu entscheiden, uns dann auch in diese Richtung in Bewegung zu setzen. Entscheidungen und ihre Folgen sind also immer ein Gesamtpaket. Wenn wir eine Entscheidung treffen, dann lösen wir damit unweigerlich die entsprechenden Folgen aus.

Die gute Nachricht dabei ist, dass wir eine Wahl haben.

Die schlechte Nachricht ist, dass wir eine Wahl haben.

Eine Wahl zu haben, ist ein zweischneidiges Schwert. Das galt für Eva, Esau, Mose und David gleichermaßen. Und es gilt auch für Sie und mich. Wenn wir uns weigern zu verzichten und loszulassen, dann bedeutet das automatisch, dass wir auch auf inneren Frieden verzichten. Wir tauschen dann inneren Frieden gegen die Last von Reue und Bedauern ein, und das ist ein schlechter Tausch, der uns allerdings oft nicht davon abhält.

....

Entscheidungen und ihre Folgen sind
also immer ein Gesamtpaket. Wenn
wir eine Entscheidung treffen, dann
lösen wir damit unweigerlich die
entsprechenden Folgen aus.

....

FRIEDEN SCHLIEßEN MIT VERZICHTEN UND LOSLASSEN

Manchmal weigere ich mich schlichtweg, auf etwas zu verzichten oder etwas aufzugeben, obwohl mir die Konsequenzen dieser Entscheidung glasklar sind. Ich weiß zum Beispiel, dass ich mehr Schlaf brauche, aber ich möchte gern diese eine Fernsehsendung noch zu Ende schauen, die bis nach Mitternacht dauert. Ich ignoriere die kleinen Anstöße und Impulse meines Gehirns, die mir zeigen, dass ich ins Bett gehen sollte, und am nächsten Tag bin ich dann hundemüde, entsprechend missmutig, ungeduldig und den Kindern gegenüber kurz angebunden. Ich weigere mich, auf etwas zu verzichten, verzichte dadurch aber automatisch auf inneren Frieden.

Und dann gibt es Situationen, in denen ich mich weigere, etwas loszulassen, indem ich die Entscheidung aufschiebe. Ich schiebe auf und schiebe auf und schiebe auf. Ich möchte keinen chaotischen Kleiderschrank, aber ich möchte auch nicht entscheiden, welche Sachen ich aussortieren soll. Also tue ich gar nichts.

Letztlich ist es auch eine Entscheidung, keine Entscheidung zu treffen. Und zwar die Entscheidung, dass alles – auch man selbst – so bleibt wie es ist. Und so zu bleiben, wie man ist, wenn man eigentlich weiß, dass man etwas ändern müsste, ist eine Entscheidung, die wiederum Folgen hat. Und die nicht unwesentlichste dieser Folgen ist ein Bedauern, das von Tag zu Tag zunimmt.

Also: Wenn ich die Sachen in meinem Kleiderschrank aussortiere, dann hat das zur Folge, dass ich manche Dinge weggebe, einschließlich des orangefarbenen T-Shirts. Ich werde es bedauern, das orangefarbene T-Shirt auszusortieren, aber mein Bedauern wird mit der Zeit nachlassen, und in null Komma nichts werde ich gar nicht mehr an das orangefarbene Shirt denken. Wenn ich andererseits einen Kleiderschrank habe, der so chaotisch ist, dass ich nicht einmal meine beste Freundin hineinschauen lassen mag, dann wird das Bedauern darüber beständig zunehmen und mein Kleiderschrank wird immer chaotischer werden.

Dasselbe Prinzip gilt bei jemandem, der etwas für seine Gesundheit tun will und beschließt, für eine bestimmte Zeit lang keinen Zucker zu essen. Wenn man den Käsekuchen mit Schokoguss zum Dessert stehen lassen muss, dann bedauert man vielleicht ein paar Minuten lang die Entscheidung, auf Zucker zu verzichten, aber dieses Bedauern verschwindet wahrscheinlich schon in dem Moment, in dem man beim Verlassen des Restaurants merkt, dass man gerade richtig satt ist und sich rundum wohlfühlt.

Letztlich ist es auch eine Entscheidung,
keine Entscheidung zu treffen. Und zwar
die Entscheidung, dass alles — auch man
selbst — so bleibt wie es ist.

Und jetzt lassen Sie uns das Ganze umdrehen. Wenn ich heute den Kuchen esse … und morgen sechs Kekse … und dann, weil es jetzt ja sowieso schon egal ist, auch noch eine Portion Eis … dann werde ich wahrscheinlich merken, dass diese Reihe von Entscheidungen ein Bedauern nach sich zieht, das mit jedem süßen Genuss weiter zunimmt.

Die Möglichkeit, Reue und Bedauern zu verringern oder ganz zu vermeiden, besteht folglich darin, Entscheidungen zu treffen, die inneren Frieden bewirken, und dazu müssen wir in aller Regel etwas loslassen beziehungsweise auf etwas verzichten. Wir müssen etwas aufgeben.

Etwas aufzugeben bedeutet nicht, dass uns etwas weggenommen wird, sondern es ist ein Geschenk, ein Geschenk an eine Person, die belastet ist, die noch mitten im Schneesturm ihre Blätter festhält und eigentlich unbedingt Hilfe braucht. Sie merkt, dass sie kurz vor dem Zusammenbrechen ist. Sie weiß, dass sie viel mehr nicht aushalten kann.

Ihr schießen Tränen in die Augen, während sie betet: „Hilf mir doch, Gott. Das ist alles zu viel. Ich bin müde und frustriert, einfach fix und fertig."

Und ganz leise hört sie die Worte „lass los".

Jetzt muss sie entweder folgen, oder sie zerbricht. Sie muss – um im Bild zu bleiben – die Blätter abwerfen und sich für den Winter bereit machen. Aber sie kann sich erst auf den Winter einlassen, wenn sie den Herbst losgelassen hat. Genau wie ein Baum, kann auch ein Mensch nicht die Last von zwei Lebensphasen gleichzeitig tragen. Durch die Mühe, die das bereitet, verpasst er das Schöne und die Freude, die jede einzelne Phase mit sich bringt.

Nein, durch das Loslassen wird einem nichts weggenommen, sondern man bekommt dadurch das Geschenk des Friedens. Der schöne kahle Ast im Winter kann jetzt die Schneelast tragen. Wenn wir in Frieden loslassen, dann signalisieren wir damit, dass wir jetzt bereit sind, etwas zu empfangen, und zwar das, was als Nächstes an der Reihe ist, das was für diesen Abschnitt unseres Lebens vorgesehen ist.

Ich weiß nicht, was Sie gerade loslassen sollen, aber wahrscheinlich wissen Sie es selbst sehr genau. So wie ich es in ein paar Bereichen meines Lebens weiß.

Ich gehe zu meinem Schrank, nehme das orangefarbene T-Shirt heraus und gehe damit schnurstracks zu der Kiste mit der Aufschrift „Zum Verschenken und Weggeben". Und dann werfe ich es hinein. Ich lasse es los. Und mit dem Loslassen entsteht mehr Frieden. Das erkenne ich. Und jetzt glaube ich es auch.

Und ich weigere mich, dem orangefarbenen Shirt nachzutrauern. Es wird jetzt für jemand anderen ein Geschenk, das er dringend braucht. Bei mir nimmt es nur Platz weg.

Dieses eine Shirt ist nur ein Anfang. Ich mache mir das Loslassen von jetzt an zur Gewohnheit, und wenn ich im Tausch gegen dieses orangefarbene T-Shirt Frieden bekomme, dann ist das sehr gut.

Kapitel 9

ZUM TRAINING ERSCHEINEN

Im vergangenen Kapitel haben wir angefangen, uns mit der Frage zu beschäftigen: *Wie erkenne ich ein Ja, das gerade dran ist?*

Das ist eine gute Frage, allerdings auch eine, auf die es mehr als eine Antwort gibt. Es gibt darauf sogar mehrere Schichten von Antworten.

Die erste Schicht, mit der wir uns gerade eben befasst haben, ist die Beschäftigung mit der Frage, was wir uns einhandeln. Wenn ich zu irgendetwas Ja sage, muss ich dafür etwas anderes loslassen. Lohnt sich dieser Handel? Ja, es lohnt sich, zum Beispiel Kleidung, die ich nicht mehr trage, auszusortieren, damit mein Schrank übersichtlicher wird. Auch wenn das Aussortieren vielleicht schwerfällt, lohnt sich dieser Handel.

Die nächste Schicht heißt: „Zum Training erscheinen."

Vielleicht erinnern Sie sich noch, dass meine Tochter Ashley Stabhochspringerin ist. Das bedeutet, dass sie gelernt hat, in Spikes eine Anlaufbahn entlangzurennen, den langen Stab, den sie dabei trägt, in den Einstichkasten zu rammen, ihn dabei so weit durchzubiegen, dass genügend Kraft entsteht, ihren Körper vom Boden abzuheben, sich dabei zu drehen, sodass der Kopf unten ist und die Füße in den Himmel zeigen, sich über eine Latte zu schlängeln, die mindestens 2,40 Meter über der Matte hängt, und dann noch im letzten Moment den Stab loszulassen, während sie auf die Matte hinunterfällt, und zwar hoffentlich nicht mit dem Gesicht, sondern dem Rücken zuerst.

Puh!

Und habe ich schon erwähnt, dass sie das alles schaffen muss, ohne dass die Latte herunterfällt und der Sprung ungültig ist? Das ist kein Witz!

Als ich ihr zum ersten Mal beim Springen zuschaute, habe ich wirklich die Luft angehalten, bis ich einen hochroten Kopf hatte. Und vielleicht habe ich dabei auch ein kleines bisschen Pipi in die Hose gemacht. Drei Tropfen. Aber genug um zu merken, dass man sich an diesen Sport erst gewöhnen muss.

Ashleys erstes Jahr im Stabhochsprung war schwer. Sie war das gesamte Jahr über in ihrer Mannschaft die Letzte. Obwohl sie es immer wieder versuchte und nicht aufgab, schaffte sie kaum die 2,40 Meter zu überspringen – eine Höhe, die von den anderen Mädchen mit Leichtigkeit bewältigt wurde. Bei einem Wettkampf landete sie praktisch rittlings auf der Latte, sehr zum ungläubigen Staunen der Zuschauer. Normalerweise fällt die Latte, sobald man sie nur leicht antippt, aber irgendwie blieb sie bei dem besagten Sprung liegen, sogar noch als sie das hängen gebliebene Bein nachzog und sich dann auf die Matte fallen ließ. Der Sprung war zwar gültig, aber nicht hoch genug, um in der Wertung Plätze gutzumachen.

Auch ihr zweites Jahr als Stabhochspringerin war noch schwer. Wieder belegte sie fast die gesamte Saison über den letzten Platz im Team. Obwohl sie jetzt manchmal schon die 2,40 Meter übersprang, schaffte sie es nicht, regelmäßig noch höher zu springen, mit der Folge, dass sie sich als Einzige aus der Mannschaft nicht für den Landeswettkampf qualifizierte.

Inzwischen springt sie die dritte Saison und manches klappt schon ganz gut. Sie ist durchgängig Zweite in ihrem Team, aber letzte Woche ist dann etwas wirklich Erstaunliches passiert.

Der Wettkampf begann für alle Mädchen ein bisschen ungewohnt, denn sie waren zu Gast bei einer anderen Schule, die eine sehr viel ältere Sprunganlage hat als ihre. Außerdem explodierte die Matte bei jedem Sprung förmlich vor Pollen, der sich in den vergangenen Tagen auf ihr gesammelt hatte. Nicht die besten Bedingungen also.

Ashley brauchte zwei Versuche, um die 2,40 Meter zu schaffen und dann die 2,60 Meter. Dann machte sie mit 2,75 Meter weiter, die sie beim dritten Versuch übersprang. Bei 2,90 Meter sah ich, dass sie nervös war. Sehr nervös. Das wäre ihre persönliche Bestleistung. Ich glaube, sie konnte sich einfach nicht vorstellen, diese Höhe zu überspringen.

Den ersten Versuch riss sie.

Beim zweiten Versuch übersprang sie zwar die Latte, verdrehte sich aber in der Luft zu stark, sodass der Stab die Latte berührte. Sie landete nur halb auf der Matte und riss sich auch noch beim Fallen an ihren Spikes die eine Wade auf. Als sie zum Start zurückging, humpelte sie. Aus irgendeinem unerfindlichen Grund war die Latte allerdings liegen geblieben und der Sprung war gültig. Jetzt machte sie sich für den ersten Versuch über 3,05 Meter bereit. Kein Mädchen aus ihrem Team hatte bisher diese Höhe jemals übersprungen und Ashley selbst hatte sich noch nicht einmal im Training an diese Höhe gewagt.

Sie humpelte zu der Markierung, an der ihr Anlauf begann und machte alles wie immer. Sie hob den Stab einmal kurz an und setzte ihn wieder ab. Dann massierte sie ihr lädiertes Bein, lief kurz auf der Stelle und wischte sich die verschwitzten Hände an ihren Shorts ab.

Weil ich ihre Mutter bin, merkte ich, wie angespannt sie war.

Ich konnte aber auch spüren, dass ihre Nerven dem enormen Druck standhielten. Als sie schließlich anlief, sah eigentlich alles so aus wie immer. Beim Einstecken des Stabes in den Kasten sah immer noch alles aus wie sonst, aber als sie dann mühelos die 3,05 Meter übersprang, war ihr Gesichtsausdruck so ganz anders als alles, was ich jemals bei ihr gesehen habe.

Sie prallte von der Matte ab in den Stand und stieß einen Jubelschrei aus, den ich wahrscheinlich mein Leben lang nicht vergessen werde. Anschließend rannte sie von der Matte aus direkt in die Arme einer Mutter, die vielleicht oder vielleicht auch nicht durch Freudenschreie, Tränen und drei Tropfen – na, Sie wissen schon – einen Affen aus sich gemacht hat.

Es war einfach überwältigend. Ashley wurde Erste in dem Wettkampf und stellte einen neuen Schulrekord auf. Damit war ausgerechnet das Mädchen, das sich mit dieser Sportart dermaßen abgemüht hatte, jetzt die neue Inhaberin des Schulrekords.

Als ihre Mutter bin ich unglaublich stolz auf ihre Leistung. Aber wissen Sie, worauf ich am stolzesten bin? Nicht darauf, dass sie den Schulrekord gesetzt hat. Auch nicht darauf, dass sie in dem Wettkampf Erste wurde, ja nicht einmal darauf, dass sie die 3,05 Meter übersprungen hat.

Das war zwar alles fantastisch, aber es war nicht das, worauf ich am stolzesten war. Was mein Herz am meisten berührt hat, war die Tatsache, dass sie auch in der Zeit, in der keine Erfolge zu erkennen waren, geschweige denn Siege oder Rekorde ein Thema waren, sie immer zum Training gegangen ist und stets alles gegeben hat.

Sie ist einfach weiterhin zum Training gegangen, ist angelaufen, hat den Stab in den Einstichkasten gesteckt, hat versucht, die Latte zu überspringen, sich dann auf die Matte fallen lassen und sich anschließend angehört, was ihr Trainer dazu zu sagen hatte. Und dann hat sie versucht, die Korrektur des Trainers umzusetzen. Versuch um Versuch. Training um Training. Manchmal mit

Erfolg, manchmal nicht, manchmal mit einem tollen Gefühl, dann wieder unter Schmerzen und meistens auf dem letzten Platz. Aber was auch immer war, sie ist pflichtbewusst und engagiert zum Training erschienen.

Deshalb wusste sie auch in dem Augenblick, in dem es darauf ankam, was sie zu tun hatte. Sie wusste am Tag des besagten Wettkampfes, was sie zu tun hatte, weil sie ihren Geist und ihren Körper Training für Training geübt hatte.

Wenn wir verinnerlichen wollen, was wir dann, wenn es darauf ankommt, tun müssen, müssen wir stets und verbindlich zum Training erscheinen. Ein Ja, das dran ist, ist ein richtiges, ein weises Ja. Die Bibel erinnert uns daran: „Höre auf guten Rat, und nimm Ermahnung an, damit du endlich weise wirst" (Sprüche 19,20, Hfa). Wir müssen Tag für Tag an unserer Weisheit arbeiten, wenn wir wissen möchten, wie wir sie bei den Entscheidungen, bei denen es um das Ja geht, das dran ist, anwenden sollen.

EINE KLUGE FRAU

In Sprüche, Kapitel 9 werden die beiden Lebensstile einer weisen und einer törichten Frau einander gegenübergestellt. Die kluge Frau wird in den Versen 1–6 beschrieben:

Frau Weisheit hat ein Haus gebaut und es mit sieben Säulen ausgestattet. Sie hat ein Festessen vorbereitet, guten Wein geholt und den Tisch gedeckt.

Ihren Dienstmädchen befahl sie: „Geht auf den Marktplatz der Stadt und ruft: ‚Ihr Unerfahrenen – kommt zu mir! Ihr Tagträumer, euch lade ich ein. Kommt, esst euch satt, und trinkt meinen guten Wein! Bleibt nicht länger unvernünftig, fangt ein neues Leben an, werdet reif und besonnen!'"

Und jetzt lassen Sie uns anschauen, wie die törichte Frau in den Versen 13–18 beschrieben wird:

Frau Torheit gleicht einer unverschämten Hure, die sich auf nichts anderes versteht, als die Leute zu verführen. Sie sitzt vor ihrer Haustür am Marktplatz der Stadt und ruft allen, die vorbeigehen und an nichts Böses denken, zu: „Wer unerfahren ist, den lade ich ein!"

Sie beschwatzt die Unvernünftigen: „Es ist reizvoll, heimlich vom Wasser zu trinken, das anderen gehört, und gestohlenes Brot schmeckt am besten!" Wer auf sie hereinfällt, weiß nicht, dass es seinen sicheren Tod bedeutet. Alle, die zu ihr gegangen sind, ruhen schon im Totenreich.

Ist es nicht interessant, dass diese beiden Frauen zwar ganz und gar unterschiedlich sind, aber auch ein paar Ähnlichkeiten aufweisen?

- Sie befinden sich am selben Ort, nämlich dem höchsten Punkt der Stadt.
- Sie haben beide dasselbe Ziel, nämlich die Menschen dazu zu bringen, in ihr Haus zu kommen und mit ihnen zusammen zu essen und zu trinken.
- Anfänglich sagen sie auch das Gleiche: „Wer unerfahren ist, den lade ich ein."

....

Wir müssen Tag für Tag an unserer Weisheit arbeiten, wenn wir wissen möchten, wie wir sie bei den Entscheidungen, bei denen es um das Ja geht, das dran ist, anwenden sollen.

....

Was sie allerdings zu bieten haben, ist sehr unterschiedlich: Frau Weisheit hat sich für die Vorbereitung Zeit genommen. Sie hat gearbeitet und dementsprechend auch etwas vorzuweisen. Das hat Frau Torheit nicht. Sie ist faul gewesen. Sie hat nicht gearbeitet und deshalb gar nichts oder nur Diebesgut anzubieten.

Wenn ich mir die Beschreibungen dieser beiden Frauen anschaue, fällt auf, mit welchen Worten ihr Leben charakterisiert wird. Frau Weisheit hat ein Haus gebaut und mit Säulen ausgestattet, das zeigt mir, dass ihr die Details wichtig sind und sie sich um sie kümmert. Sie ist vorbereitet, gut organisiert und holt sich Hilfe. Ihr Lebensstil führt zu Leben und Verstehen. Frau Torheit dagegen ist laut und undiszipliniert und es mangelt ihr an Wissen. Sie sitzt nur herum und kommt nicht voran. Weil sie nicht vorbereitet ist, hat sie auch nicht viel zu bieten, und das wenige, was sie zu bieten hat, ist gestohlen. Ihr Lebensstil führt zum Tod.

Stellen Sie sich einmal für einen Moment vor, ich hätte das, was ich bei Ashleys Wettkampf erlebt habe, so spannend gefunden, dass ich jetzt auch den Wunsch hätte Stabhochspringerin zu werden, und Ashley und ich würden beim nächsten Wettkampf gemeinsam auf der Anlage auftauchen. (Was meine Tochter natürlich in einer Million Jahren nicht zulassen würde.) Lassen Sie mich jedoch um der Veranschaulichung willen einfach hypothetisch fortfahren.

Wir stünden also beide da und sähen uns sogar ein wenig ähnlich. Wie Frau Weisheit und Frau Torheit und wir hätten auch tatsächlich einiges gemeinsam:

- Wir wären am selben Ort, nämlich auf dem Sportplatz der Highschool auf der Stabhochsprunganlage.
- Wir hätten dasselbe Ziel, nämlich unseren Körper über die Latte hochzuschwingen, ohne uns dabei umzubringen und andere zu verletzen.

- Und wir würden beide das Gleiche sagen: „Wer die Stabhochspringerinnen sehen möchte, soll herkommen!"

Bei so vielen Gemeinsamkeiten kann ich mich doch Stabhochspringerin nennen, oder etwa nicht? Aber was meine Tochter und ich zu bieten haben, ist dann doch sehr unterschiedlich. Wie Frau Weisheit hat Ashley sich für die Vorbereitung Zeit genommen. Sie hat hart trainiert und wirklich etwas vorzuweisen. Genau wie Frau Torheit habe ich das nicht. In der Welt des Stabhochsprungs bin ich faul gewesen. Ich habe meine Arbeit nicht gemacht und deshalb habe ich auch nichts vorzuweisen.

WEISHEIT ERFORDERT ARBEIT

Denken Sie daran, dass das Ja, das dran ist, immer ein weises Ja ist. Wenn wir erkennen wollen, welches Ja dran ist, dann brauchen wir Weisheit und Weisheit erfordert Arbeit. Wenn man Weisheit praktizieren will, dann muss man das im Alltag trainieren.

Wie das konkret aussieht? Nun, zunächst einmal sagt uns die Bibel, dass wir um Weisheit bitten sollen, wenn es uns daran mangelt.[18] Gott schenkt uns Weisheit, genauso wie er uns Muskeln schenkt. Die Tatsache, dass ich Muskeln habe, bedeutet ja noch längst nicht, dass ich mit meinen Muskeln das Gleiche schaffen kann wie meine Tochter. Sie hat ihre Muskeln trainiert, und deshalb gehorchen sie ihr und tun, was sie will, wenn sie sie entsprechend einsetzt.

Genauso müssen wir auch unseren „Weisheitsmuskel" trainieren, damit er stark und leistungsfähig wird, und damit wir wissen, wie wir unsere Weisheit einsetzen müssen, wenn wir sie

---

18   Jakobus 1,5.

unbedingt brauchen. Wir haben bereits über Wissen, Erkenntnis und Urteilsvermögen gesprochen, und wie sie uns dabei helfen, unsere Weisheit einzusetzen, wenn wir Entscheidungen treffen müssen.

In Sprüche 2,1-11 finden wir sogar eine klare Anleitung, wie wir Weisheit erlangen, einsetzen und durch sie geschützt werden können:

Mein Sohn, wenn du meine Rede annimmst und meine Gebote behältst, sodass dein Ohr auf Weisheit Acht hat, und du dein Herz der Einsicht zuneigst, ja, wenn du nach Vernunft rufst und deine Stimme nach Einsicht erhebst, wenn du sie suchst wie Silber und nach ihr forschst wie nach Schätzen: Dann wirst du die Furcht des Herrn verstehen und die Erkenntnis Gottes finden.

Denn der Herr gibt Weisheit, und aus seinem Munde kommt Erkenntnis und Einsicht. Er lässt es den Aufrichtigen gelingen und beschirmt die Frommen.

Er behütet, die recht tun, und bewahrt den Weg seiner Frommen.

Dann wirst du verstehen Gerechtigkeit und Recht und Frömmigkeit und jeden guten Weg. Denn Weisheit wird in dein Herz eingehen, und Erkenntnis wird deiner Seele lieblich sein, Besonnenheit wird dich bewahren und Einsicht dich behüten. (LÜ)

Ich kann Weisheit haben, ich kann Weisheit einsetzen und ich kann durch Weisheit geschützt werden.

Sie können Weisheit haben, Sie können Weisheit einsetzen und Sie können durch Weisheit geschützt werden.

Aber wir müssen zum Training erscheinen. Die Verse oben zeigen, dass wir Weisheit haben, einsetzen und durch sie geschützt werden können, wenn wir Folgendes tun:

- Das Wort Gottes annehmen. (Gottes Wort ist ein Geschenk, aber es nützt uns gar nichts, wenn wir das Geschenk nicht entgegennehmen, auspacken und benutzen.)
- Seine Gebote halten. (Wir müssen in das Wort Gottes richtig eintauchen, und wir müssen das Wort Gottes an uns heranlassen. Je mehr Bibelverse wir auswendig kennen, desto besser können wir unser Denken an seiner Wahrheit ausrichten.)
- Unsere Ohren für Weisheit öffnen. (Dazu müssen wir gute Lehre anhören, uns weisen Rat holen und die Gesellschaft weiser Menschen suchen.)
- Um Vernunft, Verstand und Urteilskraft bitten. (Wir müssen darum bitten, den „Handel", von dem wir im letzten Kapitel gesprochen haben, richtig vollziehen und die Folgen erkennen zu können, die wir mit jeder Entscheidung ingangsetzen.)
- Laut um Einsicht zu flehen. (Wir müssen den Herrn bitten, uns zu zeigen, wie unsere Entscheidungen sich auf andere auswirken.)
- So leidenschaftlich und intensiv nach Weisheit suchen, als ob man hinter einem verborgenen Schatz her ist. (Es ist wichtig, Weisheit wertvoller zu finden als alles Weltliche, was uns angeboten wird.)

Wenn man all das tut, dann, so heißt es in der Bibel: „… wirst du die Furcht des Herrn verstehen und die Erkenntnis Gottes finden. Denn der Herr gibt Weisheit und aus seinem Munde kommt Erkenntnis und Einsicht" (V.4).

Ich finde die Formulierung interessant, die hier gewählt wird: „Der Herr gibt Weisheit." Wenn ich das Wort *Herr* lese, dann ist das die Bezeichnung für den, der mich im Alltag begleitet. Er ist der Herr, der mich in meinen täglichen Entscheidungen leitet. Im Gegensatz zu dem Wort *Gott* fühlt sich *Herr* alltäglicher für mich an. In dem Begriff *Gott* betonen wir seine Göttlichkeit und der

Begriff *Herr* betont seine Autorität und Vollmacht im Alltag. Ich glaube an Gott, aber meinen Alltag lebe ich mit dem Herrn. Und es ist schließlich gerade mein Alltag, in dem er der Herr meines Lebens ist. Herr meiner Entscheidungen, Herr meines Ja, das dran ist. Der Herr gibt Weisheit.

DAS JA, DAS ABSOLUT DRAN IST

Erinnern Sie sich an die Geschichte von Adam und Eva, in der Eva der Schlange begegnet? Kurz vor dieser Begebenheit in 1. Mose 2 wird Gott in diesem Abschnitt als „Gott der Herr" bezeichnet. Immer wieder wird er „Gott der Herr" genannt, elf Mal insgesamt.

Das dritte Kapitel beginnt dann damit, dass die Schlange (auch bekannt als Satan) auf der Bildfläche erscheint. Noch einmal wird Gott hier als „Gott der Herr" bezeichnet, aber dann verändert sich etwas.

„Aber die Schlange war listiger als alle Tiere auf dem Felde, die Gott der Herr gemacht hatte, und sprach zu der Frau: Ja, sollte Gott gesagt haben: Ihr sollt nicht essen von allen Bäumen im Garten?" (1. Mose 3,1).

Sehen Sie, womit der Satan Eva gerade bekannt gemacht hat? Mit dem Zweifel und dem Hinterfragen Gottes. Aber da ist noch etwas, etwas Unterschwelligeres, und ich wage zu behaupten etwas Gefährlicheres. Satan lässt die Formulierung „der Herr" hinter dem Namen Gottes weg. Das bedeutet, dass sogar Satan Gott anerkennt, uns aber von ihm als dem „Herrn" über unserem Alltag trennen will.

Wenn der Widersacher es schafft, uns von Gott als „dem Herrn" in unserem Alltagsleben zu trennen – als dem Herrn über unser Herz, unser Denken, unsere Entscheidungen, über die Richtung, in die wir gehen und über unser Urteilsvermögen – wenn Satan uns wegbringen kann von allem, was Gott, der Herr, für uns vorgesehen hat, dann scheidet er uns dadurch auch von der Weisheit ab.

Es ist der Herr, der Weisheit gibt. Wenn wir nicht weise sind, sind wir töricht, und törichte Wege führen in den Tod. Das Ja, das absolut dran ist, das allerbeste, das richtigste und wichtigste Ja, zu dem wir gelangen können, ist das Ja, Jesus Christus, unseren Herrn einzuladen, „Gott der Herr" über unser Leben zu sein. Wenn wir ihn annehmen, dann bekommen wir ewiges Leben. Aber das ist nur der Anfang, der Ausgangspunkt. Wir müssen jeden einzelnen Tag mit ihm leben, sein Geschenk der Weisheit bei jeder einzelnen Entscheidung einsetzen.

Meine liebe Ashley ist ein Teenager mit den typischen Teenagerproblemen. Ich will sie gar nicht idealisieren, aber beim Stabhochsprung ist sie wirklich ein einmaliger Anblick. Die Muskeln, die sie für den Stabhochsprung braucht, sind jetzt stark, doch ihre „Weisheitsmuskeln" sind noch längst nicht voll entwickelt.

Deshalb ist es Art und mir auch so wichtig, dass immer wenigstens einer von uns bei ihren Wettkämpfen dabei ist. Der mentale Aspekt eines Sportes erfordert schließlich viel mehr als nur körperliche Muskelkraft, nämlich Weisheit.

Vor zwei Tagen habe ich miterlebt, wie Ashley wieder einen Rückfall hatte und nur ganz knapp die 2,40 Meter übersprungen hat. Sie rannte los und brach den Anlauf frustriert ab. Sie lief wieder neu an, blieb aber wieder frustriert stehen. Immer wieder ging das so, bis ihr Tränen über das Gesicht liefen.

Und dann sah ich, wie Art ganz ruhig aufstand, zu dem Zaun der Sportanlage vorging und ihren Namen rief, sodass sie zu ihm hinschaute, und dann sagte er: „Du hast es drauf, Ashley. Ich habe selbst gesehen, dass du es geschafft hast, und du schaffst es auch jetzt wieder. Lass deinen Körper einfach tun, was er aus dem Training weiß."

Und da wischte sich Ashley die Tränen ab, ging wieder zum Anlauf, lockerte noch einmal ihre Beine, schaute zu uns hinüber, wobei ihr wieder die Tränen kamen, dann hob sie den Stab und rannte los. Und dann flog sie hoch über die Latte.

Liebe Freundin, Sie haben es auch drauf. Sie haben schon ein paar richtige Entscheidungen getroffen, die dran waren. Sie haben dieses Buch in die Hand genommen, weil Ihr Herz sich danach sehnt, Entscheidungen zu treffen, durch die Gott geehrt und verherrlicht wird. Kommen Sie einfach zum Training. Üben Sie Weisheit mit allem, was in Ihnen steckt. Weisheit wird den Rhythmus Ihres Denkens bestimmen, genauso wie das Stabhochspringen den Rhythmus von Ashleys Körper bestimmt. Und dann werden Sie es wissen.

Sie werden es wissen. Lassen Sie nur Ihren Geist tun, was er aus all Ihrem Training bereits weiß. Und wenn ich dabei bin, dann werde ich jubeln, Sie anfeuern, laut rufen und rumspringen. Und wahrscheinlich irgendwann meine Beine kreuzen (Sie wissen schon, warum).

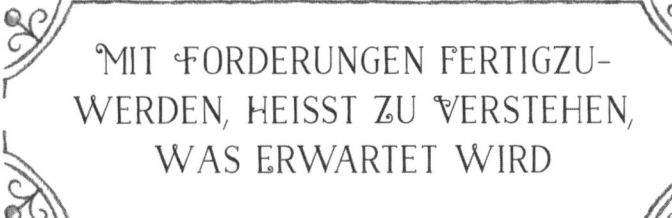

Kapitel 10

MIT FORDERUNGEN FERTIGZUWERDEN, HEISST ZU VERSTEHEN, WAS ERWARTET WIRD

Die Diskrepanz zwischen unseren Erwartungen und der Realität ist ein fruchtbarer Boden für eine Rekorderte an Enttäuschung.

Als ich zur Highschool ging, hatte ich eine Freundin, deren Schwester die absolut tollste Frisur hatte. Ihr Haar war raspelkurz geschoren, aber ein paar lange, glatte Strähnen fielen lässig über ein Auge. Sie war für mich wie eine ältere Schwester, die ein Händchen dafür hatte, in jeder Hinsicht stylisch zu sein.

Irgendwie kam ich zu dem Schluss, dass ihre Coolness etwas mit ihrer Frisur zu tun haben musste, so als wäre so eine Frisur die Bedingung und der Ausgangspunkt für ein Leben, wie ich es mir wünschte. Es musste an der Frisur liegen und deshalb wollte ich auch so eine haben. Auch wenn ihr Haar dünn und gefällig war und meins dick und widerspenstig. Auch wenn ihr Haar glatt war und meins kraus. Auch wenn bei ihr die Fransen schön glatt in die Stirn fielen und meine als eine verrückte Schmachtlocke nach oben zeigten und nicht nach unten fielen. Aber Realität hin oder her – ich hatte hohe Erwartungen und wollte, dass mein Haar sich danach richtete.

Die Friseurin schnitt und schnitt und schnitt und versuchte

mir immer wieder zu versichern, dass ich wirklich *ganz genau so* aussähe wie die große Schwester auf dem Foto. Aber das war eine Lüge. Ich wusste es und sie wusste es auch. Damit wurde der Unterschied zwischen meinen Erwartungen und meiner neuen Wirklichkeit zu einer herben Enttäuschung. Ich habe bis heute Albträume von dieser katastrophalen Frisur, in denen ich panisch aufwache, und mir an den Kopf fasse, um festzustellen, ob mein Haar noch da ist.

Aber Haare wachsen ja nach. Schlechte Haarschnitte wachsen nach einer Weile heraus. Eine solche Enttäuschung kann behoben werden.[19]

Es gibt aber auch Situationen, in denen ist es nicht so einfach. Vielleicht gibt es bei Ihnen ja auch so eine Diskrepanz zwischen einer derzeitigen Realität und unerfüllten Erwartungen. Wenn das so ist, dann kann ich mir vorstellen, dass sich dort Enttäuschung breitmacht.

....

Die Diskrepanz zwischen unseren Erwartungen und der Realität ist fruchtbarer Boden für eine Rekordernte an Enttäuschung.

....

In Psalm 23,1 steht: „Der Herr ist mein Hirte, mir wird nichts mangeln." Das hebräische Wort für mangeln ist *chacer* – wörtlich „fehlen", „ohne sein", „leer werden". Wenn also der Herr mein Hirte ist, dann werde ich nicht leer. Ich lebe nicht ständig in einem

---

19 Lysa TerKeurst, *What Happens When Women Say Yes to God*, Harvest House Publishers, 2013, S. 131-134.

Zustand der Enttäuschung, in dem die Umstände permanent an meinen Kräften zehren.

Und obwohl der Herr mein Hirte ist, ist es trotzdem bei mir manchmal so. Nicht nur in Bezug auf mein Haar. Auch hinsichtlich anderer Sachen – hinsichtlich wichtiger Sachen. Wie kann ich den Herrn wirklich mein Hirte sein lassen, damit die Lücke zwischen meinen Erwartungen und der Realität geschlossen wird?

Als Erstes muss ich bei jeder Sache, zu der ich Ja sage, wissen, was konkret erwartet wird und wofür ich verantwortlich bin. Das ist ein sehr wichtiger Schritt, um festzustellen, ob es sich um ein Ja handelt, das dran ist. Außerdem muss ich herausfinden, ob die Erwartungen realistisch sind, damit ich sie entweder erfüllen oder sortieren kann, bevor ich zu etwas Ja sage.

ERWARTUNGEN

Jedes Mal, wenn wir zu etwas Ja sagen, ist dieses Ja mit einer ganzen Reihe von Erwartungen an uns verbunden. Doch wenn wir nicht wissen, welche Erwartungen das konkret sind, ist es unmöglich, sie auch vollständig zu erfüllen. Deshalb ist es von entscheidender Bedeutung, die Erwartungen deutlich zu klären, bevor man zu etwas Ja sagt.

Anschließend muss man feststellen, welche von diesen Erwartungen realistisch sind und welche nicht. Die Erwartungen, die realistisch sind, sollten dann geplant werden. Das heißt, ich schreibe all die einzelnen Anforderungen auf, die mit diesem Ja einhergehen würden und bringe sie in meine Zeitplanung ein. Wenn es sich um ein Projekt handelt, dann erstelle ich dafür einen Ablaufplan. Wenn es eine einzelne Veranstaltung ist, trage ich nicht nur die Veranstaltung in meinen Kalender ein, sondern auch was ich dazu beizutragen oder mitzubringen oder vorzubereiten habe. Wenn ich eine finanzielle Verpflichtung eingehe, erstelle ich ein Budget und notiere mir die Termine, an denen eine Zahlung fällig ist.

Ich plane also, was realistisch ist, damit ich mich nicht übernehme.

Ich wünschte, ich hätte schon im zarten Alter von achtzehn begriffen, wie wichtig und hilfreich das ist. Damals fuhr ich einen knallblauen Pontiac Firebird. Dieser Wagen war irgendwann einmal cool gewesen, aber als ich ihn bekam, war das schon fünfzehn Jahre her. Nennen wir den Wagen im Folgenden der Einfachheit halber einfach FB. Er hatte ordentlich Power, aber ich weiß nicht einmal mehr genau, ob er eine Klimaanlage hatte. Und ich werde Ihnen auch nichts von dem eingebauten Tonband mit acht Spuren erzählen, den er als kleines Extra hatte, und zwar weil ich vermute, dass Sie a) noch nie von so einem Gerät gehört haben oder b) Sie lieber vergessen möchten, dass Sie schon so alt sind, dass Sie wissen, was das ist.

Sie brauchen einfach nur zu wissen, dass mich dieser Wagen von A nach B brachte, dass ich aber auf dem Weg dorthin ziemlich uncool aussah.

Ich merke gerade, wie undankbar das klingt. Du liebe Zeit, hätte ich nicht einfach dankbar dafür sein können, dass ich überhaupt ein Auto hatte?

Als ich den FB bekam, war ich sehr dankbar. Ich hatte gespart und die Hälfte des Kaufpreises selbst bezahlt. Die andere Hälfte bezahlten meine Eltern, und ich war absolut begeistert, ein eigenes Auto zu besitzen. Außerdem war der Wagen auch in etwa vergleichbar mit den Autos, die meine Freunde in der Highschool fuhren. Aber das war eben Highschool.

Als ich dann aufs College kam, war FB nicht so angesagt, denn ich ging auf ein College, an dem die Studenten eher andere Wagen fuhren. Meine beste Freundin im ersten Studienjahr beispielsweise hatte einen nagelneuen Sportwagen. Ich war zwar nicht so blöd zu glauben, dass ich jemals einen Sportwagen fahren würde, aber ich überlegte doch, ob nicht wenigstens ein etwas passenderer drin war als mein FB? Wenigstens einer mit eingebautem Kassettenrekorder?

Im ersten Jahr auf dem College wurde mein Wunsch nach einem anderen Auto immer stärker, und im Sommer machte ich mich dann ohne einen Cent in der Tasche auf den Weg zu einem Gebrauchtwagenhändler, um zu schauen, was ich mir leisten konnte, wenn ich FB gegen einen anderen Wagen eintauschte. Was war ich dumm! Der Autoverkäufer erklärte – für mich absolut plausibel –, dass ich mir auch ohne zusätzliches Geld etwas viel Besseres leisten könne, als ich hatte. Ich fiel auf seine Tricks herein und tauschte FB gegen ein weißes, gebrauchtes Sportwägelchen ein, dessen Lack schon beim Kauf schlecht war, und für das die Versicherung sehr teuer war.

Bereits in dem Moment, als ich den Kaufvertrag unterschrieben hatte und vom Parkplatz des Autohändlers fuhr, hatte ich mehr Schulden als der Wagen wert war. Aber egal, ich hatte einen Kassettenrekorder und – Achtung jetzt! – elektrische Fensterheber. Na ja, vielleicht sollte ich besser sagen, einen elektrischen Fensterheber, denn es funktionierte nur der auf der Fahrerseite. Alle anderen nicht. Doch das merkte ich erst zwei Tage später, als ich das Fenster auf der Beifahrerseite öffnete und es sich danach nicht wieder schließen ließ.

Na, großartig.

Ich musste einen Freund bitten, mir zu helfen das Fenster wieder hochzuruckeln und dann mit Klebeband am Türrahmen festzukleben. Ich wollte schick und cool sein, jetzt war ich es.

Mein Vater und meine Mutter flippten fast aus, als ich sie anrief, um ihnen die tolle Neuigkeit mitzuteilen. Mein Vater sagte: „Ich sag dir jetzt mal, was passiert. Du wirst es so eben gerade schaffen, die monatliche Rate für den Wagen zusammenzubekommen, und deshalb wird es noch schwerer, Geld für Benzin und die Versicherung zusammenzukratzen. Du wirst dir einen Job suchen müssen, um das Auto zu finanzieren, das du brauchst, um zur Arbeit zu fahren. Und außerdem wird das kleine Schätzchen ständig Reparaturen nötig haben, für die du nicht das Geld hast. Das ist so sicher wie das Amen in der Kirche. Und was dann?"

Das war dann meiner Meinung nach doch nicht der optimale Moment, um ihn um Geld für die Reparatur der kaputten Fensterheber anzupumpen. Ich schluckte also einfach nur und sagte: „Das wird bestimmt nicht passieren, Papa. Der Verkäufer von dem Gebrauchtwagenmarkt hat gesagt, er hätte noch nie einen so guten Wagen zu einem so sensationell niedrigen Preis gesehen."

Ich konnte am Telefon förmlich hören, wie er am anderen Ende der Leitung die Augen verdrehte. Kennen Sie dieses Geräusch auch? Dabei fühlt man sich jedenfalls ganz, ganz großartig.

Und was meinen Sie, was ein paar Monate später passierte, als ich auf dem Weg nach Hause war, um mit meiner Familie Thanksgiving zu feiern? Das Getriebe gab den Geist auf, und zwar komplett. Der Wagen bewegte sich keinen Meter mehr und bis nach Hause waren es noch etwa zwei Stunden Fahrt. Genau das machen Autos mit jungen Frauen, die sich finanziell übernehmen. Sie bieten ihnen die Chance, etwas zu lernen und zwar auf die richtig harte Tour.

Ja, ich lernte dabei wirklich etwas. Ich musste mir für das neue Getriebe 1.500 Dollar von meinem Vater leihen, was für mich genauso viel war wie eine Million Dollar. Ich hatte damals einen Job an einer Lkw-Raststätte und verdiente unglaubliche zwei Dollar in der Stunde plus Trinkgeld. Ich würde also ziemlich lange Spiegeleier, Schinkenbrötchen und Kaffee verkaufen müssen, um 1.500 Dollar zu verdienen. Und das alles nur, damit ich einen weißen Sportwagen mit zugeklebtem Fenster und schadhaftem Lack fahren konnte, der seine besten Zeiten schon ziemlich lange hinter sich hatte.

Weil ich nicht für mich selbst geklärt hatte, was es bedeuten würde, diesen Gebrauchtwagen zu kaufen, hatte ich keine Ahnung, welche Anforderungen damit auf meinen Geldbeutel zukamen. Ich bekam dadurch jede Menge Probleme, die mich noch so manchen Tag in Form meiner Arbeit als Kellnerin begleiteten.

Es ist also von ganz entscheidender Bedeutung zu wissen, was auf uns zukommt, wenn wir Ja sagen. Hier ein paar gute Fragen, die man sich stellen sollte, um festzustellen, ob das, womit wir uns bei einem Ja einverstanden erklären, wirklich realistisch ist oder nicht:

- Im Moment fühlt es sich fantastisch an, zu dieser Sache Ja zu sagen, aber wird es sich auch in zwei Wochen, zwei Monaten oder einem halben Jahr noch so anfühlen?
- Habe ich das Gefühl, ich könnte durch Anforderungen oder Erwartungen, die mit der Angelegenheit verbunden sind, unter Druck oder sogar in Panik geraten?
- Könnte ein Teil dieses Ja damit zu tun haben, dass ich es Leuten recht machen will und dass dadurch mein Urteilsvermögen über das, was realistisch ist, ein bisschen getrübt ist?
- Welche weisen Menschen würden ein Ja zu dieser Angelegenheit auch gut finden?
- Gibt es Fakten, die ich zu übergehen oder zu verschweigen versuche, wenn ich mit diesen weisen Menschen über die besagte Angelegenheit spreche?

Ich bin sicher, es gibt noch mehr und andere Fragen dieser Art, die man stellen kann, um realistisch einzuschätzen, welche Erwartungen und Anforderungen auf einen zukommen. Passen Sie diese Liste der jeweiligen Situation an, aber bitte lassen Sie diesen

Schritt in Ihrem Entscheidungsprozess nicht aus. Es kostet zwar Zeit, alles gründlich zu überlegen, aber es ist gut investierte Zeit. Eine gute Analyse im Voraus verhindert Frust.

UNREALISTISCHE ANFORDERUNGEN UND ERWARTUNGEN

Auch unrealistische Erwartungen und Anforderungen sollten genau analysiert werden. Aus unrealistischen Erwartungen werden Erwartungen, die nicht erfüllt werden können, und nicht erfüllte Erwartungen sind wie trockenes Holz – ein Funke und sie stehen lichterloh in Flammen und alle Beteiligten verbrennen.

....

Eine gute Analyse im Voraus verhindert Frust.

....

Eine der schlimmsten Situationen, in die ich mich jemals hineinmanövriert habe, war eine vermeintliche Chance, die allerdings gespickt war mit für mich zu dem Zeitpunkt unrealistischen Anforderungen, von denen beispielsweise eine in guten Buchhaltungskenntnissen und Talent in Organisation und Ablage bestand. Wenn diejenigen, die den Job vergaben, auch nur einen Blick in meine private Buchführung geworfen hätten, auf die Stapel unbearbeiteter Papiere und Formulare zu Hause, die noch nie einen Ordner von innen gesehen hatten, und dann noch einen Blick in meinen völlig unsortierten Kleiderschrank … das Bewerbungsgespräch war zwar ganz gut gelaufen, aber ich war trotzdem nicht die Richtige für diesen Job, und das wusste ich auch.

Ich wusste, dass die Erwartungen und Anforderungen für mich unrealistisch waren.

Ich wusste, dass wenn nicht ein Wunder passierte, die ganze Angelegenheit für mich extrem stressig werden würde.

Aber egal, es war die Chance auf einen Job und einen gut bezahlten noch dazu. Ich brauchte dringend einen Job, also nahm ich ihn an.

Doch er brachte mich fast um. Nein, das ist nicht übertrieben. Während meiner täglichen Schauspielerei dort, die nötig war bei meinen Versuchen, den Anforderungen auch nur einigermaßen gerecht zu werden, schlug mein Herz dermaßen heftig, dass ich manchmal das Gefühl hatte, gleich einen Herzinfarkt zu bekommen. Es war furchtbar. Mir war das von Anfang an klar und mein Arbeitgeber merkte es auch ziemlich schnell.

Ich kündigte, bevor er mir kündigen konnte, aber dieses ganze Debakel lehrte mich eine wichtige Lektion in Bezug darauf, rechtzeitig zu analysieren, was auf mich zukommt und was erwartet wird. Und das nicht nur im Hinblick auf mögliche Jobs, sondern auf alle Lebensbereiche. Wenn es ungeklärte Erwartungen gibt, dann muss darüber gesprochen und verhandelt werden bis sie entweder geklärt und realistisch sind oder geändert werden.

Doch was ist eigentlich eine unrealistische Anforderung beziehungsweise Erwartung? Wenn eine Aufgabe oder ein Projekt so anstrengend oder strapaziös wird, dass ich daran zerbreche, dann ist es unrealistisch, es zu übernehmen.

Bei mir sind es folgende Aspekte, die eine Erwartung oder Anforderung unrealistisch machen:

- *Meine Zeit.* Mir steht nicht genügend Zeit zur Verfügung, um die betreffenden Anforderungen zu erfüllen.
- *Mein Fähigkeiten.* Ich verfüge nicht über die notwendigen Fähigkeiten und Kenntnisse, um die Anforderungen zu erfüllen.

- *Meine Finanzen.* Ich kann mir die finanzielle Belastung nicht leisten, die diese Aufgabe mit sich bringt.
- *Meine Leidenschaft.* Ich empfinde Angst und nicht Erfüllung, wenn ich an die Anforderung denke.
- *Meine Lebensphase.* Es gibt in dieser Lebensphase etwas, das eine höhere Priorität hat, deshalb ist der Zeitpunkt, diese Angelegenheit zu verfolgen, ungünstig.

Es hilft ungemein, eine Angelegenheit aus solch unterschiedlichen Blickwinkeln zu betrachten. Unrealistische Erwartungen aufzudecken hilft ungemein dabei zu erkennen, was im Voraus besprochen werden muss, damit keine Diskrepanz entsteht zwischen der Anforderung und dem, was ich leisten kann.

UND WIE KANN MAN DAS BEI EINER ENTSCHEIDUNG, DIE GERADE ANSTEHT, ANWENDEN?

Meine Freundin Genia treibt schon ihr ganzes Leben lang begeistert Sport. Sie braucht sportliche Betätigung wie die Luft zum Atmen. Das kann ich absolut nicht nachvollziehen. Ich treibe nur Sport, um bei Verstand zu bleiben und einigermaßen mein Gewicht unter Kontrolle zu behalten. Mir gefallen die positiven Auswirkungen von körperlicher Betätigung, aber ich kann nicht behaupten, dass mir Sport und Bewegung Spaß machen.

Das ist bei Genia anders. Sie liebt die Bewegung und sie liebt ihren CVJM vor Ort, wo sie an Kursen teilnimmt und viele Stunden im Schweiße ihres Angesichtes verbringt. Jahrelang hat sie jedes Mal, wenn sie zum Training kam, in der Eingangshalle die Bilder von Vorstandsmitgliedern und der Geschäftsleitung des CVJM bewundert. Das waren die Leute, die für das Wohl der Organisation verantwortlich waren und die Entscheidungen trafen. Insgeheim hoffte sie immer, eines Tages in den Vorstand berufen zu werden.

Und letzte Woche ist es dann tatsächlich passiert. Genia wurde gefragt, ob sie sich vorstellen könne, im Vorstand mitzuarbeiten. Sie war absolut begeistert, als sie die E-Mail las.

Ihr erster Impuls war es, die E-Mail auf der Stelle folgendermaßen zu beantworten: „Ich fühle mich durch Ihre Anfrage unglaublich geehrt und nehme gerne an!" Aber dann wartete sie doch lieber noch ein bisschen ab, um etwas genauer abzuwägen und zu analysieren, ob in ihrer derzeitigen Lebensphase ein Ja zu dieser spannenden Aufgabe wirklich dran war.

Dazu gehörte unter anderem, sich noch einmal ganz genau durchzulesen, welche Erwartungen und Anforderungen an ein Vorstandsmitglied gestellt wurden, und sich einen Überblick über die Sitzungstermine zu verschaffen, an denen sie verbindlich teilnehmen musste.

Als sie die Termine in der E-Mail mit ihrem Terminkalender abglich, war ihre Freude schon ein wenig getrübt, und in dieser Phase der Analyse und des Abwägens hörte sie in ihrem Innern immer wieder Gottes Stimme, die sagte: „Setze deine Zeit und deine Kraft lieber für Dinge ein, für die du dich bereits engagierst."

Ein paar Tage dachte Genia über die Aufforderung dieser Stimme nach, sich nichts Neues mehr aufzubürden, sondern sich lieber weiter oder intensiver bei bereits bestehenden Aufgaben einzusetzen. Dann schaute sie sich noch einmal alle Fakten und die Anforderungen an und kam zu folgendem Ergebnis:

Die Teilnahme an den Sitzungen, die zu ihren verbindlichen Aufgaben gehören würde, erforderte mehr Zeit, als sie zur Verfügung hatte. Es war also unrealistisch zu meinen, sie könnte die Erwartungen erfüllen, die die Aufgabe mit sich brachte. Die Freude darüber, für eine so verantwortungsvolle Position in Betracht gezogen zu werden, würde so vielleicht schon bald der Angst weichen, andere zu enttäuschen und weder der neuen Aufgabe noch bereits bestehenden anderen Aufgaben gerecht werden zu können.

Aus all diesen Gründen bedankte sie sich für das in sie gesetzte Vertrauen, lehnte aber das Angebot ab.

Als wir die ganze Situation ein paar Tage später noch einmal durchsprachen, war Genia sehr erleichtert, dass sie rechtzeitig die Erwartungen und Anforderungen analysiert und sich auf diese Weise jede Menge Frust und Enttäuschung erspart hatte.

Lassen Sie uns noch einmal die fünf Fragen anschauen, die man sich stellen sollte, bevor man seine Mitarbeit oder sein Engagement bei einer bestimmten Sache zusagt.

- Im Moment fühlt es sich fantastisch an, zu dieser Sache Ja zu sagen, aber wird es sich auch in zwei Wochen, zwei Monaten oder einem halben Jahr noch so anfühlen?
- Habe ich das Gefühl, ich könnte durch Anforderungen oder Erwartungen, die mit der Angelegenheit verbunden sind, unter Druck oder sogar in Panik geraten?
- Könnte ein Teil dieses Ja damit zu tun haben, dass ich es Leuten recht machen will und dadurch mein Urteilsvermögen über das, was realistisch ist, ein bisschen getrübt sein?
- Welche weisen (älteren, gut im Wort Gottes verwurzelten, erfahrenen und reifen) Menschen würden diese Angelegenheit auch gut finden?
- Gibt es Fakten, die ich zu übergehen oder zu verbergen versuche, wenn ich mit diesen weisen Menschen über die besagte Angelegenheit spreche?

Nehmen Sie sich jetzt eine Entscheidung vor, die bei Ihnen gerade ansteht, und analysieren Sie anhand dieser Fragen ehrlich die damit verbundenen Erwartungen und Anforderungen. Vielleicht fallen Ihnen sogar noch mehr oder andere Fragen ein, dann setzen Sie sie unbedingt noch mit auf die Liste, um Ihrer ganz persönlichen Situation gerecht zu werden. Drucken Sie sich diese Fragen aus und sprechen Sie sie mit einer Freundin oder Mentorin oder mit Ihrem Partner durch. Durch eine solche Analyse vermeiden Sie möglichen Frust bereits im Vorfeld.

Und noch ein Letztes: Sollte ich jemals wieder auf irgendwelche Bilder von schicken Frisuren abfahren, dann möge mich BITTE jemand an diese Geschichte erinnern.

Kapitel 11

DIE KRAFT EINES
RECHTZEITIGEN NEINS

Ich musste ein sehr unangenehmes Telefonat führen und hatte richtig Manschetten davor. Es stand nämlich eine Reklamation wegen einer Rechnung von einem Handwerker an, den wir mit Arbeiten an unserem Haus beauftragt hatten. Durch ihn waren jede Menge Fehler passiert, und nachdem er diese Fehler angeblich bereinigt hatte, war leider immer noch nichts in Ordnung. Also mussten wir einen anderen Handwerker beauftragen, damit er die Sache in Ordnung brachte, was wiederum Geld kostete, das wir nicht hatten. Wir hatten den ersten Handwerker für seine Arbeit bezahlt, und sollten nun doppelt bezahlen, und das sahen wir nicht ein. Verschärfend kam hinzu, dass die Rechnung des ersten Handwerkers für den Auftrag höher gewesen war als vereinbart. Ich hatte einen richtigen Knoten im Magen, außerdem Kopfschmerzen und Herzrasen, als ich den Hörer in die Hand nahm und seine Nummer wählte.

Plötzlich fühlte es sich an, als ob ich den Mund voller Watte und eine Wärmelampe direkt vor meinem Gesicht hätte.

Alles in mir sträubte sich gegen dieses Telefonat. Ich sah meinen Finger auf die Taste mit der letzten Ziffer drücken und betete, dass bitte der Anrufbeantworter anspringen möge. Es klingelte einmal, zweimal. *Los, komm schon Anrufbeantworter, Anrufbeantworter, Anrufbeantworter.* Das dritte Klingeln ertönte.

„Hallo?"

In meinem Kopf herrschte ein absolutes Durcheinander und meine Stimme klang irgendwie zu hoch und beinahe flehend.

„Äh, ja, also hier ist Lysa TerKeurst. Ich rufe wegen der Arbeiten an, die Sie kürzlich an unserem Haus durchgeführt haben."

Ich hatte so ein heftiges Herzklopfen, dass ich mich fragte, ob der Anruf nicht für diesen Tag als Cardiotraining zählen konnte.

Ich fuhr fort: „Also, wissen Sie, es gibt da – äh- ein Problem?"

Statt das Problem wie ein erwachsener Mensch zu benennen, klang es bei mir wie eine Frage.

„Es gibt kein Problem", unterbrach mich der Mann am anderen Ende der Leitung, der eindeutig nicht begriffen hatte, dass ich ihm keine Frage stellte, sondern ein Problem benannte. Doch noch bevor ich diesen Irrtum aufklären konnte, fuhr er fort: „Ich bin froh, dass Sie sich melden, denn ich wollte Sie auch schon anrufen, um Sie zu bitten, unsere Firma einem möglichen neuen Kunden zu empfehlen."

Der Anruf lief wirklich gar nicht gut. Jetzt hatte ich es nicht nur mit einer Reklamation, sondern auch noch mit einer Empfehlung für einen potenziellen neuen Kunden zu tun. Ich musste ihn jetzt nicht nur wegen einer überhöhten Rechnung zur Rede stellen, sondern musste ihn auch noch enttäuschen, indem ich ihm mitteilte, dass ich ihn nicht weiterempfehlen könne.

Er war eigentlich ein netter Kerl und die Vorstellung, ihn enttäuschen zu müssen, gefiel mir überhaupt nicht, aber ich konnte ihn unmöglich weiterempfehlen, denn das wäre nicht ehrlich gewesen. Wenn er auf meine Empfehlung hin den Auftrag bekäme und die Auftraggeber die gleichen Erfahrungen mit seiner Firma machten wie wir, was dann? Wahrscheinlich wären sie ärgerlich auf uns und würden sich am Ende vielleicht weigern, die Rechnung des Handwerkers zu bezahlen oder ihn sogar verklagen. Ich würde ihm also im Grunde keinen Gefallen tun, wenn ich ihn empfahl.

Jetzt war es an der Zeit, die Kraft eines rechtzeitigen Nein zu nutzen.

Ein Nein zur rechten Zeit verhindert, dass Peinlichkeit und Enttäuschung einen später davon abhalten. Je länger man eine Sache einfach weiterlaufen lässt, desto weiter entwickelt sie sich, und desto komplizierter wird es später.

„Es tut mir leid", sagte ich also. „Ich finde Sie wirklich nett, und Sie haben sicher die besten Absichten, aber ich muss Ihnen ehrlich sagen, dass wir mit Ihrer Arbeit nicht zufrieden sind. Ich sage das wirklich nicht gerne, aber das ist auch der eigentliche Grund für meinen Anruf. Sie bekommen natürlich auf jeden Fall den vereinbarten Lohn, aber für die zusätzlichen Kosten müssen wir einen Kompromiss finden. Wir möchten natürlich nicht, dass Sie finanzielle Nachteile haben, aber ich kann Ihre Arbeit auf keinen Fall weiterempfehlen."

Ich bin sicher, dass es für ihn genauso schwer war, sich das von mir sagen zu lassen, wie es mir schwerfiel, es auszusprechen, doch er bedankte sich schließlich für meine Offenheit. Er wolle natürlich auf gar keinen Fall, dass ich Probleme mit seinem möglichen neuen Kunden bekäme. Er räumte ein, dass er sich mit unserem Auftrag wahrscheinlich zeitlich übernommen habe, und ihm sei auch klar, dass er keine hervorragende Arbeit geleistet hätte. Wir einigten uns schließlich hinsichtlich der Rechnung und am Ende fühlte er sich fair behandelt.

Das war wirklich kein leichtes Nein, aber wenn man bedenkt, wie sich das Ganze hätte entwickeln können, war es ein rechtzeitiges Nein.

Ich habe gelernt, dass ein rechtzeitiges Nein viel ausrichten kann. Seine Kraft liegt darin, Einhalt zu gebieten, bevor sich die Dinge so weit entwickeln, dass es immer schwerer und schmerzlicher werden oder es sogar völlig unmöglich wird, Nein zu sagen.

Ich habe mit Freundinnen über das Prinzip des rechtzeitigen Neins gesprochen, und wir haben gemeinsam festgestellt, dass ein solches Nein besonders dann angesagt ist, wenn eine bestimmte Dynamik am Werk ist, dann nämlich, wenn wir bei einer bestimmten Anfrage ganz tief in unserem Innern eigentlich schon wissen, dass unsere Antwort tatsächlich Nein heißen müsste. Wir schieben dann aber oft die Antwort lieber erst einmal hinaus – als ob durch dieses Aufschieben die Anfrage verschwinden würde und wir uns nicht mehr damit auseinandersetzen müssten.

Doch Aufschieben bewirkt nie, dass eine Bitte oder Anfrage einfach verschwindet. Im Gegenteil, es bewirkt drei Dinge, die der Person gegenüber, die eine Antwort erwartet, ziemlich unfair sind:

- Es bestärkt den anderen in der Hoffnung, dass man vielleicht doch noch Ja sagt.
- Es hindert den anderen daran, sich etwas anderes zu überlegen.
- Es macht es noch schwerer, mit einem späteren Nein fertigzuwerden.

Wenn wir wissen, dass wir eine bestimmte Sache nicht tun oder übernehmen können, dann hilft ein Aufschieben dem, der mit dem Nein fertigwerden muss, absolut nicht.

Wo müssten Sie zurzeit eigentlich ein rechtzeitiges Nein aussprechen?

Ich weiß, dass es sich besser anfühlen würde, das fällige Nein aufzuschieben, und dass es sich besser anfühlen würde, einfach Ja zu sagen und dann mit den Folgen zu leben, als rechtzeitig Nein zu sagen. Das ist ein Dilemma, von dem ich wirklich ein Lied singen kann. Wir sind schließlich fast alle dazu erzogen worden, möglichst immer nett zu sein. Und irgendwie haben wir fast alle auch die Vorstellung, dass es nicht nett ist, Nein zu sagen. Doch was wäre, wenn ein rechtzeitiges Nein gar keine Abfuhr, sondern ein Geschenk ist?

EIN RECHTZEITIGES NEIN ALS GESCHENK

Ich arbeite mit einer großartigen Freundin zusammen. Sie heißt Glynnis und ist Chefredakteurin der Veröffentlichungen, die wir im Rahmen der *Proverbs 31*-Arbeit herausbringen. Was sie unter anderem zu einer so großartigen Redakteurin macht, ist ihre Fähigkeit, Autoren und Beiträge aufzutreiben, die wunderbar zu unserer Leserschaft passen. Sie findet es spannend, Autoren anzurufen und ihnen zu sagen, dass wir einen Beitrag von ihnen veröffentlichen möchten.

Ihr Job hat allerdings auch eine nicht so angenehme Seite, denn auf jeden Artikel, der zur Veröffentlichung angenommen wird, kommen sehr, sehr viele unaufgefordert eingesandte Beiträge, die sie ablehnen muss. Beiträge von Autoren, die mit Herzblut schreiben und die Luft anhalten, wenn sie auf die „Senden"-Taste drücken und ihren Beitrag tatsächlich zur Veröffentlichung einreichen. Natürlich ist es deprimierend und entmutigend, wenn man so viel investiert hat und als Antwort nur ein paar ablehnende Zeilen bekommt.

Aus all den Jahren, in denen ich immer wieder versucht habe, irgendjemanden für das zu interessieren, was ich schrieb, weiß ich genau, wie sich das anfühlt.

Auch Glynnis kennt das aus persönlicher Erfahrung, und deshalb hat sie die Gabe, ganz besonders einfühlsame Ablehnungsschreiben zu verfassen. Sie hat es sich persönlich zum Ziel gesetzt,

im gesamten christlichen Verlagswesen die besten Ablehnungsschreiben zu verfassen.

Sie schreibt nicht das übliche „Vielen Dank – aber nein danke",
sondern sie investiert in die Autoren mit einem rechtzeitigen
Nein. Glynnis schreibt ihnen, was sie als Autoren noch besser
machen könnten, und macht ihnen dadurch ein Geschenk. Es
ist schon oft vorgekommen, dass sich die betreffenden Autoren
dann für ihre Mühe bedankt haben. Wie schon gesagt, eignet sich
ein rechtzeitiges Nein gut dazu, mit der Enttäuschung und den
Erwartungen der Menschen umzugehen, aber ein rechtzeitiges
Nein kann auch eine Investition sein, wenn es demjenigen, dem
es gilt, weiterhilft. Wir dürfen da nichts durcheinanderbringen:
Ein Nein auszusprechen bedeutet nicht automatisch verletzend zu
sein. Die Bibel ermahnt uns: „Redet nicht schlecht voneinander.
Was ihr sagt, soll für jeden gut und hilfreich sein, eine Wohltat für
alle." Das steht in Epheser 4,29.

Und das kann durch ein rechtzeitiges Nein geschehen. Es kann
tatsächlich andere entsprechend ihrer Bedürfnisse aufbauen. Wer
genau hinhört, kann durchaus aus einem Nein zur rechten Zeit
etwas gewinnen.

Glynnis setzt das Nein zur rechten Zeit so ein, dass der andere
davon sehr profitieren kann, weil es ihn aufbaut. Sie macht aus
dem Neinsagen etwas Gutes. So, wie es in der Bibelübersetzung
The Message für Sprüche 24,26 steht, ist „ihre ehrliche Antwort
wie eine herzliche Umarmung".

Woran das liegt? Es liegt daran, dass sie aktiv etwas dafür einsetzt, dass aus ihrem Nein etwas Gutes entstehen kann. Sie findet
Dinge, durch die die betreffenden Autorinnen ermutigt werden.
Sie zeigt auf, wo Stärken zu erkennen sind. Sie ist sehr behutsam
in ihren Formulierungen, ohne allerdings einen Zweifel daran zu
lassen, dass es sich hier um ein Nein handelt. Sie gibt Hoffnung.
Und sie hüllt das Ganze in Liebe und Gebet. Als *Proverb 31* noch

eine Zeitschrift herausgab, lautete einer ihrer Ablehnungsbriefe folgendermaßen:

Vielen Dank für die Einsendung ihres Artikels XY *an „P31 Woman Publication". Es ist uns eine Ehre, dass Sie uns Ihre Arbeit anvertrauen.*

… beim Lesen Ihres Artikels gab es einige Dinge, die mir sehr gefallen haben, wie beispielsweise Ihre Liebe zum Wort Gottes und zu Ihrer Familie, und Sie können wunderbar erzählen. Darüber hinaus bewundere ich auch, wie engagiert Sie Ihre Berufung zu schreiben verfolgen. Nach sorgfältiger Prüfung tut es mir jedoch leid, Ihnen mitteilen zu müssen, dass Ihr Beitrag zurzeit nicht dem speziellen Profil unserer Zeitschrift entspricht.

… Ich erkenne durchaus Potenzial in Ihrem Beitrag und möchte Sie ermutigen, auf jeden Fall weiterzuschreiben, würde Ihnen allerdings vorschlagen, sich innerhalb eines Artikels auf ein Thema zu konzentrieren. Dadurch erreichen Sie den Leser besser mit dem, was Sie zu dem betreffenden Thema zu vermitteln haben.

… Gern können Sie weitere Beiträge einreichen.

… Gottes Segen für Ihre Arbeit als Autorin und noch einmal herzlichen Dank.

Ist das nicht großartig? Glynnis' Vorgehensweise ist für mich eine Herausforderung, nicht mehr gleich in Panik zu geraten, wenn ich mal Nein sagen muss, und außerdem daran zu arbeiten, Absagen und Neins positiver zu gestalten. Bei dem Handwerker vom Anfang des Kapitels ist mir das ja auch schon ganz gut gelungen. Ich habe meine ehrliche Meinung positiv verpackt, bin aber klar und eindeutig bei meinem Nein geblieben. Rückblickend denke ich allerdings, dass ich das Gute an seiner Arbeit noch stärker hätte erwähnen können. Ich hätte mehr investieren können.

Bevor wir jetzt aber anfangen, das rechtzeitige Nein wirklich anzuwenden, möchte ich noch zwei Warnungen aussprechen: Wir dürfen unser Nein nicht wie eine Art Zauberstab einsetzen, um damit unsere Verantwortung wegzuzaubern. Und wir dürfen unser Nein auch nicht als Waffe benutzen.

MEIN NEIN DARF KEIN ZAUBERSTAB UND AUCH KEINE WAFFE SEIN

Es gibt aber auch Situationen, in denen es richtig ist, es Menschen recht zu machen und ihnen gefallen zu wollen. So sollte man beispielsweise nicht seinem Chef eine SMS schreiben, in der steht, dass man gerade ein tolles Buch liest, in dem steht, dass man „Nein zum Job" sagen soll, und man deshalb beschlossen hat, heute zum Shoppen zu gehen statt zur Arbeit.

Wenn wir regelmäßig unser Gehalt überwiesen bekommen, dann sind wir dazu verpflichtet, die vertraglich vereinbarte Arbeit zu leisten. Und wenn wir zugesagt haben, in irgendeinem Bereich des Reiches Gottes mitzuarbeiten, dann sollen wir diese Zusage auch einhalten. Wir dürfen nicht die Erlaubnis Nein zu sagen wie eine Art Zauberstab einsetzen, mit dem wir unsere Verantwortung einfach wegzaubern.

Gemeinden brauchen nämlich immer noch Mitarbeiter für die Kinderarbeit. Schulen brauchen immer noch Mütter, die bereit sind, sich mit einzubringen. Hilfsorganisationen brauchen immer noch Paten, die Kinder mit monatlichen Zahlungen unterstützen. Ihre Kinder brauchen immer noch ihr Abendessen. Es werden immer noch Mitarbeiter gesucht, die Bibelstunden leiten. Häuser müssen immer noch geputzt werden und es müssen immer noch Geburtstagsfeiern für Freunde organisiert werden.

Also lassen Sie uns fröhlich tun, was zu tun ist, und dankbar sein für jede dieser Möglichkeiten. Sie sind der Beweis, dass das Leben herrscht. Pfeifen Sie bei der Arbeit. Machen Sie Ihre Arbeit gut und gern. Und seien Sie nett. Ja, das alles und noch mehr. Aber denken Sie dabei auch daran, dass Sie nicht für alles zuständig sind und nicht jede Aufgabe Ihre Aufgabe ist.

Christa, eine Leserin meines Blogs, hat mir einen Vorschlag ihres Mannes weitergegeben und ich liebe diesen Kommentar:

....

Wir dürfen unser Nein nicht wie eine
Art Zauberstab einsetzen, um damit
unsere Verantwortung wegzuzaubern.
Und wir dürfen unser Nein auch nicht
als Waffe benutzen.

....

Ich bin dankbar, dass mein Mann mich beim Neinsagen unterstützt. In der arbeitsintensivsten Phase meines Lebens als voll berufstätige Mutter von kleinen Kindern hat er mir geholfen, Grenzen zu setzen. Ich durfte nur immer zu einer Sache aus einem der vielen Lebensbereiche Ja sagen. Eine Mitarbeit in der Gemeinde, eine ehrenamtliche Tätigkeit in der Schule der Kinder, ein Projekt zu Hause ... und zu allem anderen war die Antwort Nein. Das hat mir geholfen, gut zu überlegen, was ich wirklich wollte, Prioritäten zu setzen und nur das zu tun, wozu ich wirklich berufen war.[20]

Christa hat nicht Nein gesagt, um alle Aufgaben und Verantwortlichkeit abzuweisen, sondern ihr Nein war eine Methode,

---

20   Christa, June 5, 2013 (1:26 p.m.), Comment on Lysa TerKeurst, „Why Do We Have Such a Hard Time Saying ‚No'?" Lysa TerKeurst (blog) June 5, 2013, http://lysaterkeurst.com/2013/06/why-do-we-have-such-a-hard-time-saying-no/.

innerhalb ihrer Verantwortungsbereiche realistische Grenzen zu setzen.

Und ich muss auch darauf achten, dass ich mein Nein nicht als Waffe einsetze. Nein sagen zu lernen ist etwas, das ausgesprochen befreiend sein kann, aber auch mit Freundlichkeit und Respekt erfolgen muss. Ich habe eine Freundin, deren Schwester gerade eine Psychotherapie macht. Das ist ein großartiger Schritt, aber manches, was ihre Therapeutin sagt, setzt sie sehr extrem um. Als sie erst einmal die Kraft hatte, Nein zu sagen, da wurde sie urplötzlich zu einem Nein in Person, das jeden, der auch nur Anstalten machte, sie um etwas zu bitten, zu Kleinholz machte. Sie setzte ihre *Neins* auf fordernde, abwertende und verletzende Weise ein. Mit der Folge, dass ihre Beziehungen sehr darunter litten.

....

Mein Herz möchte zwar Ja sagen, aber weil ich weiß, wie viel Zeit mir zur Verfügung steht, muss ich dazu Nein sagen.

....

Ich habe die Erfahrung gemacht, dass die besten Neins die freundlichen, ehrlichen sind. Ein einfaches Nein, das ich manchmal einsetze, lautet: „Mein Herz möchte zwar Ja sagen, aber weil ich weiß, wie viel Zeit mir zur Verfügung steht, muss ich dazu Nein sagen."

Ich bin ein Mensch, der gern andere glücklich macht, und deshalb hopst und springt mein Herz normalerweise bei jeder Anfrage herum und fordert: „Sag Ja! Sag Ja! Sag Ja!" Aber mein Gehirn hat mittlerweile gelernt, dass es mein Herz ruhig ein bisschen an die Kandare nehmen darf, nachdem es erst einmal meinen Terminkalender geprüft, meine Kapazitäten bedacht und verstanden hat, was meine Aufgabe ist und was nicht.

Ein weiteres freundliches Nein, das mir sehr gefällt, stammt von meiner Blog-Leserin Connie, die als Kommentar schrieb:

Eine Freundin hat mir folgende Formulierung empfohlen, und es gab Zeiten, da lag ein Zettel mit diesem Satz neben meinem Telefon … „Es tut mir leid, aber ich könnte mich dieser Sache nicht so intensiv widmen, wie es nötig wäre und wie sie es verdient hätte.[21]

Dieses Nein erkennt die berechtigte Bitte der betreffenden Person freundlich an, indem sie bestätigt, dass die Angelegenheit Aufmerksamkeit braucht, lässt dem Gebetenen aber auch die Möglichkeit zu äußern, dass er/sie nicht die nötige Zeit hat, sich angemessen darum zu kümmern.

Wir kommen im nächsten Abschnitt darauf noch einmal zurück, in dem es darum geht, wie man ein rechtzeitiges Nein anwendet, doch lassen Sie uns zuvor noch einander versprechen, unser Nein weder wie einen Zauberstab noch wie eine Waffe zu benutzen.

DAS RECHTZEITIGE NEIN RICHTIG EINSETZEN

Das, was Sie gerade gelesen haben, klingt in der Theorie alles ganz schön, das gebe ich zu. Nun werde ich versuchen, Ihnen zu vermitteln, wie sie es praktisch anwenden können. Hier ein paar Szenarien und Vorschläge:

---

21 Connie, June 5, 2013, (2:55 p.m.), comment on Lysa TerKeurst. „Why Do I Have Such a Hard Time Saying ´No` ´"? Lysa TerKeurst (blog) June 5,2013 http://lysaterkeurst.com/2013/06/why-do-we-have-such-a-hard-time-saying-no/.

Ich habe eine Freundin, die ein wunderbares Blog schreibt. Sie ist wirklich unglaublich liebenswert und nett, und außerdem lebt sie auch noch in einer Stadt, in der man auf Reisen gern einen Zwischenstopp einlegt. Deshalb bekam sie immer von durchreisenden Blogleserinnen, die sie gern kurz persönlich treffen wollten, jede Menge Anfragen zu einem Treffen auf einen Kaffee. Das mag sehr schön und nach viel Spaß klingen, und diese Freundin ist auch noch so „gestrickt", dass sie ihre Leserinnen nie vor den Kopf stoßen oder enttäuschen möchte, aber sie gehört zu den Müttern, die ihre Kinder, in ihrem Fall zwei Töchter, zu Hause selbst unterrichten. Irgendwann merkte meine Freundin, dass diese Treffen auf einen Kaffee jedes Mal länger dauerten, als sie geplant hatte, und wenn sie danach wieder nach Hause kam, war die Zeit knapp, der Unterricht musste husch, husch gehen, und sie war ihren Töchtern gegenüber brummig.

Sie gewöhnte es sich deshalb an, die endgültige Entscheidung, ob so ein Treffen zustande kommen konnte, zu vertagen, etwa mit den Worten: „Ich würde mich wirklich gerne mit dir treffen, aber mein Terminplan für die betreffende Woche steht noch nicht fest. Könntest du dich vielleicht noch einmal zeitnah melden und nachfragen, ob ich es hinbekomme?"

Das Neinsagen zu vertagen, war aber letztlich auch keine Lösung. Das Hin und Her mit den Terminen und der entsprechend aufwendige E-Mail-Verkehr waren echte Zeitfresser, und die Leute machten sich oft solche Hoffnungen auf ein Treffen, dass meine Freundin sich schrecklich fühlte, wenn sie dann doch noch im letzten Moment absagen musste.

Als ich ihr das Prinzip des „rechtzeitigen Neins" erklärte, probierte sie es aus. Wenn sie um ein Treffen gebeten wurde, das angesichts ihres Terminkalenders unrealistisch war, antwortete sie darauf freundlich mit der Wahrheit: „Ich würde mich wirklich gerne auf einen Kaffee mit dir treffen, aber weil ich meine Töchter zu Hause *unterrichte, ist es zurzeit nicht möglich, solche schönen Einladungen anzunehmen. Trotzdem vielen Dank, dass du an mich gedacht hast. Das allein empfinde ich schon als Geschenk. Ich wünsche dir noch eine schöne Reise."*

Für eine Freundin von mir, die Single ist, ist es ein echtes Problem, dass viele Leute glauben, sie könnte zu allem Ja sagen, weil sie zu Hause weder Mann noch Kinder zu versorgen hat. Sie ist berufstätig, hilft außerdem bei der Betreuung ihres behinderten Bruders mit und versuchte darüber hinaus noch möglichst allen zusätzlichen Bitten und Anfragen gerecht zu werden, sodass sie irgendwann völlig ausgelaugt war.

Das machte sie gereizt und bitter, mit der Folge, dass sie irgendwann nur noch Nein sagte. Dabei war ihr tief in ihrem Inneren klar, dass das nicht nach Gottes Willen war, aber sie wusste keine andere Lösung.

Sie berichtete mir, dass sie irgendwann von der Kraft des rechtzeitigen Neins gehört hätte, und dass es ihr tatsächlich geholfen hätte, einen Weg zu finden, wieder Ja sagen zu können. Sie beschloss nämlich, dass freitags von 10:00 bis 15:00 Uhr ihre „Ja-Zeit" sein sollte. Freitag war der Tag, an dem sie weder zu arbeiten noch sich um ihren Bruder zu kümmern brauchte, und immer, wenn jemand sie für diese Zeit um etwas bat, willigte sie ein.

Das formulierte sie so: „Ich würde dir wirklich gerne helfen, aber damit mein Leben mehr im Gleichgewicht ist, habe ich den Freitag als den Tag festgelegt, an dem ich Bitten und Anliegen annehme. Sag mir einfach, welcher Teil deiner Bitte sich freitags in der Zeit zwischen 10:00 und 15:00 Uhr erledigen lässt. An folgenden beiden Freitagen übernehme ich gerne noch Aufgaben und erfülle Bitten …

Diese Methode finde ich richtig gut. Sie wirkt zwar vielleicht zunächst ein bisschen zu bürokratisch, aber die Soziologin Brené Brown hat durch Untersuchungen Folgendes herausgefunden: „Die verbindlichsten und einfühlsamsten Menschen von denjenigen, die ich (in meiner Umfrage) befragt habe, waren diejenigen, die selbst Grenzen setzen und auch die Grenzen anderer respektieren konnten."[22] Das ist doch interessant, oder? Sie sagt weiter, dass der schwierige Moment, Nein zu sagen, es wert ist, dafür eventuelle Ablehnung in Kauf zu nehmen. Das erinnert mich an die Bibelstelle in Hiob 5,2, wo es heißt: „Wer in seiner Dummheit aufbegehrt, der bringt sich um."

Wenn Sie merken, dass Sie zu allem Nein sagen, weil Sie Grenzen setzen möchten, dann denken Sie an Prediger 7,18: „Es ist gut, wenn du ausgewogen bist und Extreme meidest." Wir können nicht nur immer nur Nein sagen. Es gibt auch die richtigen Stellen und den richtigen Moment, Ja zu sagen. Und vielleicht kann dieses Prinzip des Neins zur rechten Zeit bei der Reaktion auf Bitten und Anliegen wieder zu mehr Ausgewogenheit verhelfen.

Weil ich schon sehr lange in christlichen Projekten mitarbeite, bekomme ich oft die Anfrage, Leuten zu helfen, die gerade mit einem eigenen Projekt beginnen und für den Einstieg Rat und Hilfe brauchen. Ich helfe da wirklich sehr gern, aber wenn ich zu jeder dieser Anfragen Ja sagen würde, dann wäre das ein Fulltimejob, und ich könnte mich um nichts anderes mehr kümmern, auch nicht um bereits bestehende Aufgaben.

---

22 Brené Brown, Ph.D., LMSW, ist Professorin an der University of Huston Graduate College of Social Work. Das Zitat stammt aus ihrem Buch Daring Greatly, Penguin, 2012, PDF e-book, chapter 6.

Deshalb bietet die von mir geleitete *Proverbs 31*-Arbeit jedes Jahr einen Kongress unter dem Titel „Sie spricht ...“ an, für den wir extra Zeit einplanen, um konzentriert diejenigen zu schulen, zu beraten und zu motivieren, die gerne Vorträge halten, schreiben oder christliche Arbeitsbereiche leiten möchten.

Dieser Kongress ist das Ergebnis eines rechtzeitigen Neins in meinem Leben. Ich habe ausgerechnet, dass ich etwa vierzig potenziellen Referenten, Autoren und Leitern pro Jahr weiterhelfen könnte, wenn ich mir für jeden einzeln eine Stunde Zeit nähme. Bei diesem Kongress kann ich dieselben vierzig Stunden einsetzen, um für solche Leute Vorträge auszuarbeiten und zu halten, und dabei 650 Personen erreichen. Diese 650 Personen bekommen im Laufe des Kongresses so viel Information und lernen so viel, wie es in einem einstündigen Gespräch mit mir alleine nie möglich wäre.

Ich sage also hier rechtzeitig Nein, biete den Leuten aber gleichzeitig mit dem Kongress ein Ja an. Und das ist dann ein richtiges Ja, eines, das wirklich dran ist.

Ich weiß, dass diese Geschichte mit dem Neinsagen eine echte Herausforderung sein kann, und höchstwahrscheinlich schlagen Sie sich auch immer wieder mit schwierigen Situationen herum, die Ihnen nicht so eindeutig vorkommen wie das, was wir bis hierher besprochen haben. Aber machen Sie trotzdem weiter. Entwickeln Sie erst eine Vorstellung und dann konkrete Pläne, wie die Kraft eines rechtzeitigen Neins bei Ihnen konkret aussehen könnte. Ich verspreche Ihnen, dass es sich lohnt, dafür etwas Zeit zu investieren, denn wir wollen doch lernen, wie man erkennen kann, welches Ja wirklich dran und richtig ist. Und je mehr wir die Kraft des rechtzeitigen Neins auch in den kleinen Dingen des Lebens praktizieren, desto besser sind wir in der Lage, es auch bei größeren Angelegenheiten anzuwenden.

EIN RECHTZEITIGES NEIN BEI GROSSEN ENTSCHEIDUNGEN

Das rechtzeitige Nein in der Geschichte mit dem Handwerker war eines in einer eher überschaubaren Situation. Aber kann ein rechtzeitiges Nein auch bei größeren Entscheidungen hilfreich sein?

Art und ich haben einen Freund, Wesley, der schon seit seiner Kindheit von Flugzeugen und allem, was mit Fliegerei zu tun hat, fasziniert ist. Es war schon immer sein Traum, Fluglehrer zu werden, und das ist er auch geworden. Er kann jetzt täglich tun, wofür sein Herz schlägt, nämlich in ein Flugzeug steigen und erleben, wie die Schwerkraft überwunden wird und anschließend die Stille in den Wolken genießen. Er hat jetzt die Möglichkeit, in einem Bruchteil der Zeit, die man mit dem Auto brauchen würde, von einer Stadt in die andere zu gelangen, und außerdem hat er dabei noch die Chance, anderen zu helfen, ihren Traum vom Fliegen zu verwirklichen. Das ist wirklich faszinierend.

Doch vor Kurzem wurde alles ein bisschen komplizierter. Der Besitzer der Flugschule, in der Wesley arbeitet, hat ihm das Unternehmen nämlich zum Kauf angeboten. Das war eine unglaubliche Chance, aber es war auch ein wenig beängstigend. Wesley ist auf seinem Gebiet zwar ausgesprochen tüchtig, aber er ist mit Mitte zwanzig auch noch sehr jung für so ein Angebot. Er ist zu Recht der Meinung gewesen, noch reichlich Zeit zu haben – viel Zeit, um Erfahrung zu sammeln und für ein eigenes Unternehmen Geld zu sparen.

Art und ich haben uns viel Zeit genommen, um gemeinsam mit Wesley diese Entscheidung zu durchdenken. Art hat ihm geholfen, einen möglichen Businessplan zu erstellen mit Kalkulationen und Prognosen, und ich habe mit ihm durchgesprochen, was ihm dieses Projekt abverlangen würde, was es für seine noch junge Ehe bedeuten könnte, und mit welchem Druck er als Unternehmer würde fertigwerden müssen.

Bei einem unserer Treffen schilderte ich ihm ein Bild, das ich immer im Kopf habe, wenn ich Entscheidungen treffen muss. Stellen Sie sich die Chance, die sich gerade bietet, als einen schnell fließenden Fluss vor. Der Fluss ist so schön und einladend, dass man am liebsten sofort hineinspringen möchte, aber wenn man erst einmal im Wasser ist, dann hat man kaum noch Entscheidungsmöglichkeiten. Der Fluss fließt nämlich so schnell, dass er einen einfach mit in die Richtung reißt, in die er fließt, und wenn man sich nicht im Voraus ganz genau überlegt hat, ob man dort wirklich hin möchte, dann hat man ein Problem.

Wenn sich Schulabsolventen ihr Studienfach aussuchen, dann sollten sie vorher überlegen, in welchen Beruf das höchstwahrscheinlich münden würde. Wenn Sie überlegen, Chemie zu studieren, Sie aber auf keinen Fall in einem Labor oder einem Krankenhaus arbeiten möchten, dann schauen Sie lieber ganz genau hin, wohin der Fluss fließt, bevor Sie hineinspringen.

Paare, die überlegen zu heiraten, sollten sich genau anschauen, was der Begriff „sich niederlassen" für jeden von ihnen bedeutet. Wenn der eine dabei ans Missionsfeld in einem Land der Dritten Welt denkt und der andere an ein Haus in einem Vorort einer Stadt im mittleren Westen der Vereinigten Staaten, kann das Probleme geben. Schauen Sie sich genau an, wohin der Fluss fließt, bevor Sie hineinspringen.

Mütter, die glauben, dass sie eine tolle Geschäftsidee haben, sollten zuvor alle Investitionskosten berechnen, einschließlich der Kosten für die Kinderbetreuung. Wenn eine Mutter gern zu Hause bei ihren Kindern sein möchte, es für die Geschäftsidee aber erforderlich wäre, jeden Abend in der Woche aus dem Haus zu gehen, dann sollte sie lieber noch einmal schauen, wohin der Fluss fließt, bevor sie hineinspringt.

Sie können ja, bevor Sie hineinspringen, erst einmal ganz locker und gemütlich am Ufer des Flusses auf und ab gehen oder auch mal einen Zeh ins Wasser halten, um festzustellen, wie sich das Wasser überhaupt anfühlt. Sie können sich mit weisen Menschen unterhalten, die schon etwas über diesen Fluss wissen, und Sie können sich einfach still hinsetzen, auf Gottes Stimme hören, in seinem Wort lesen und darin nach Hinweisen suchen, was Sie tun sollen.

Wenn Sie aber erst einmal in den Fluss gesprungen sind, dann erfordert in der Regel die Strömung Ihre gesamte Aufmerksamkeit. Es ist nicht so, dass Sie gar nichts mehr ändern und anpassen können, wenn Sie erst einmal im Fluss sind, aber es ist dann sehr viel schwieriger, noch einmal die Richtung zu ändern.

Es gibt einige Bibelverse, die daran erinnern, dass Gott uns auf dem Weg neben dem Fluss leitet, lenkt und führt. Verse, die mich immer wieder sehr beruhigen.

Sie leiden weder Hunger noch Durst, Hitze und Sonnenglut schadet ihnen nicht. Denn ich habe Erbarmen mit ihnen und führe sie zu sprudelnden Quellen (Jesaja 49,10).

Der Herr ist mein Hirte, mir wird nichts mangeln. Er weidet mich auf einer grünen Aue und führet mich zum frischen Wasser. Er erquicket meine Seele. Er führet mich auf rechter Straße um seines Namens willen (Psalm 23,1-3 LÜ).

Sie werden weinend kommen, aber ich will sie trösten und leiten. Ich will sie zu Wasserbächen führen auf ebenem Wege, dass sie nicht zu Fall kommen; denn ich bin Israels Vater und Ephraim ist mein erstgeborener Sohn ... (Jeremia 31,9 LÜ).

Beruhigend sind diese Verse für mich, weil in der christlichen Welt viel die Rede davon ist, im Glauben Schritte zu tun – und das ist etwas, woran ich von ganzem Herzen glaube. Dabei wird gern die Geschichte aus dem Alten Testament zitiert, in der die Priester, die den Jordan überqueren sollten, erst ins Wasser hineingehen mussten, bevor sich das Wasser teilte.[23] Ich liebe diese Geschichte. Ich glaube, dass Gott die Priester ganz klar und eindeutig auffordert hineinzuspringen. Aber das heißt nicht, dass Gott *jeden* auffordert, sofort zu springen.

Manchmal ist es ein größerer Glaubensakt, uns von Gott neben dem Wasser her führen zu lassen, ihm zuzuhören und uns von ihm unterweisen zu lassen, bevor wir hineinspringen. Denn dort neben dem Fluss können wir uns im rechtzeitigen Nein üben.

Was unseren Freund Wesley betrifft, so ist er zu der Entscheidung gelangt, die Flugschule noch nicht zu kaufen. Das ist für ihn kein endgültiges, in Stein gemeißeltes Nein, aber zurzeit wäre ein Ja zu diesem Plan kein Ja, das dran ist. Er verfolgt erst noch ein wenig den Lauf des Flusses, versucht abzuschätzen, wohin er ihn nach so einer Entscheidung tragen würde, und was das bedeuten würde. Und er ist zu dem Schluss gekommen, dass es besser ist, rechtzeitig Nein zu sagen, als es irgendwann später tun zu müssen. Besonders, wenn er bei einem späteren Nein vielleicht schon bis zum Hals in Schulden stecken würde und kaum die Chance hätte, den finanziellen Druck wieder loszuwerden. Ein Nein zu einem solchen späteren Zeitpunkt wäre jedenfalls kein Nein zur rechten Zeit gewesen.

Wesley springt also nicht als neuer Eigentümer der Flugschule in den Fluss, aber er bleibt als Geschäftsführer in der Firma und steigert dadurch enorm deren Wert. Er bringt sich genau so engagiert ein, als wäre er der Eigentümer, aber er tut das vom Flussufer

---

23   Josua 4, 1,5.

aus, es sei denn, Gott sagt und zeigt ihm ganz deutlich, dass er springen soll.

Wenn ich jetzt an Wesleys Situation denke und an all das, was wir in diesem Kapitel über die Kraft des rechtzeitigen Neins gesagt haben, dann möchte ich aber auch noch einmal vorsichtig daran erinnern, dass Gott auch Einladungen ausspricht, von denen er sich wünscht, dass wir dazu Ja sagen. Ich weiß, wir haben viel über die Kraft des rechtzeitigen Neins gesprochen, aber wir dürfen nicht vergessen, weshalb wir es aussprechen. Wir tun es, damit wir den Freiraum und den Durchblick haben, die Aufgaben zu erkennen, die Gott uns stellt, und zu diesen dann das Ja zu haben, das richtig und dran ist.

Kapitel 12

EIN NEIN KANN PEINLICH
UND ENTTÄUSCHEND SEIN

Ein bisschen zögerlich betrat ich in meinen schicken Schuhen den roten Teppich, denn für meine Füße war das ein eher merkwürdiges Gefühl, weil sie eigentlich lieber Flipflops mögen. Und dann verhakte sich das Kleid, das ich im Internet bestellt hatte, beim ersten Schritt an einem meiner hohen Absätze. Ich lief rot an, und zwar nicht wegen dieses ersten kleinen Stolperns vor einer so großen Menschenmenge, sondern weil mir in diesem Moment bewusst war, was für eine Enttäuschung ich für all die Menschen dort war. Ich wusste es und sie wussten es und es war für alle gleichermaßen peinlich.

Die Veranstaltung war eine Preisverleihung für Musiker, zu der ich als eine der wenigen Autorinnen eines bestimmten Genres eingeladen war. Das Hauptaugenmerk der Veranstaltung galt jedoch talentierten Musikern. Dagegen fühlte sich meine Kunst des Schreibens eher unbedeutend an. Weil meine Worte keinen eingängigen Rhythmus haben, schien auch niemand der Leute am Rande des roten Teppichs mich oder meine Bücher zu kennen. Die vielen Menschen waren jedenfalls nicht wegen irgendwelcher Autoren gekommen, sondern wegen der Musiker, denn mit Musik kannten sie sich aus. Und deshalb jubelten sie auch den Musikern zu und nicht den Autoren.

Ich verstand das. Ich hätte auch den Musikern zugejubelt, wenn ich in der Menge gestanden hätte. Und Sie können sich gar nicht vorstellen, wie gern ich mich in der Menge versteckt hätte, statt als Autorin peinlich fehl am Platz den roten Teppich zu betreten.

Als die Limousine vorfuhr, in der ich kam, wurde noch gejubelt, aber als ich dann ausstieg, wurden der Jubel und das Geschrei schon merklich leiser. Ich war eine Enttäuschung, ein unbekanntes Gesicht unter all den Musikstars.

Ich nestelte an meiner Handtasche, zupfte an meinem Kleid herum und beschäftigte mich mit meinem Handy – was man eben in peinlichen Situationen so tut. Man versucht, etwas zu überspielen, was sich unbehaglich anfühlt und gibt dem Monster dadurch noch mehr Futter. In solchen Augenblicken hat die Peinlichkeit ihren ganz großen Auftritt.

Und als wäre das alles nicht schon schlimm genug gewesen, schrie in dem Moment meines peinlichen Stolperers auf dem roten Teppich auch noch jemand: „Wir lieben deine Musik!"

Ja, alles klar. Ganz toll!

Ich bin keine Musikerin. Und genau so, wie sich eine Frau, die keine Musikerin ist, fehl am Platze fühlt bei einer Preisverleihung für Musiker, fühlt sich eine Frau, die entschlossen ist, nur zu dem Ja zu sagen, was dran ist, fehl am Platz in einer Welt, in der man es möglichst jedem recht machen und gefallen will.

Manchmal fühlt man sich dann einfach bloßgestellt, zappelig und nervös, fehl am Platz und unsicher – und so unglaublich ungeschickt. Ich möchte Ihnen gern deutlich machen, dass das kein Zeichen dafür ist, dass man am besten sofort wieder umkehrt. Und es ist auch kein Zeichen, dass man dem Wunsch, es allen recht zu sein, doch lieber nachgeben soll, obwohl man eigentlich gerade zu dem Entschluss gekommen ist, das nicht mehr zu tun und dabei nur ein wenig mehr Übung braucht. Jetzt ist der Moment gekommen, das wichtigste Nein überhaupt auszusprechen, nämlich das Nein zu sich selbst.

Sagen Sie zu sich selbst: *Nein, ich werde nicht zulassen, dass die Enttäuschung anderer mich von dem Ja abhält, das aus Gottes Sicht gerade dran ist.*

BEGEGNUNGEN MIT MENSCHEN UND ENTTÄUSCHUNG GEHÖREN ZUSAMMEN

Wissen Sie, was ich an dem besagten Abend auf dem roten Teppich am liebsten getan hätte? Am liebsten wäre ich wieder in die Limousine gestiegen und ins Hotel zurückgefahren. Am liebsten hätte ich mir das blöde schicke Kleid vom Leib gerissen, mich ins Bett gelegt und mir die Decke über den Kopf gezogen. Ich wollte den Weg über den roten Teppich zu einer Preisverleihung, an der ich teilnehmen sollte, nicht fortsetzen. Ich wollte mich nicht mit der Enttäuschung der Menschen neben dem roten Teppich herumplagen.

Aber wenn ich dort ankommen wollte, wo an diesem Abend mein Platz war, dann musste ich weitergehen, obwohl ich mich unbeholfen fühlte, mir alles schrecklich peinlich war, und obwohl ich für viele Menschen neben dem Teppich eine einzige Enttäuschung war. Und wissen Sie, was passierte, als ich endlich in dem Gebäude ankam, in dem die Preisverleihung stattfand? Ich hatte dort eine Begegnung, die Gott für mich arrangiert hatte, und die nicht zustande gekommen wäre, wenn ich einen Rückzieher gemacht hätte.

In dem Gebäude angekommen, suchte ich nämlich erst einmal die Toilette auf, weil ich mich vergewissern wollte, dass mein Kleid bei meinem Stolperer nicht an irgendwelchen peinlichen Stellen zerrissen war, und auch weil Toilettenkabinen herrliche

Orte sind, um sich wieder zu sammeln, wenn man ein bisschen durch den Wind ist.

Als ich den Vorraum zu den Toiletten betrat, stand dort eine junge Frau, die sich im Spiegel betrachtete. Weil ich nicht so der Smalltalktyp bin, ging ich an ihr vorbei in eine der Kabinen, aber als ich wieder herauskam, stand sie immer noch da und sah sich im Spiegel an.

„Alles in Ordnung?", fragte ich.

„Nein, eigentlich nicht", antwortete sie zunächst nur ganz kurz, aber dann sagte sie noch mehr, und dann war mir schnell klar, dass sie auf dem roten Teppich da draußen ebenfalls ziemliches Herzklopfen gehabt hatte. Sie ist eine fantastische, talentierte Musikerin, aber ihre Figur war einmal zu viel Thema gewesen.

Wahrscheinlich konnte sie mir gegenüber so offen sein, weil ich unbekannt war. Ich gehörte zwar nicht zu ihrer Musikwelt, aber ich weiß aus eigener Erfahrung, wie einem Figurprobleme zusetzen können. Ich weiß, wie tief einen unbedachte Kommentare treffen können, und ich weiß, wie es sich anfühlt, sich dann wie der letzte Versager zu fühlen.

....

Ich werde nicht zulassen,
dass die Enttäuschung anderer mich
von dem Ja abhält, das aus Gottes
Sicht gerade dran ist.

....

Wir redeten, tauschten uns aus, lachten gemeinsam und sprachen uns gegenseitig Mut zu. Es war eine Begegnung, zu der es niemals gekommen wäre, wenn ich mich von den enttäuschten Fans hätte vertreiben lassen.

Begegnungen zwischen Menschen und Enttäuschung gehören zusammen. Jede Begegnung mit einem Menschen kann auf beiden Seiten Enttäuschung hervorrufen. Ich musste die Enttäuschung der Menge neben dem roten Teppich hinter mir lassen, damit es zu dieser von Gott geplanten und gewollten Begegnung kommen konnte.

Die Frage, die sich in solchen peinlichen Situationen stellt, ist doch folgende: Will ich ein Mensch sein, der grundsätzlich immer Ja sagt oder jemand, der nur zu dem Ja sagt, was wirklich dran ist? Meine Fähigkeit, Nein zu sagen, entscheidet letztlich darüber, zu welcher der beiden Gruppen ich gehöre.

NEIN SAGEN ZU UNS SELBST

Irgendwann kam mir der Gedanke, einmal in meinem Blog etwas darüber zu schreiben, warum es so schwer ist, trotz aller Peinlichkeit, ein Nein auszusprechen, um letztlich zu dem Ja sagen zu können, was wirklich dran ist. Auf dieses Posting kam eine gewaltige Flut von Kommentaren.

Tina beispielsweise schrieb:

Ich glaube nicht, dass wir dazu gedacht sind, so zu tun, als wären wir Superheldinnen ... Wem wollen wir denn etwas vormachen? Von außen sehen wir aus, als bekämen wir alles auf die Reihe, aber wir wissen doch alle, dass die Frau im Superhero-Umhang irgendwo schummelt. Vielleicht bei der Zeit für ihre Kinder? Bei der stillen Zeit? Beim Leib Christi? Im Schlafzimmer?[24]

---

24 Tina, June 5, 2013, (1:22 p.m.), comment on Lysa TerKeurst. „Why do We Have Such a Hard Time Saying ‚No'?" *Lysa TerKeurst* (blog), June 5, 2013, http://lysaterkeurst.com/2013/06why-do-we-have-such-a-hard-time-saying-no/.

Jeanne schrieb:

„Nein" zu sagen bedeutet, dass wir unsere Zeit, Kraft und Bedürfnisse richtig einschätzen. Nein zu sagen, ist gesund, wenn es ausgewogen geschieht, wird aber bei Christinnen trotzdem nicht gerne gesehen. Die christliche Grundeinstellung scheint zu sein, dass man eigentlich kein richtiger Christ ist, wenn man sich nicht für andere umbringt.[25]

Jane McCaulley schrieb:

Ich bin gerade in den Ruhestand gegangen, nachdem ich 35 Jahre lang an staatlichen Schulen Kunst unterrichtet habe – 35 wundervolle Jahre. Aber irgendwie glaubt anscheinend jeder, dass Kunstlehrer all das Zeugs gut gebrauchen können, das sie nicht selbst behalten wollen, das aber noch zu gut ist, um es wegzuwerfen – ihren Müll. Ich habe nie gesagt: „Nein, ich kann deine ,Sachen' nicht gebrauchen." Ich hatte immer Angst, die Leute dadurch vor den Kopf zu stoßen. Als ich in den Ruhestand gegangen bin, hatte sich dann ein ganzer Container mit Zeugs angesammelt, den ich irgendwie loswerden musste. Und ich habe alles entsorgt. Ich hätte mir selbst und meinem Mann viel Arbeit erspart, wenn ich von Anfang an einfach ehrlich gewesen wäre.[26]

Es ist deutlich zu merken, wie leid es diese Frauen sind, nicht ehrlich Nein zu sagen aus Angst vor Peinlichkeit oder davor, jemanden zu enttäuschen. Das ist zu erkennen an Sätzen wie:

25   Jeanne, June 5, 2013, (1:21 p.m.), comment on Lysa TerKeurst. „Why do We Have Such a Hard Time Saying ,No'?" *Lysa TerKeurst* (blog), June 5, 2013, http://lysaterkeurst.com/2013/06why-do-we-have-such-a-hard-time-saying-no/.

26   Jane McCaulley, June 5, 2013, (3:01 p.m.), comment on Lysa TerKeurst. „Why do We Have Such a Hard Time Saying ,No'?" *Lysa TerKeurst* (blog), June 5, 2013, http://lysaterkeurst.com/2013/06why-do-we-have-such-a-hard-time-saying-no/

„Aber wir wissen doch alle, dass die Frau im Superhero-Umhang irgendwo schummelt."

„… dass man eigentlich kein Christ ist, wenn man sich nicht für andere umbringt."

„Ich hätte mir selbst und meinem Mann viel Arbeit erspart, wenn ich einfach von Anfang an ehrlich gewesen wäre."

Ich stelle mir vor, wie die liebe Kunstlehrerin und ihr Mann mit all dem unnützen Krempel leben. Alte Erdnussdosen mit Plastikdeckeln, aus denen man ja noch Trommeln basteln könnte oder Babybreigläschen, die sich angeblich perfekt für Sandkunst eignen, Milchtüten und Klopapierrollen und Tannenzapfen und altes Geschenkband und uralte Zeitschriften. Wenn diese Sachen zu den Kunstprojekten gepasst hätten, die die Lehrerin plante, dann wären sie ein echter Schatz gewesen, aber weil das nicht der Fall war, stellten sie nur eine Last dar. Und am Ende wünscht sich die Lehrerin, sie hätte die Peinlichkeit überwinden können, jemanden zu enttäuschen und wäre einfach auf freundliche Weise ehrlich gewesen.

An solchen Stellen müssen wir zu anderen Nein sagen, aber zuerst müssen wir noch üben und richtig gut darin werden, Nein zu uns selbst zu sagen. Nein dazu, uns von diesem inneren Widerstand, den wir Peinlichkeit nennen, von einer Ablehnung abhalten zu lassen und stattdessen zu proklamieren:

Ich werde nicht zulassen, dass die Peinlichkeit, andere mit einem Nein zu enttäuschen, mich von dem Ja abhält, das aus Gottes Sicht gerade für mich dran ist.

Aber wie kann man das lernen? Man könnte vielleicht meinen, dass wir dazu einfach selbstsicherer werden müssten, aber ich glaube, das wäre zu kurz gefasst.

Es geht dabei nämlich nicht darum, mehr Selbstsicherheit zu erlangen, sondern darum, uns unserer Überzeugungen sicherer zu werden. Selbstvertrauen zu haben bedeutet, sich seiner selbst und der eigenen Fähigkeiten sicher zu sein. Sich seiner eigenen Überzeugungen sicher zu sein, bedeutet dagegen zu wissen, was Gott von einem will.

Mit der tiefen Überzeugung, dass wir Gottes Anweisungen vertrauen können, ist es einfacher zu lernen, souverän und freundlich peinliche Situationen zu überstehen. Einer meiner Lieblingsverse, den ich mir immer vorsage, wenn ich mich von der peinlichen Situation beeindrucken lasse, jemanden enttäuschen zu müssen, ist Josua 1,7-9:

Sei mutig und entschlossen! Bemühe dich darum, das ganze Gesetz zu befolgen, das dir mein Diener Mose gegeben hat. Weiche nicht davon ab! Dann wirst du bei allem, was du tust, Erfolg haben. Sag dir die Gebote immer wieder auf! Denke Tag und Nacht über sie nach, damit du dein Leben ganz nach ihnen ausrichtest. Dann wird dir alles gelingen, was du dir vornimmst. Ja, ich sage es noch einmal: Sei mutig und entschlossen! Lass dich nicht einschüchtern, und hab keine Angst! Denn ich, der Herr, dein Gott, bin bei dir, wohin du auch gehst.

Ein Ja zu dem, was dran ist, ist etwas Starkes und Mutiges. Und Stärke und Mut entstehen dadurch, dass wir uns ganz eng an das Wort Gottes halten. Darauf werden wir später noch einmal zurückkommen. Aber fürs Erste ist es wichtig zu wissen, dass das Wort Gottes im Mittelpunkt stehen muss. Wir müssen das Wort Gottes bedenken, es im Kopf haben, daraus zitieren können. Lassen Sie sich nicht von Angst oder Entmutigung zurückhalten; denn wo auch immer wir hingehen – Gott ist und bleibt stets bei uns.

Wenn wir Angst vor diesen Situationen haben, in denen es uns peinlich ist, andere zu enttäuschen, hilft vielleicht folgende Frage beim Überwinden dieser Angst: *Was wäre an dieser Stelle stark und mutig?*

Weil ich der Überzeugung bin, dass Gott bei mir ist, wohin ich auch gehe, bin ich stark und mutig genug, um weiter über diesen roten Teppich zu gehen.

Ich bin stark und mutig genug, um mich zu bedanken, wenn mir eine Mutter irgendwelche Dinge als Bastelmaterial anbietet, aber auch ihr zu erklären, dass das leider nicht zu dem Thema passt, das im Kunstunterricht gerade an der Reihe ist.

Ich bin dann stark und mutig genug, nicht so zu tun, als wäre ich Superwoman, die alles auf die Reihe kriegt. Und zwar nicht, weil ich so genau weiß, was ich kann und was nicht, sondern weil ich zutiefst überzeugt bin von dem, was Gott mich lehrt.

NACH SEINEN ÜBERZEUGUNGEN

Der Mann, der nach den oben zitierten Versen lebte, ist natürlich Kaleb. Hören Sie, wie entscheidend seine Überzeugungen in einem anderen Teil der Geschichte sind. In Josua 14 erfahren wir, wie Josua das Volk daran erinnert, dass es vierzig Jahre zuvor durch seinen und Kalebs Mut eine große Belohnung bekommen hat. Als Mose viele Jahre zuvor zwölf Kundschafter ausgesandt hatte, um das gelobte Land zu erkunden, waren nur Kaleb und Josua so mutig und stark gewesen, dass das Land auch tatsächlich eingenommen werden konnte.

Die anderen zehn Männer berichteten: „Wir sind in das Land gekommen, in das ihr uns sandtet; es fließt wirklich Milch und Honig darin und dies sind seine Früchte. Aber stark ist das Volk, das darin wohnt, und die Städte sind befestigt und sehr groß; und wir sahen dort auch Anaks Söhne."[27]

Diese Männer berichten aus dem Blickwinkel ihrer eigenen

---

27   4. Mose 13,27-28.

Kraft. Weil sie nicht von ihrer eigenen Kraft überzeugt sind, fehlt ihnen der Mut und tragischerweise auch das Vertrauen darauf, dass Gott ihnen beistehen wird. Sie sehen die Menschen in dem Land, das sie einnehmen sollten, als gefährliche Riesen und haben deshalb das Gefühl, mit dem Auftrag völlig überfordert zu sein.

Josua und Kaleb dagegen berichten nicht auf der Grundlage ihres Selbstvertrauens, sondern auf der Grundlage ihres Vertrauens auf Gott. Obwohl sie genau dieselben Riesen gesehen haben wie die anderen, hört sich ihr Bericht ganz anders an. So erzählt Kaleb Jahrzehnte später die Geschichte:

Ich war vierzig Jahre alt, als mich Mose, der Knecht des Herrn, aussandte von Kadesch-Barnea, um das Land zu erkunden, und ich ihm Bericht gab nach bestem Wissen. Aber meine Brüder, die mit mir hinaufgezogen waren, machten dem Volk das Herz verzagt; ich aber folgte dem Herrn, meinem Gott, treulich.

Da schwor Mose an jenem Tage und sprach: Das Land, das dein Fuß betreten hat, soll dein und deiner Nachkommen Erbteil sein für immer, weil du dem Herrn, meinem Gott, treulich gefolgt bist.

Und nun siehe, der Herr hat mich am Leben gelassen, wie er mir zugesagt hat. Es sind nun fünfundvierzig Jahre her, dass der Herr dies zu Mose sagte, als Israel in der Wüste umherzog. Und nun siehe, ich bin heute fünfundachtzig Jahre alt und bin noch heute so stark, wie ich war an dem Tage, da mich Mose aussandte. Wie meine Kraft damals war, so ist sie noch jetzt, zu kämpfen und aus- und einzuziehen.

So gib mir nun dies Gebirge, von dem der Herr geredet hat an jenem Tage; denn du hast's gehört am selben Tage, dass dort die Anakiter wohnen und große und feste Städte sind. Vielleicht wird der Herr mit mir sein, damit ich sie vertreibe, wie der Herr zugesagt hat.[28]

---

28   Josua 14,7-12 (Hervorhebungen hinzugefügt)

Merken Sie es? Kaleb gibt seinen Bericht *nach bestem Wissen und Gewissen.* Er sagte nicht einfach, was alle sagten. Vielleicht ist ihm klar, dass es peinlich werden könnte, wenn er etwas anderes berichtet als die anderen Kundschafter. Vielleicht ist ihm klar, dass sie vielleicht enttäuscht sind, wenn er sich nicht ihrer von Angst beherrschten Sichtweise anschließt, aber Kaleb ist nicht bereit, sich von der Angst vor der Peinlichkeit, die anderen Kundschafter zu enttäuschen, abhalten zu lassen, das zu tun, was Gott von ihm will.

Und obwohl es danach noch fünfundvierzig Jahre dauern soll, bis das Volk Israel das Gelobte Land schließlich einnimmt, sind Josua und Kaleb die Einzigen aus ihrer Generation, die tatsächlich dabei sind.

Noch etwas fällt in dem zitierten Abschnitt auf: Kaleb ist kein bisschen müde. Er ist schon 85 Jahre alt, als er sagt: „Ich bin noch genauso stark wie damals als Kundschafter. Ich habe die gleiche Kraft und kann immer noch kämpfen und Kriegszüge unternehmen."

Vielleicht hatte er ein besonders gutes Vitaminpräparat eingenommen, vielleicht waren es einfach gute Gene, vielleicht fühlten sich zu biblischen Zeiten fünfundachtzig Jahre anders an als fünfundachtzig Jahre heute – ich weiß es nicht. Aber eines steht fest: Es ist Gott wichtig, dass wir – dass Kaleb all die Jahre später immer noch stark und kampfbereit ist.

Ich glaube, das hat etwas mit seiner Fähigkeit zu tun, die Peinlichkeit, andere zu enttäuschen, zu überwinden. Wenn ich nicht das Ja sage, das dran ist, sondern irgendetwas anderes, weil ich zu große Angst vor der Peinlichkeit habe, andere zu enttäuschen, dann macht das sehr müde. Immer Ja zu sagen, macht mich nicht zu Wonderwoman, sondern zu einer sehr erschöpften und müden Frau.

Kaleb traf Entscheidungen, die dem Wort Gottes entsprachen.

Seine Überzeugung war die Wahrheit – seine absolute Gewissheit, sein unerschütterlicher Glaube, dass Gott bei ihm sein würde.

Erstaunlich.

Ein erstaunlicher Mann.

Eine erstaunliche Überzeugung.

Ein erstaunliches Ja, das in diesem Moment dran war.

Ein erstaunliches Ergebnis.

Erinnern Sie sich noch, was ich am Anfang über meinen Gang über den roten Teppich erzählt habe? Um dort hinzukommen, wo ich an dem Abend sein sollte, musste ich weitergehen, auch wenn ich für andere eine Enttäuschung war, und auch wenn es peinlich war.

Begegnungen mit Menschen und Enttäuschung gehören zusammen. Wenn man eine Einladung annimmt, muss man dafür eine andere ausschlagen. Irgendwann muss man entscheiden, welche Einladung man annehmen will. Wollen wir ein Mensch sein, der immer Ja sagt oder einer, der nur das Ja ausspricht, das gerade dran ist. Jemand, der immer Ja sagt, lässt sich durch die Enttäuschung der anderen davon abhalten, das Ja zu sagen, das wirklich richtig und dran ist.

Wenn Kaleb ein Mann gewesen wäre, der immer nur Ja sagt, dann hätte er einfach das Gleiche gesagt wie die anderen Kundschafter. Er hätte damit den Auftrag von Gott, nämlich stark und mutig zu sein, nicht erfüllt. Er hätte vergessen, dass Gott bei ihm war. Er hätte seine Entscheidung auf der Grundlage seiner Selbsteinschätzung und nicht auf der Grundlage seiner Überzeugung getroffen, dass Gott bei ihm ist.

Und er hätte niemals das Gelobte Land zu sehen bekommen.

Bitte denken Sie auf jeden Fall an Folgendes: Zwischen dem Punkt, an dem Sie jetzt gerade stehen und dem, den Sie erreichen wollen, liegt normalerweise ein Pfad der Peinlichkeit, möglicherweise jede Menge Menschen zu enttäuschen. Sie haben die

Wahl, entweder zurückzuschrecken vor dem Ja, das wirklich dran ist, oder sich ganz darauf einzulassen.

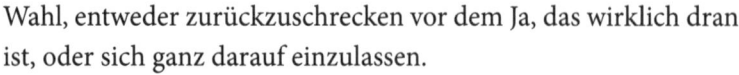

Immer Ja zu sagen, macht mich nicht
zu Wonderwoman, sondern zu einer
sehr erschöpften und müden Frau.

So schwer es auch ist, jemanden zu enttäuschen, um mit Gott im Reinen zu sein und das zu tun, was er gerade mit einem vorhat, hat das ja auch eine Kehrseite: Diejenigen, die sich richtig entscheiden, erwartet ein Klassenraum ohne überflüssigen Krempel, Musikpreisverleihungen mit einer von Gott eingefädelten Begegnung und ein Gelobtes Land – und das wollen Sie doch sicher auf keinen Fall verpassen, oder?

Kapitel 13

ABER WAS IST, WENN ICH NEIN SAGE UND DANN MÖGEN SIE MICH NICHT MEHR?

Lassen Sie uns den Elefanten im Raum einfach als das bezeichnen, was er ist: ein klotziges, schmutzig graues, mit einem Rüssel versehenes, schwanzwedelndes Geschöpf mit Ohren, die so groß sind, dass sie von manchen Comiczeichnern wie Flügel dargestellt werden, mit denen sich der Dickhäuter in die Lüfte erheben kann. Und er steht im Weg, der Elefant. Wir sehen ihn, wir manövrieren um ihn herum, wir lassen zu, dass er Platz wegnimmt, aber wir geben nicht zu, dass er da ist.

Aber er ist anwesend, und er stinkt auch noch, und ich möchte darüber reden.

Wir haben Angst, Ja zu sagen, fühlen uns aber gleichzeitig nicht in der Lage, Nein zu sagen. Warum ist das so? Wegen des Elefanten mit Namen *Anderen-gefallen-wollen*. Wir haben diesen Begriff bereits im letzten Kapitel erwähnt, und in diesem Kapitel möchte ich jetzt ganz direkt und konkret ansprechen, was uns offenbar so schwerfällt.

Wir haben Angst, dass die anderen uns nicht mögen, uns nicht bewundern, nicht mit uns einverstanden sind, und aus diesem

Grund quälen wir uns ab, indem wir eine Million Dinge tun, von denen wir wissen, dass wir sie eigentlich nicht tun sollen.

Lassen Sie uns also den Elefanten einmal aus unserem Wohnzimmer oder anderen Räumen herausführen, ihm dann nachgehen und schauen, wohin wir gelangen. Lassen Sie uns neben ihm hergehen und uns einmal anschauen, was es uns wirklich kostet, den riesigen, schwerfälligen Dickhäuter dazubehalten.

Es kostet uns nämlich alles.

Warum das so ist? Weil es unmöglich ist, jedem zu gefallen und es allen recht zu machen. Wenn man es trotzdem versucht, führt das nur dazu, dass man unglücklich und ständig erschöpft ist.

Ich habe vor vielen Jahren, vielleicht ist es sogar schon Jahrzehnte her, einen großartigen Vortrag von Howard Hendricks gehört mit dem Titel „Keeping the Elephants Off Your Air Hose" („Wie Sie den Elefanten von Ihrer Luftzufuhr fernhalten"), aber ich erinnere mich daran, als wäre es gestern gewesen. Ich glaube, das liegt daran, dass dieser Vortrag für mich so ungemein wichtig war. Wenn ein Elefant auf unserer Luftzufuhr sitzt, dann können wir nicht atmen, und wenn wir nicht atmen können, können wir nicht leben.

Wir haben Angst davor, Menschen zu enttäuschen und der Elefant verdeutlicht all die Dinge, die wir aus dieser Angst heraus tun. Dass nun eben dieser Elefant auf unserer Luftzufuhr sitzt, merken wir dann daran, dass wir uns mit beständiger Luftnot so verhalten, als wäre es uns möglich, es allen um uns herum recht zu machen – nur damit wir von ihnen auch ganz bestimmt gemocht werden. So sehr, dass sie gar nicht anders können, als ihre Kinder nach uns zu benennen.

Zu diesen verrückten Menschen gehöre unter anderem auch ich.

Hallo, ich heiße Lysa, und ich möchte von allen gemocht werden. Ich gebe mir ganz, ganz, ganz viel Mühe, es allen recht zu machen, und dadurch bekomme ich Probleme. Es ist so, als ob ein

Elefant auf meiner Luftzufuhr sitzt. Weil es nämlich unmöglich ist, jedem zu gefallen.

Ich glaube, es ist gut, das noch einmal zu wiederholen. Nehmen Sie das ganz tief in Ihrem Inneren auf. Denken Sie immer daran und lassen Sie es auf jeden Fall in Ihre Entscheidungen mitein-fließen.

ES IST UNMÖGLICH, JEDEM ZU GEFALLEN

Lassen Sie sich das von jemandem sagen, der es auf jeden Fall versucht hat. Als meine Kinder noch klein waren und ich damit begann, als Referentin Vorträge zu halten, konnten einige Müt-ter in meinem Umfeld das nicht verstehen. Ich bekam manch-mal Kommentare zu hören, die mich sehr verunsicherten. Statt einfach mit den betreffenden Frauen darüber zu reden, was sie dagegen einzuwenden hatten, versuchte ich zu erreichen, dass sie gut über mich dachten. In meiner Vorstellung hörte ich sie sagen, dass gute Mütter sieben Tage die Woche, vierundzwanzig Stunden am Tag für ihre Kinder da sind, und dass nur schlechte Mütter berufstätig sind.

Ich hörte deshalb ganz auf, über meine Arbeit zu sprechen und streute stattdessen Aussagen in unsere Gespräche ein, die sie in ihrer Einstellung bestätigten. Wenn wir zusammen waren, redete ich ihnen nach dem Mund, damit sie mich für eine gute Mutter hielten und mich entsprechend gern mochten.

Und nicht nur in Gesprächen mit anderen Frauen flocht ich Anmerkungen ein, um ihnen zu gefallen, sondern auch in meiner Familie.

Meinen Kindern gegenüber sagte ich gebetsmühlenartig: „Ihr wisst doch, dass Mama am liebsten bei euch zu Hause ist, oder?"

Wenn wir auf dem Sofa saßen und ich ihnen etwas vorlas, warf ich zwischendurch ein: „Ich wäre jetzt nirgends auf der ganzen Welt lieber als hier bei euch."

Und nach dem Baden am Abend ließ ich alle Kinder noch kurz in mein Bett, um noch ein bisschen mit Papa und mir zu kuscheln, und dann sagte ich: „Dieses Bett ist mein absoluter Lieblingsplatz auf der ganzen Welt."

Und das meinte ich alles auch wirklich so. Wirklich alles.

Ich meinte es von ganzem Herzen und aus tiefster Überzeugung.

Aber ich sagte es nicht nur als beruhigende und bestätigende Aussagen für meine Kinder, sondern ich sagte es auch deshalb so oft, weil ich hoffte, dass meine Kinder es anderen Müttern gegenüber wiederholen würden. Ich hatte nämlich mehr als einmal mitbekommen, wie eine der besagten Mütter eines meiner Kinder fragte: „Bist du denn nicht traurig, wenn deine Mama so oft weg ist?"

Autsch! Es tut weh, wenn andere Leute meine Kinder aushorchen. Ich wollte meinen Kindern einfach Sicherheit geben, wollte, dass sie auf solche Fragen eine Antwort hatten. Meine Berufstätigkeit war ja keine Proklamation, dass ich meinen Beruf mehr liebte als sie. Ich war einfach nur eine junge Mutter, die versuchte eine Balance zwischen zwei starken Berufungen hinzubekommen.

Vielleicht war es aber auch der fehlgeleitete Versuch, meine Kinder ein bisschen zu „impfen", damit die Mütter, denen meine Berufstätigkeit nicht gefiel, besänftigt wurden und ihre Meinung darüber änderten. Puh! Wieso kümmerte mich eigentlich deren Meinung so dermaßen heftig?

Und dann geschah etwas, das man vielleicht als einen klassischen Schuss, der nach hinten losgeht, bezeichnen könnte, und zwar einen für das Buch der Rekorde, einen, von dem ich glaube, dass die anderen Mütter bis heute darüber reden.

Es war der große „Mama-Tag" in der Vorschule meiner Tochter

Brooke. Aufgeregt warteten alle Mütter vor der Tür des Gruppenraumes, in dem noch letzte Kleinigkeiten an der üppigen Deko gerichtet wurden.

Ich fühlte mich bereits wie Falschgeld, als ich zusammen mit den anderen Müttern, die sich Zeit genommen hatten, sich für diesen Anlass richtig schick zu machen, dort stand. Ich dagegen hatte mein nasses Haar irgendwie mit einem großen Klipp zusammengesteckt, auf dem Oberschenkel meiner schwarzen Trainingshose war irgendein Schmierfleck, und meine Tennisschuhe sahen ziemlich klobig aus verglichen mit all den zierlichen Sandalen, aus denen gut pediküre Zehen herausschauten.

Irgendwann holte uns die Erzieherin dann in den Gruppenraum, wo uns Unmengen Cupcakes und Gekicher und Applaus und strahlende Vorschulkinderaugen erwarteten. Das Dekohighlight war eine quer durch den ganzen Raum gespannte Wäscheleine, an der Kunstwerke der Kinder hingen. Die Kinder hatten die Aufgabe bekommen, ein Bild von Mamas Lieblingsplatz zu malen.

Es gab Bilder von Stränden und Bergen und auf einem war sogar ein Supermarkt zu sehen. Ich fand es wunderschön, an der Wäscheleine entlangzugehen und mich an der künstlerischen Darstellung all dieser Lieblingsplätze zu erfreuen. Bis – ja, bis ich zu Brookes Bild kam, das mich an meinem Lieblingsplatz zeigte.

„Der Lieblingsplatz meiner Mama ist bei Papa im Bett", las ich als Kommentar unter dem Bild.

Ich starb damals in diesem Vorschulklassenraum tausend Tode.

Und wenn ich zuvor schon gedacht hatte, dass die anderen Mütter keine besonders hohe Meinung von mir hatten, nun, ich möchte es einmal so ausdrücken: Danach bekam ich nicht mehr so viele Einladungen zu irgendwelchen Mutter-Kind-Verabredungen und veranstaltungen.

Es ist unmöglich, es jedem recht zu machen.

Ob ich damit sagen will, dass man jede Situation meiden soll, in der man jemandem gefallen und es ihm/ihr recht machen will? Nein, das will ich nicht.

Die eigenen Motive prüfen

Es ist ja gar nicht immer nur schlecht, es anderen recht machen zu wollen, aber es kann dabei zu unguten Extremen kommen. Wenn es Ihr Verhaltensmuster ist, immer Ja zu sagen, auch wenn Sie wissen, dass Sie eigentlich Nein sagen sollten, dann ist es Zeit, ein paar Dinge neu zu überdenken, und zwar am besten sofort, auf jeden Fall jedoch, bevor Sie etwas Neues anfangen, bei irgendeinem Projekt ihre Mitarbeit zusagen oder sich auf einer Liste freiwilliger Helfer eintragen. Warten Sie ab, denken Sie darüber nach und nehmen Sie sich genügend Zeit, sich alles genau zu überlegen.

Wir haben ja bereits erwähnt, dass man es nicht jedem recht machen kann, und ich setzte jetzt noch einen drauf: Manchen Leuten kann man es nie recht machen, weil sie das gar nicht wollen. Egal, ob Sie Ja oder Nein sagen, wenn jemand Sie nicht mögen will, ist jeder anstrengende Versuch vergebene Liebesmüh.

Stellen Sie sich vor, Sie sagen ganz ehrlich und aufrichtig: „Es tut mir leid, aber ich kann diese Aufgabe nicht übernehmen." Oder „Ich kann jetzt nicht einfach alles stehen und liegen lassen und dich heraushauen." Oder „Ich kann nicht bis morgen fünfundfünfzig Muffins für die Schuljahrsabschlussfeier backen." Wenn die betreffende Person, von der Sie um etwas gebeten worden sind, sich dann aufregt, dann ist es ratsam, für ein bisschen Abstand zu sorgen und zu überlegen, was da eigentlich gerade los ist. Sie haben Nein gesagt, weil ein Ja in dieser Situation dem Chaos in Ihrem Leben Tür und Tor öffnen würde. Sie haben sich aber selbst ein Versprechen gegeben, das lautet: „Kein Chaos mehr." Wenn nun andere versuchen, Druck auszuüben, weil Sie Nein sagen, dann sind eher sie diejenigen, die ein schlechtes Gewissen haben sollten, weil sie sich respektlos verhalten. Wenn Sie dem Druck aber nachgeben, dann haben Sie das Problem.

Lassen Sie uns doch einfach einmal durchspielen, was es für Ihre Familie bedeuten würde, wenn Sie sich doch noch breitschlagen ließen, bis zum nächsten Morgen fünfundfünfzig Muffins zu backen: Sie hetzten also nach dem Abendessen noch schnell in den Supermarkt, um die Backzutaten einzukaufen. Wenn Sie dann vom Einkaufen wieder nach Hause kämen, würden alle Kinder müde sein, besonders das jüngste, das eigentlich sofort ins Bett gebracht werden müsste. Sie würden also Ihre Einkaufstüten auf der Arbeitsfläche in der Küche abstellen und erst einmal besagtes Kind – natürlich mit allen gewohnten Ritualen – ins Bett befördern. Währenddessen hätten sich die anderen Kinder schon mal ein bisschen um die nicht weggeräumten Einkäufe für die Muffins gekümmert.

....

Manchen Leuten wird man es nie recht
machen, weil sie das gar nicht wollen.
Egal, ob Sie Ja oder Nein sagen,
wenn jemand Sie nicht mögen will, ist
jeder anstrengende Versuch vergebene
Liebesmüh.

....

Sobald Sie wieder in die Küche kämen, würden Sie bei dem Anblick, der sich Ihnen bietet, völlig ausflippen. Ihre beiden ältesten Kinder hätten gerade die Tüte mit Schokotröpfchen und die Packung Eier auf den Boden geworfen, sodass die Hauptzutaten für Ihr Backprojekt schon mal hinüber wären. Aber es würde noch schlimmer kommen; denn in dem Augenblick, in dem sie in der Küche stehen und die Kinder anbrüllten, würde Ihr Mann von der Arbeit nach Hause kommen und Ihnen einen Blick zuwerfen, bei dem tief in Ihrem Innern etwas aus den Fugen geriete. All das Gute, das Sie an diesem Tag in die Kinder investiert hätten, würde in diesem Moment wegen dieses Anflugs von Wahnsinn völlig unbemerkt bleiben. Aber das ist immer noch nicht alles.

Beim Entfernen der Sauerei auf dem Küchenfußboden würden Sie aus Versehen gegen den Wassernapf des Hundes stoßen. Nicht, dass Sie im Ernst noch die Schokotröpfchen vom Fußboden zum Backen verwendet hätten – wirklich nicht. Na ja, vielleicht hätten Sie einen klitzekleinen Moment lang daran gedacht, denn was um Himmels willen wird wohl die perfekte Frau P. sagen, wenn Sie morgen trotz Ihrer Zusage mit leeren Händen zu der Feier in der Schule kämen?

Also würden Sie erst einmal eine Runde weinen. Nachdem Sie anschließend die zerbrochenen Eier entsorgt hätten, die zum Glück fast alle in der Schachtel geblieben wären, würden Sie die Schokotröpfchen zusammenkehren und sich jede Menge Vorwürfe machen, dass sie Ihre Kinder angeschrien hätten. Sie machten sich selbst weis, dass der Blick, mit dem Ihr Mann Sie bedacht hätte, eine Million furchtbarer Dinge bedeuten könnte. Wie hatte Ihnen das Leben nur dermaßen aus dem Ruder laufen können? Sie würden sich wie die letzte Versagerin fühlen. Und Sie wären es so leid, immer irgendwie zu versagen.

Und wozu das alles? Damit eine Schulklasse am letzten Schultag des Schuljahres etwas Süßes bekommt? Damit eine andere Mutter sich bei Ihnen bedankt und vielleicht sogar 5,3 Sekunden lang von Ihren Muffins beeindruckt ist? Wir wollen jetzt nicht auf Einzelheiten herumreiten. Die Sache hätte auch auf siebenundzwanzig andere Arten schiefgehen können, aber der springende Punkt ist, dass Sie Ihren Familienfrieden aufs Spiel gesetzt hätten für eine überzogene, unrealistische Bitte, die kurzfristig an Sie herangetragen worden ist.

Unrealistische Forderungen können nicht erfüllt werden, und außerdem führen sie oft zu dem unterschwelligen Gefühl, zu versagen. Lassen Sie sich deshalb nicht auf unrealistische Anfragen ein, sondern beschließen Sie, nur noch dann überhaupt Entscheidungen zu treffen, wenn die Bedingungen realistisch sind, statt den Versuch zu unternehmen, die Zustimmung anderer zu erlangen oder den Versuch zu unternehmen, Eindruck zu schinden.

Das ist nämlich ein Teufelskreis, das kann ich Ihnen aus persönlicher Erfahrung sagen. Wer ständig versucht andere zu beeindrucken, reibt sich auf und ist am Ende nur noch deprimiert.

Unrealistische Forderungen können nicht erfüllt werden. Und außerdem führen sie oft zu dem unterschwelligen Gefühl zu versagen.

Und das hat mit Liebe nichts zu tun. Im nächsten Kapitel wird davon die Rede sein, wie man anderen mit Liebe begegnet. Das ist wichtig und es ist biblisch. Aber wie bereits ganz am Anfang dieses Buches erwähnt, darf man nicht den Wunsch, anderen zu gefallen, mit dem Liebesgebot verwechseln. Wenn jemand Sie um etwas bittet, dann sollten Sie entscheiden können, ohne dass direkt oder indirekt irgendwelche Folgen drohen. Und wenn Sie Angst haben, dass die anderen Sie nicht mehr mögen, wenn Sie Nein sagen, dann hilft es Ihnen kein bisschen weiter, Ja zu sagen. Ganz sicher nicht.

Ich habe einmal in einem Ehrenamt mit einer Frau zusammengearbeitet, die ständig sagte: „Gott sucht bereitwillige Frauen." Sie versuchte geistlich zu begründen, dass man jede Aufgabe, die man sieht, automatisch auch als seinen eigenen Auftrag betrachten und natürlich annehmen soll. Ich hatte unglaubliche Angst, zu dieser Frau Nein zu sagen, weil ich immer fürchtete, dann geistliche Schwäche zu zeigen und damit gewaltige Defizite in meiner Beziehung zu Gott.

Ein paarmal versuchte ich Nein zu sagen mit der Begründung, dass ich kleine Kinder hatte und es für mich einfach unrealistisch war, genauso viele Stunden zu helfen wie sie, aber ich spürte ganz deutlich, wie sehr ihr das missfiel.

Als ich sie darauf ansprach, sagte sie nur: „Ich bin es so leid, von dir zu hören, dass du kleine Kinder hast. Wir wissen alle, dass du kleine Kinder hast, das brauchst du nicht ständig zu betonen. Teil dir einfach deine Zeit besser ein."

Das war gar nicht böse gemeint und sie wollte mich damit auch nicht angreifen. Sie erledigte nur ihre Aufgaben auf der Grundlage ihrer tiefen Überzeugung, dass Christen Gott am besten dann gefallen, wenn sie zu allen anfallenden Aufgaben und zu jeder Bitte zur Mitarbeit Ja sagen.

Das war allerdings eine falsche Grundüberzeugung.

Es gibt einen Bibelvers, der in dieser Frage vielleicht für etwas mehr Klarheit sorgt.

„Denn des Herrn Augen schauen alle Lande, dass er stärke, die mit ganzem Herzen bei ihm sind" (2. Chronik 16,9). Ein wunderbarer Vers, doch wenn er aus dem Zusammenhang gerissen wird, könnte man daraus fälschlich ableiten, dass der Herr Menschen sucht, die zu jeder anstehenden Aufgabe Ja sagen. Denn das bedeutet „mit ganzem Herzen bei ihm sein" doch, oder?

Nein, das bedeutet es nicht. Es ist etwas ganz anderes, zu allem Ja zu sagen und zu Gott Ja zu sagen. Lassen Sie uns jetzt diesen Vers noch einmal im Zusammenhang lesen:

Zu der Zeit kam der Seher Hanani zu Asa, dem König von Juda, und sprach zu ihm: Weil du dich auf den König von Aram verlassen hast und nicht auf den Herrn, deinen Gott, darum ist das Heer des Königs von Aram deiner Hand entronnen. Hatten nicht die Kuschiter und Libyer eine große Heeresmacht mit sehr viel Wagen und Reitern? Doch der Herr gab sie in deine Hand, da du dich auf ihn verließest. Denn des Herrn Augen schauen alle Lande, dass er stärke, die mit ganzem Herzen bei ihm sind. Du hast töricht getan, darum wirst du auch von nun an Krieg haben (Verse 7-9).*

Das Törichte, was Asa getan hatte, bestand darin, sich auf den König von Aram statt auf Gott zu verlassen. Wenn wir ständig der Meinung sind, selbst *Antwort* auf jede Not und jedes Bedürfnis sein zu müssen, dann ist das ein Trugschluss, denn wir sollen sowohl unsere eigenen Nöte und Bedürfnisse als auch die anderer Menschen Gott anvertrauen. Und genau wie Asa sind wir so töricht, in den Krieg zu ziehen, indem wir versuchen anderen zu gefallen, statt auf Gott zu vertrauen.

Matthew Henry hat die zitierten Verse einmal folgendermaßen kommentiert: „Es gefällt Gott nicht, wenn man ihm nicht vertraut, und wenn Armen aus Fleisch und Blut mehr Vertrauen entgegengebracht wird als seiner Macht und Güte. Es ist töricht, sich auf ein geknicktes Rohr zu verlassen, wenn man doch auf einen Fels von Alters her vertrauen und bauen kann ... Wir verlassen uns zwar dann auf Gott, wenn es sonst nichts mehr gibt, worauf wir bauen und vertrauen können, wenn die Not uns zu ihm treibt; aber wenn wir andere Dinge haben, auf die wir bauen können, dann verlassen wir uns oft lieber auf sie."[29]

---

29 Matthew Henry, „2. Chronicle 16," Concise Commentary on the Whole Bible, Bible Hub, http://biblehub.com/commentaries/mhc/2_chronicles/16.htm.

Wir sollen aber auch nicht auf der anderen Seite vom Pferd fallen, indem wir nie einspringen, um anderen zu helfen, oder indem wir unzuverlässig sind, wenn wir Hilfe zugesagt haben, oder indem wir nicht das tun, was vor unseren Händen ist. Wenn Gott uns den Auftrag gibt, in irgendeiner Form mitzuarbeiten, zu helfen oder zu geben, dann schenkt er uns auch all das, was wir brauchen, um diesen Auftrag zu erfüllen. Und wenn wir auf diese Art mitarbeiten und ihm dienen, dann ist das erfrischend und belebend und wir bekommen dadurch neue Kraft.

Ich will hier auf keinen Fall einer Totalverweigerung das Wort reden, aber wir brauchen auch nicht die Erwartungen von Menschen zu erfüllen, die uns als Antwort auf alles betrachten. In meinem Blog hat Lori als Kommentar geschrieben:

Irgendwie hat sich bei mir die Bedeutung von Galater 6,2 (Einer trage des anderen Last, so werdet ihr das Gesetz Christi erfüllen) in eine Art Messiaskomplex verwandelt. Das heißt im übertragenen Sinn: „Ich bin der Messias und ich muss alles für sie tragen." Aber das ist eine völlig falsche Auslegung dieses Verses. Ich lerne langsam, diese Lasten zum Herrn zu bringen und zuzulassen, dass er sich so darum kümmert, wie ich es niemals könnte. Es ist erstaunlich, welche Last von einem abfällt, wenn man bei sich selbst die Möglichkeit zulässt, Nein zu sagen.[30]

Am Ende des Tages gehört zu jeder guten Beziehung auch die Bereitschaft zu dienen. Natürlich müssen wir dienen, lieben, geben, zur Verfügung stehen, helfen und zum Guten beitragen. Aber wir müssen auch immer noch die Freiheit haben, zu Aufga-

---

30   Lori Cutler June 5, 2013, (1:33 p.m.), comment on Lysa TerKeurst. „Why do We Have Such a Hard Time Saying ‚No'?" *Lysa TerKeurst* (blog), June 5, 2013, http://lysaterkeurst.com/2013/06why-do-we-have-such-a-hard-time-saying-no/

ben Ja oder Nein zu sagen, ohne Angst vor emotionalen Folgen haben zu müssen.

Bis hierher haben wir jetzt über zwei Fakten gesprochen: Und zwar erstens, dass man es nicht jedem recht machen kann, und zweitens: dass man es manchen Leuten auch dann noch nicht recht macht, wenn man immer Ja zu ihnen sagt. Es gibt aber noch eine weitere Tatsache, auf die wir in diesem Kapitel zu sprechen kommen müssen. Nicht nur, dass andere etwas von uns wollen verstärkt unseren Hang, es anderen recht machen zu wollen, sondern auch, dass wir etwas von ihnen wollen.

ZUSAGEN UND VERSPRECHEN MIT ERWARTUNGEN VERKNÜPFT

Menschen richten Bitten an uns, weil sie etwas von uns brauchen. Und wir haben bereits darüber gesprochen, wie ungesund es sein kann, Ja zu sagen, weil wir nicht wissen, wie wir Nein sagen sollen, oder weil wir Angst davor haben, Nein zu sagen. Doch manchmal sagen wir auch Ja, wenn wir eigentlich Nein sagen sollten, weil wir selbst etwas haben wollen. Deshalb ist es so wichtig, genau auf unsere Gedanken zu achten, wenn wir Entscheidungen treffen.

Wenn ich merke, dass ich denke: „*Wenn ich zu dieser Bitte Ja sage, dann werden sie mich dafür mögen oder dann schulden sie mir einen Gefallen oder sie akzeptieren mich endlich*", dann erfülle ich nicht nur einfach eine Bitte, sondern ich tue das in der Annahme, etwas dafür zu bekommen. Ich verknüpfe mein Ja mit einer Erwartung, und Zusagen, die mit Bedingungen oder Erwartungen verknüpft sind, können für beide Seiten ausgesprochen enttäuschend ausgehen. Deshalb darf man seine Antworten auf Bitten oder Anfragen nicht mit unausgesprochenen oder bewusst verheimlichten Erwartungen verknüpfen. Ich muss zu einer Bitte, einer Anfrage oder einem Anliegen immer Ja oder Nein sagen können, ohne die Erwartung, durch dieses Ja etwas Bestimmtes zu bekommen, egal ob es ein bestimmtes Gefühl ist oder ein Gefallen oder auch etwas Materielles. Und ich muss auch Nein sagen können, ohne das Gefühl zu haben, dass jemand dann weniger von mir hält oder dass ich dadurch Nachteile habe.

„Aber gehören solche Erwartungen nicht zu einer normalen Beziehung dazu?", werden Sie vielleicht zu Recht fragen. „Schließlich habe ich heute Morgen das Bett gemacht, um meinem Mann eine Freude zu machen. Ich habe mich bereit erklärt, die Kinder meiner Freundin zu hüten, weil sie auch immer bereitwillig meine Kinder hütet. Ich habe Zeit für meine Tante eingeplant, weil ich weiß, dass sie zu ihrem Geburtstag in ein paar Wochen nicht gern allein sein möchte. Ich weiß, dass das gut für unsere Beziehung ist, und davon profitieren dann doch alle Beteiligten, oder?"

Der Unterschied: Die geschilderten Situationen sind ein Beispiel für gegenseitiges Geben und Nehmen und nicht für das Durchsetzen eigener Wünsche und Interessen durch Manipulation. Sie sind einfach ein Akt der Freundlichkeit und Liebe, der nicht mit Erwartungen verknüpft ist.

Denken Sie daran, dass Beziehungen nicht immer ganz genau einzuordnen und ganz genau abzuzirkeln sind, und das ist auch völlig in Ordnung so. Dieses Kapitel soll nicht bewirken, dass Sie jetzt Ihren Umgang mit anderen ständig kontrollieren, hinterfragen und infrage stellen und zu dem Schluss gelangen, dass jeder, den Sie kennen, irgendwelche Probleme hat.

Nehmen Sie diese Aussagen einfach erst einmal zur Kenntnis und denken Sie darüber nach. Vielleicht beschließen Sie, einige Ihrer Beziehungen voranzubringen und bei anderen vielleicht ein bisschen auf die Bremse zu treten. Seien Sie aber bei alldem möglichst ehrlich in Bezug auf das, was bei Bitten, Einladungen und Gelegenheiten mitschwingt.

Je früher wir Frieden schließen können mit der Tatsache, dass wir es nicht jedem recht machen können, desto schneller befreien wir uns von dem Elefanten, der auf unserer Luftzufuhr sitzt. Und dann haben wir den Sauerstoff und die Kraft, ganz einfach großzügig zu lieben. Denn letztlich ist Liebe, echte Liebe, immer das Ja, das Vorrang hat.

Kapitel 14

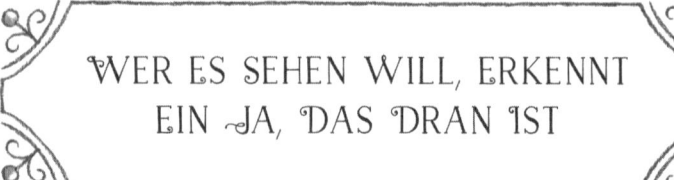

WER ES SEHEN WILL, ERKENNT EIN JA, DAS DRAN IST

Neulich war ich früh morgens an einem Drive-in-Schalter (bitte beachten Sie, dass ich dieses Mal allein war. Seit ich mit dem Schreiben dieses Buches begonnen habe, habe ich schon viel dazugelernt, wie ich die Sache mit dem Drive-in-Schalter durchziehe). Dieses Mal stand ich am Drive-in-Schalter, um meine Tochter mit einem ihrer Lieblingsbrötchen zu überraschen. Der Laden, an dessen Schalter ich jetzt stand, macht jeden Morgen frische Brötchen – goldbraun oben und unten, fluffig in der Mitte und herrlich buttrig.

Diese Brötchen gehören zu den Köstlichkeiten, die man als Teenager noch sorglos genießen kann. Ich bin mittlerweile allerdings schon in einem Alter, in dem ich um besagtes Gebäck einen großen Bogen machen muss – traurig aber wahr.

Auch traurig aber wahr ist der Grund, weshalb ich meiner Tochter an besagtem Drive-in-Schalter das Brötchen kaufen musste, statt zu Hause selbst Brötchen zu backen. Diese Brötchen aus den Knack-und-Back-Dosen, die ich manchmal backe, sind eine Schande für die gute alte Landküche, mit der ich aufgewachsen bin, und die zu meinem Erbe gehört. Die Frauen aus meiner

Familie konnten mit einem Nudelholz umgehen, als wäre es ihr dritter Arm. Und ich besitze nicht einmal eins. Glaube ich jedenfalls.

Meine Tochter würde also über dieses gekaufte Brötchen absolut begeistert sein.

Ich bestellte es und griff dann nach meiner Handtasche, um die zwei Dollar herauszunehmen, die ich zu bezahlen hatte.

Zwei Dollar sind ja eigentlich keine große Sache, es sei denn, man hat sie gerade nicht, wenn man sie braucht. Ich kramte in meiner Tasche herum, dann in der Mittelkonsole und letztlich suchte ich alle Stellen im Wagen ab, an die Kleingeld hätte fallen können, aber Fehlanzeige. Kein Problem, dann würde ich eben mit meiner Kreditkarte bezahlen – im Grunde ein guter Plan – wäre die Karte auch tatsächlich dort gewesen, wo sie hätte sein sollen, nämlich in meinem Portemonnaie.

Das war der Moment, in dem mich die Verzweiflung packte und ich anfing zu beten, dass die Person vor mir bitte, bitte den Impuls von Gott verspüren möge, meine Bestellung mitzubezahlen.

Als ich zu dem Schalter, an dem ich bezahlen musste, vorfuhr, fand ich meine Kreditkarte schließlich doch noch, und zwar eingewickelt in einen Kassenbon auf dem Boden meiner Handtasche. Brötchen gerettet.

Als ich dann die Karte zum Fenster des Kassenschalters hineinreichte, hatte ich das seltsame Gefühl, dass diese Verzweiflung, die ich gerade noch empfunden hatte, in einen Gehorsamsakt münden sollte.

Vergeude diesen Moment nicht, sondern mach dir bewusst, was du dir gerade gewünscht hast und sei in diesem Moment ein verlängerter Arm der Liebe Gottes.

Also bezahlte ich auch das Frühstück des Mannes, der in der Schlange hinter mir stand. Nur damit Sie mich jetzt nicht falsch verstehen. Es geht mir hier nicht darum, dass ich jemandem seine

Essensbestellung bezahlt habe, sondern es geht mir darum, für diese kleinen Anstöße aufmerksam zu sein und genau hinzuhören.

Aufmerksam zu sein für das, was gerade um uns herum los ist, hilft uns nämlich dabei, das Ja zu erkennen, das dran ist. Ich hatte gerade erlebt, wie es sich anfühlt, jemanden zu brauchen, der etwas für mich bezahlt und benutzte dieses Gefühl, um ein Ja zu sagen, das richtig und dran war. Nicht jede Aufgabe ist unsere Aufgabe, und wir sind auch nicht für alles zuständig, das haben wir bereits ausführlich erörtert. Ich bin nicht etwa in das Lokal hineingegangen und habe für alle dort bezahlt. Ich habe einfach nur stillschweigend für den Nächsten in der Schlange hinter mir bezahlt.

Und ich glaube, dass sich ein Ja, das dran ist, oft auf diese Weise herauskristallisiert. Wir möchten gern das, was Gott will, am Himmel geschrieben sehen, aber Gott möchte einfach nur, dass wir aufmerksam sind.

Neulich hatte meine Freundin Meredith eine einfache Entscheidung zu treffen, und zwar ob sie zu Haus bleiben und Zeit mit ihrem Mann verbringen oder zu dem wöchentlichen Treffen mit ihren Freundinnen gehen sollte. Sie war hin- und hergerissen zwischen zwei guten Alternativen. Welches war das richtige Ja, das Ja, das dran war?

Ich riet Meredith, sich genau anzuschauen, wie die Situation gerade war. Gab es Hinweise darauf, dass ihr Mann und sie dringend einmal wieder einen gemeinsamen Abend brauchten? Oder hatte sie eher anregende Gespräche mit Freundinnen nötig? Welche Hinweise hatte es in letzter Zeit in ihrem Alltag gegeben, um diese Frage beantworten zu können?

Ich riet ihr, auf diese ganz einfachen Dinge zu achten.

Merediths Mann war beruflich unterwegs gewesen, und sie hatte das Gefühl, dass es wichtig war, jetzt Zeit mit ihm zu verbringen, also investierte sie in ihre Ehe. Auf diese Weise wurde sie zum verlängerten Arm der Liebe Gottes zu ihrem Mann.

Das war das Ja, das dran war.

Wir erkennen das Ja, das dran ist, am deutlichsten, wenn wir achtsam und wach und aufmerksam sind; wenn wir erkennen, worauf wir gestoßen werden, und wenn wir bereit sind, in dem Augenblick die Liebe Gottes weiterzugeben.

In diesem Buch über das Ja, das dran ist, ist schon viel die Rede gewesen vom Neinsagen, und mir ist sehr bewusst, dass das dem widerspricht, was viele von uns aus christlicher Literatur gewohnt sind. Vielleicht lässt auch Sie eine Stimme in Ihrem Innern zögern, die sagt: „Es ist unchristlich, Menschen abzuweisen! Wag es bloß nicht, Nein zu sagen."

Wir möchten gern das, was Gott will,
am Himmel geschrieben sehen,
aber Gott möchte einfach nur, dass wir
aufmerksam sind.

Nein zu sagen ist keine unnötige Zurückweisung, sondern es ist ein notwendiger Schutz für das Ja, das dran ist. Mein Freund Jud Wilhite hat mir kürzlich gesagt, dass er zu einigen der nicht enden wollenden Aufgaben in seiner Gemeinde inzwischen Nein sagen muss. Für einen Pastor ist das schwer, aber er weiß, dass er einen Teil seiner Zeit und seiner Kraft für seine Familie reservieren muss. Er sagt: „Wenn ich Nein zu jemandem oder etwas sage, dann stelle ich mir im selben Moment meine Familie ganz bildlich vor und sage mir, dass ich gerade jetzt Ja zu ihr sage." Diese Methode gefällt mir.

Wenn wir uns ständig verausgaben, wird es immer schwieriger, für unsere Lebensumstände aufmerksam zu sein und im richtigen Moment zur richtigen Entscheidung Ja sagen zu können. Warum wir uns nicht stattdessen wirklich ganz und gar auf die Aufgaben konzentrieren, die wirklich unsere sind, auf diese Momente, die wir auf gar keinen Fall versäumen sollten, auf die Berufung, die in unserer Seele lebt, auf die Liebe, die wir – und nur wir – zu geben haben?

> *Nein zu sagen, ist keine unnötige Zurückweisung, sondern es ist ein notwendiger Schutz für das Ja, das dran ist.*

Bob Goff, der verrückteste Rechtsanwalt, Aktivist in Sachen Liebe und Weltveränderer, den ich kenne, und Autor des Buches *Lebe. Liebe. Los!* sagt dazu Folgendes:

Unsere Gesellschaft will uns einreden, dass man Liebe auf dem Flohmarkt kaufen oder in Form einer Grußkarte verschicken kann. Aber die Liebe, die aus dem Herzen Gottes kommt und die er uns erwiesen hat, kostet uns etwas, weil es darum geht, Opfer zu bringen und wirklich für andere da zu sein. Diese Liebe drückt sich eher in Taten aus als in Worten.

[...] Bei der Art von Liebe, die Jesus anbietet, geht es mehr um Präsenz als um Projekte. Es ist eine Art von Liebe, die nicht nur an gute Dinge denkt oder ihnen zustimmt oder über sie spricht [...] Liebe legt los und handelt.[31]

Verstehen Sie, was Bob da sagt? „Es geht mehr um Präsenz als um Projekte." Dem stimme ich absolut zu. Wir können nicht einfach nur deshalb Ja sagen, weil ein Projekt anliegt. Das Ja, das dran ist,

---

31 Bob Goff, *Lebe. Liebe. Los!*, Gerth Medien, 2014, S. 27.

ist ein Ja, das wir sagen, weil es darauf ankommt, dass wir genau als die Person, die wir sind, beteiligt sind. Seien Sie in Ihrem Leben präsent und ganz bei der Sache, und zwar dort, wo Sie jetzt im Moment stehen, und trauen Sie sich, genau hinzuschauen. Und suchen Sie, während Sie Entscheidungen treffen, nach den kleinen Alltagsantworten.

Dieser Akt, ganz bei der Sache zu sein, wird Sie an unterschiedlichste Orte führen. Manche dieser Orte werden nicht weiter entfernt sein als das Ende der Schlange an einem Drive-in-Schalter oder das Date mit Ihrem Mann auf dem Sofa, bei dem Sie einfach nur miteinander reden. Aber mit anderen Ja-Antworten, die wirklich dran sind, werden Sie mit Sicherheit auch wilde, wunderbare Abenteuer erleben.

GANZ BEI DER SACHE SEIN

Ich war ganz bei der Sache, als meine Lehrerin in der dritten Klasse eines Tages ihren Mann, der bei einer Zeitung arbeitete, mit in den Unterricht brachte. Er wurde dafür bezahlt, dass er Worte aufschrieb. Das merkte ich mir. Und dann brachte mein Vater eines Tages eine Schreibmaschine mit nach Hause. Ich schaute mir diesen erstaunlichen Apparat an, der klackerte und ratschte und klingelte, legte meine Hände darauf und dachte: *Eines Tages, wenn ich genügend Worte kenne, werde ich ein Buch schreiben, und damit anderen Menschen helfen.* Meine Geburtstage kamen und gingen, und ich erlebte sogar das Ende der Schreibmaschine mit, bevor dieser Traum in Erfüllung ging. Doch begonnen hat alles an jenem Tag in der dritten Klasse, als ich wirklich ganz bei der Sache war.

Ebenfalls ganz bei der Sache war ich, als meine Schwiegermutter eines Tages während eines Telefonates erwähnte, dass Zentren für Schwangerschaftskonfliktberatung auch Beratung nach einer Abtreibung anbieten. Irgendetwas daran sprach mich an. Genau diese Hilfe brauchte ich. Ich ging hin und bekam dort die liebevolle Zuwendung, die ich brauchte, Vergebung und Hoffnung. Und später wurde ich dann selbst Beraterin in genau diesem Zentrum, um für verschreckte junge Frauen die Stimme zu sein, die sagt: „Das kann ich gut verstehen."

Nachdem ich viele Jahre Zeit gehabt hatte, um heil zu werden, und verstörten Mädchen in meinem Büro meine Geschichte erzählt habe, stand ich dann irgendwann vor einer kleinen Gruppe von Frauen in meiner Gemeinde. Mit zitternden Knien und ebenso zittriger Stimme erzählte ich meine Geschichte. Mir war damals gar nicht klar, wie viele Frauen dort ebenfalls Abtreibungen hinter sich hatten. Weil darüber aber nicht gesprochen wurde, behielten sie die Sache als Geheimnis für sich und wurden innerlich von Scham und Schuldgefühlen zerfressen.

Ich machte als Erste den Schritt aus der Dunkelheit ins Licht und danach konnten sie ebenfalls mutig sein. Dadurch, dass ich ganz bei der Sache war, als mir durch meine Schwiegermutter dieser Rettungsring der Hoffnung zugeworfen wurde, konnte ich ihn später selbst vielen anderen Frauen zuwerfen, die genauso litten, wie ich lange gelitten hatte.

Ein weiteres Mal war ich dann bei einem kurzen Treffen zum Lunch ganz bei der Sache, was letztlich zur Gründung der Arbeit führte, die jetzt *Proverb 31 Ministries* heißt. Wir waren nur zwei junge Mütter mit Pferdeschwanz und Jogginghosen mit jeweils einem Säugling im Tragetuch, die es wagten, die Frage zu stellen: „Was ist, wenn andere Frauen wie wir Ermutigung und Stärkung brauchen?" Heute, fast zwanzig Jahre später, arbeiten täglich fast eine Million Frauen mit ermutigenden Worten in diesem Arbeitszweig mit.

Letzten Sommer dann war ich bei einem Frühstück im Familiencamp ganz bei der Sache, als mich eine Frau fragte, ob sie sich neben mich setzen könne. Irgendwie kamen wir auf den Umgang mit Kritik zu sprechen, und ich erzählte ihr von einem harschen Brief, den ich bekommen hatte, und den ich gerade noch einmal durchging, um herauszufinden, was von den Aussagen darin wirklich stimmte, und was ich einfach vergeben und vergessen konnte. Diese Woche habe ich von der besagten Frau aus dem Familiencamp eine E-Mail bekommen, in der sie sich bei mir bedankt. Sie hatte nämlich einen ganz ähnlichen Brief mit einer Kritik bekommen, einen, der vernichtend gewesen wäre, wenn sie sich nicht daran erinnert hätte, dass es mir auch so ergangen war. Sie war also nicht allein, und nur das zu wissen, hatte ihr geholfen.

Ich war ganz bei der Sache, als in meiner Gemeinde jemand mit Gaben gebraucht wurde, über die ich verfügte. Ich bin ganz beseelt, wenn ich zu den Treffen dort gehe und meine Gaben, Fähigkeiten und Möglichkeiten für den Leib Christi einsetzen kann. Ich bin auch ganz bei der Sache in meinem Engagement, die hauptamtlichen Mitarbeiter meiner Gemeinde zu ermutigen. Jede Woche schicke ich eine Notiz, einen Text oder einen Tweet an jemanden, der/die hart dafür arbeitet, dass die Gemeinde so ist, wie sie ist. Jesus wünscht sich von Herzen, dass wir in unseren Gemeinden mitarbeiten, uns einbringen, auch finanziell. Ja, ich arbeite in einer christlichen Organisation außerhalb der Gemeinde mit, aber es ist mir ganz besonders wichtig, mit meiner Heimatgemeinde innig verbunden zu bleiben.

Ich war gestern Abend ganz bei der Sache, als meine Tochter sich unbedingt ein Eis kaufen wollte. Ich hatte zwar ungefähr eine Million anderer dringender Dinge zu tun, aber irgendwie wusste ich in dem Augenblick ganz genau, dass sie das Ja bekommen sollte, das gerade dran war. Wir stiegen also ins Auto und sangen auf der Fahrt geradezu unverschämt laut zur Musik im Radio mit. Wir ließen uns das Haar vom Wind zerzausen und waren uns ganz nah. Wir hatten gar kein tiefgründiges Gespräch, sondern wir waren einfach nur zusammen. Ich hatte sie lieb und sie mich, und das war einfach großartig.

Bei jeder dieser Begegnungen und Angelegenheiten war das, was ich einbrachte, ganz bei der Sache zu sein, meine Liebe und das Ja, das dran war. Und all das führte mich an Orte, an die ich nie gelangt wäre, wenn ich es nicht gewagt hätte, auf das zu achten, was sich unmittelbar vor meinen Händen und Füßen befand.

Ich sage damit nicht: *Mensch, bin ich toll!* Du liebe Güte, wahrscheinlich kommen auf jedes Mal, bei dem ich aufmerksam und ganz bei der Sache war, fünfzehn Gelegenheiten, bei denen das nicht der Fall war. Aber bei den Gelegenheiten, die ich beim Schopf gepackt habe, war ich wirklich ganz dabei. Erstaunlich. Vielleicht haben Sie das Gefühl, dass Sie mehr Gelegenheiten verpassen als nutzen. Und vielleicht wirft meine Anregung, ganz bei der Sache zu sein, ja auch nur noch mehr Fragen auf. Das ist in Ordnung. Ja, es ist sogar fantastisch, denn darum geht es nämlich, wenn man ganz bei der Sache ist. In diesem Moment im Hier und Jetzt zu sein.

Im Nachwort zu seinem Buch *Lebe. Liebe. Los!* schreibt Bob Goff:

Lassen Sie mich Ihnen erzählen, was ich tue, wenn ich nicht weiß, was ich tun soll, um meine Träume Wirklichkeit werden zu lassen: Normalerweise versuche ich einfach herauszufinden, was der nächste Schritt ist, und dann tue ich ihn. Ich weiß, dass das zu einfach klingt, zu formalistisch; man denkt, so leicht könnte es doch nicht sein. Aber genauso leicht ist es. Für die meisten von uns ist der nächste Schritt genauso einfach, wie zum Telefon zu greifen, eine E-Mail zu schicken, einen Brief zu schreiben, ein Flugzeugticket zu kaufen oder einfach aufzutauchen. Wenn Sie das getan haben, dann werden Dinge geschehen. Dinge, die vielleicht Gottes Fingerabdruck tragen. Sie werden merken, bei welchen das der Fall ist und bei welchen nicht. Entscheiden Sie sich für die, die ihn tragen.[32]

Mir gefällt an diesem Zitat so sehr, dass Goff bestätigt, dass es Dinge gibt, die von Gott kommen und solche, bei denen das nicht der Fall ist.

Suchen Sie sich die aus, bei denen es so ist.

Ich habe neulich in sozialen Netzwerken folgende Frage gepostet: „Welche Entscheidung würde Ihnen zurzeit besonders schwerfallen?"

Ich war ziemlich überwältigt von den Entscheidungen, die bei den Menschen anstanden, die diese Frage beantwortet haben. Es waren so viele.

Entscheidungen, ob man weiter im Beruf bleiben oder in den vollzeitlichen Dienst gehen sollte.

Entscheidungen im Zusammenhang mit Beziehungen und Vergebung und Schluss machen und Wiedergutmachung.

Entscheidungen zur Wahl eines Colleges, in Bezug auf Kinder und Unfruchtbarkeit und Adoption.

Entscheidungen, ob hier Gott Nein sagt oder der Teufel nur versucht dazwischenzufunken.

Entscheidungen über Finanzen und Umzüge und schwierige Familienangehörige.

So viele Entscheidungen.

Und ich nahm diese eine kleine Antwort, ganz bei der Sache zu sein, und wagte es, sie in Bezug auf viele dieser Entscheidungen ganz leise zu flüstern. Ich wollte einfach sehen, ob der Gedanke „ganz bei der Sache" zu sein, den Lackmustest des Alltags bestehen würde. Und ich glaube, er besteht ihn. In jeder dieser Situationen ist der beste Ausgangspunkt, aufmerksam und ganz bei der

---

32 Goff, ebd, S. 275.

Sache zu sein, mit einem Herzen, das bereit ist zu lieben, und mit dem Mut, das anzusehen, was einem direkt vor die Hände und Füße gelegt wird.

Schauen Sie das an, was da ist. Statt schon zehn Schritte weiter zu schauen, schauen Sie einfach nur auf den nächsten Schritt. Oder, wie Bob Goff sagt, auf den nächsten Anruf, die nächste E-Mail, den nächsten Besuch.

Lehnen Sie es ab, sich in Dinge verwickeln und dadurch abhalten zu lassen, die Sie nicht wissen. Abraham Lincoln soll angeblich gesagt haben: „Ich weiß nicht, wer mein Großvater war, und ich mache mir auch mehr Gedanken darüber zu wissen, was sein Enkel sein wird."[33] Das ist mal eine Grundhaltung, um das Ja zu erkennen und umzusetzen, das dran ist!

Wer möchten Sie sein? Ich möchte so sein wie die unverkrampfteste Frau, die meine Familie jemals kennengelernt hat, eine Frau, die die Kunst beherrscht, ein Leben zu führen, das bestimmt ist von dem Ja, das dran ist; eine Frau, die weiß, wie man liebevoll und aufmerksam ganz bei der Sache ist.

DIE UNVERKRAMPFTESTE FRAU, DIE ICH KENNE

Sie klopfte an meine Haustür, versuchte dabei gleichzeitig, einen Kaffeebecher, ihre Handtasche und einen Stoß Papiere zu balancieren, und dann noch irgendetwas an ihrem Schuh zu richten. Als ich an die Tür kam, um ihr zu öffnen, machte sie gerade noch zwei kleine Hopser.

---

33 Ida Minerva Tarbell und John McCan Davis, *The Early Life of Abraham Lincoln*, S.S. McClure, 1898, 235.

Ich lächelte. Ihre nicht ganz so perfekte Haltung munterte mich auf, denn ich stand an diesem Morgen ein bisschen neben mir. Sie lächelte zurück und machte einen dritten Hopser.

Schließlich war dann das, was mit ihrem Schuh nicht stimmte, wieder in Ordnung, sie richtete sich auf und lächelte entschuldigend, sodass ich sie direkt ins Herz geschlossen hatte, bevor wir auch nur ein Wort miteinander sprechen konnten.

Sie verbrachte den ganzen Tag mit mir und meiner Familie, eine Journalistin, die einen Artikel über unsere in Afrika adoptierten Söhne schrieb. Sie erwähnte zwar mit keiner Silbe, dass sie auch noch als jemand anderer bekannt war, aber wir wussten es auch so. Sie ist die Tochter eines ehemaligen Präsidenten der Vereinigten Staaten. Sie und ihre Schwester haben also im Weißen Haus gelebt. Ihre Mutter war einmal First Lady und sie selbst gehörte deshalb zur Präsidentenfamilie. Doch an dem besagten Tag bei uns ließ sie sich das absolut nicht anmerken. Da war sie einfach nur Journalistin. Sie war bei uns wegen eines Artikels, und nur in dieser Rolle war sie dann auch ganz bei der Sache.

Ihre Fragen waren ehrlich und unaufdringlich, ihr Auftreten freundlich und zugewandt. Ihr Lachen war entzückend, ihre Unterlagen waren chaotisch, aber sie war absolut fokussiert. Sie war da, um einen Artikel zu schreiben, um eine Geschichte zu erzählen. An diesem Tag ging es um die Geschichte.

Sie blieb auf die anstehende Aufgabe konzentriert und war nicht abgelenkt oder belastet durch tausend andere Dinge, die vielleicht dringlich waren. Sie versuchte nicht zu viele Dinge gleichzeitig zu tun und sie war nicht Sklavin ihres Handys. Sie kam nicht zu spät und sprang nicht von einem Thema zum anderen. Sie sagte Nein zu allem, was sonst dringlich war, damit sie Ja sagen konnte zu dem Artikel, den sie schreiben wollte. Sie sagte ganz und gar Ja zu dem, was gerade dran war.

Ich habe zwar bis dahin noch keine Ahnung, was in dem

Artikel stehen würde; aber diese Frau, die an jenem Tag ein Ja gesagt und gelebt hat, hat auf jeden Fall bei der ganzen Familie einen bleibenden Eindruck hinterlassen. Später beim Abendessen bat mein Mann die Kinder, die Journalistin mit nur einem Wort zu beschreiben, und dabei kam heraus:

„Nett."

„Bescheiden."

„Klasse."

„Elegant."

„Bescheiden."

Vielleicht gab es dann noch einen ganz tollen kleinen Wortwechsel zwischen einem älteren Geschwisterkind und dem jüngsten Kind, der so verlief: „Du kannst nicht mehr ‚bescheiden' sagen, weil ich das nämlich schon gesagt habe. Immer machst du mich nach!"

Nichts geht über Familienbande.

Was ich aber am besten fand, war das gemeinsame Erleben dieser Frau, die so im Hier und Jetzt war. Und die Worte, die meine Kinder wählten, um sie zu beschreiben.

Art bat dann die Kinder, noch zu erklären, welches Verhalten der Journalistin sie zu dieser so großartigen Beschreibung veranlasst hätte. Und dann brachte er das Gespräch auf uns.

„Wenn ihr möchtet, dass andere Menschen solche großartigen Worte über euch sagen, dann denkt gut über die Entscheidungen nach, die ihr trefft, und darüber, welchen Einfluss sie darauf haben, wie Menschen euch beschreiben."

Großartige Beschreibungen entstehen aus guten Entscheidungen. Das Leben, das wir führen, entsteht aus den Entscheidungen, die wir treffen. Wenn wir uns ein besseres Leben wünschen, müssen wir bessere Entscheidungen treffen. *Ja* und *Nein* sind dabei die beiden machtvollsten Worte.

JA UND NEIN - DIE BEIDEN MACHTVOLLSTEN WORTE

Und eine Seele, die sich mit dem beschäftigt, was richtig ist, ist die Seele, die das Ja umsetzt, das dran ist: Die Frau, die Zeit mit ihrem Mann verbringt. Bob, der Anwalt, der ein Liebesaktivist ist. Die Journalistin, die fokussiert und bescheiden ist, dabei aber gleichzeitig Klasse hat. Und Sie – sind Sie jetzt bereit, es zu wagen, einen Blick auf Gottes Liebe zu werfen und sie einzusetzen bei dem, was gerade anliegt und dazu das Ja zu sagen, das dran ist?

Kapitel 15

DER KICK EINES
BEWUSSTEN JAS

Wenn mein Mann sich morgens fertig macht, läuft das immer nach demselben Schema ab, und an einer Stelle in diesem Schema spiele auch ich eine Rolle. Es handelt sich dabei um etwas ganz Einfaches, gar nichts besonders Wesentliches. Nichts, wobei man innehalten und es fotografieren würde. Es ist nur ein kleiner Moment, der darin besteht, dass Art mich erst bittet, ihm zu helfen, eine Krawatte auszusuchen, sich dann die Kleidung anzieht, die er bei der Arbeit trägt, um dann mit hochgeschlagenem Kragen und gebundener, aber noch platt gedrückter Krawatte noch einmal zu mir zu kommen. Jetzt braucht er nämlich ein paar behutsame Hände, die den Kragen umschlagen. Natürlich könnte er das auch selbst tun, aber er wünscht sich sanfte, behutsame Hände dafür. Und die habe ich.

Es ist nur ein ganz kleiner Moment.

Aber es ist ein Moment, in dem wir einander unsere Liebe versichern. In diesem ruhigen Moment sagen wir einander: „Ich liebe dich" und „ich dich auch."

Nun bekommen Sie bloß keine übermäßig romantische Vorstellung von unserer Ehe. Es gibt darin auch viele Szenen, in denen

206

durchaus noch Luft nach oben ist. Aber dieser kurze Krawatten- und Kragenmoment ist wie ein Tropfen Klebstoff, der jeden Tag wieder neu die Verbindung zwischen uns festigt. Es ist etwas so Einfaches und dennoch etwas, das ich zutiefst und schmerzlich vermissen würde, wenn ich diesen Moment heute zum letzten Mal erleben würde.

Wenn ich nur daran denke, kommen mir schon die Tränen. Lieber Gott, hilf mir, daran zu denken. Lass mich Hunderte dieser Momente mit den Augen meines Herzens einfangen, damit ich sie bewahren, dankbar für sie sein und als großen Schatz betrachten kann.

Lass mich mit meinen Gedanken wirklich dabei sein. Lass es mich von Herzen genießen. Lass mich wagen zu flüstern, wie schön das ist. Ich liebe dich. Ich liebe uns. Ich liebe diesen Moment jeden Tag.

Unsere Beziehung ist wirklich nicht perfekt. Keine Beziehung ist das. Wir sind zwei sehr willensstarke Persönlichkeiten, die ihr Leben extrem unterschiedlich angehen, und es wäre so einfach, jetzt all diese Unterschiede aufzuzählen. Er mag es, wenn das Handtuch immer an derselben Stelle hängt. Ich bin da kreativer. Und an diesem Punkt möchte ich die Aufzählung bereits beenden.

Ich beende sie an dieser Stelle, weil große Liebe nicht bedeutet, dass zwei Menschen das perfekt passende Gegenstück zu sich finden. Die große Liebe, das sind zwei Menschen, die sich dafür entscheiden, perfekt zueinanderzupassen. Es ist eine Entscheidung, seinen Kragen umzuschlagen und dieses Bild im Herzen zu tragen und dafür so dankbar zu sein, dass mir die Tränen kommen.

Es ist doch besser, wenn mir heute die Tränen kommen, weil ich mich darüber so freue, als dass ich irgendwann aus Reue darüber weine, was ich alles versäumt habe.

Es ist nur ein kleiner gemeinsamer Moment.

Oder?

Zu so einer Art von innigem Zusammengehörigkeitsgefühl kann es nur kommen, wenn wir uns dafür entscheiden, den Kick eines bewussten Ja zu erleben. Es bedeutet, zusammen zu sein und dieses Zusammensein auch in seiner ganzen Unvollkommenheit zu genießen.

Diese wunderbar chaotische Bande von Menschen, die ich die Meinen nenne, braucht gemeinsame Zeit. Beziehungsgeflecht besteht aus Gesprächsfäden. Wir müssen Zeit haben, uns Zeit nehmen – um zusammen zu sein, miteinander in Kontakt zu treten und zu reden.

Und eigentlich bin ich von Natur aus nicht so gestrickt. Eigentlich bin ich nämlich eine Macherin. Ich mag gern Dinge schaffen. Ich mag den Kick, weiterzukommen, Dinge anzustoßen und in Gang zu bringen, Sachen zu erledigen.

Aber je mehr ich mich dafür entscheide, innezuhalten und zu reden und wirklich in Kontakt zu treten und eine Verbindung zu anderen Menschen herzustellen, desto mehr entdecke ich meine Begeisterung für die heiligen Räume in Beziehungen. Wenn ich in meinem Leben für das bewusste Ja Raum lasse, dann wird dadurch das Geflecht meiner Beziehungen gestärkt, und das hilft mir wiederum, dem Ziehen und Zerren des Alltags besser standzuhalten.

Und mehr noch, es tut meiner Seele gut, wenn Beziehungen Priorität haben. Meine Seele muss der Hetze widerstehen.

Meine Freundin Ann Voskamp sagt dazu: „Hetze ist etwas für Amateure." Mir gefällt diese Aussage unglaublich gut, und ich stimme ihr da absolut zu, auch wenn sich das nicht unbedingt stets in meinem Leben widerspiegelt. Ich muss immer wieder daran erinnert werden, dass meine Seele Zeit für Beziehungen braucht.

Mal ehrlich, können Sie sich vorstellen, wie wahnsinnig gehetzt wir wären, wenn wir immer nur Dinge zu erledigen und Aufgaben zu bewältigen hätten, aber keine Menschen hätten, für die wir innehalten müssten, um mit ihnen in Kontakt zu treten? Als meine Kinder noch klein waren, habe ich oft den Fehler gemacht zu überlegen, wie viel mehr ich schaffen könnte, wenn sie schon ein bisschen größer wären. Und ich habe sogar gedacht, ich wäre weniger gestresst, wenn ich mehr Zeit hätte, um die anstehenden Aufgaben zu schaffen.

Aber das hat sich als Irrtum herausgestellt. Meine Kinder sind inzwischen Teenager, und ich habe jetzt wirklich mehr Zeit zur Verfügung, aber dadurch habe ich nicht automatisch weniger Stress. Warum das so ist? Weil ich mit der Zeit und wachsenden Freiräumen immer mehr Aufgaben übernommen habe. Statt bei derselben Menge von Aufgaben und Verpflichtungen zu bleiben und mehr Zeit für die Kinder zu haben, habe ich einfach immer mehr übernommen.

Wie sehr wir doch in einer Zeit extremen Multitaskings leben! Aber hier die Idee für eine Vorsichtsmaßnahme: Wenn Sie mitten in einer kreativen Arbeitsphase Ihre E-Mails checken, dann sinkt laut des *British Institute of Psychiatry* Ihr IQ um zehn Punkte. Die Untersuchung zeigt, dass unser Gehirn einfach nicht für Multitasking geschaffen ist. Ein Autor bezeichnet Multitasking sogar als „Junkfood fürs Gehirn".[34] Wenn es also wie Junkfood für unser Gehirn ist, zu viele Aufgaben gleichzeitig zu erledigen, dann glaube ich, dass Beziehungen hilfreich sein können.

In Hebräer 10,24-25 steht in diesem Zusammenhang: „Und lasst uns aufeinander achthaben und uns anreizen zur Liebe und zu guten Werken und nicht verlassen unsre Versammlungen, wie einige zu tun pflegen, sondern einander ermahnen, und das umso mehr, als ihr seht, dass sich der Tag naht."

---

34   Erik Qualman, Digital Leader (New York: McGraw Hill, 2012): zitiert aus David Murray, „10 Digital Commandments", HeadHeartHand Blog, Febuary 9, 2012, http://headhearthand.org/blog/2012/02/09/10-digital-commandments/.

Mit den Menschen, die wir lieben, in Kontakt zu sein und im Gespräch zu bleiben, ist Nahrung für die Seele. Es ist nicht so, dass wir dadurch nichts anderes mehr zu tun hätten, aber wir übernehmen nicht mehr so viele Aufgaben, dass wir dadurch unsere Beziehungen aushungern und aufs Spiel setzen. Beziehungen nähren uns auf eine Weise, wie es sonst nichts kann. Es sind Beziehungen, die uns dabei helfen können, Hetze abzubauen oder sogar zu verhindern.

....

*Durch Beziehungen kann vieles
komplizierter werden, aber sie können
auch die Kraft haben, uns zu einem sehr
viel einfacheren Rhythmus zu zwingen.*

....

Wenn Sie jetzt zögern, kann ich das sehr gut verstehen, denn manche Beziehungen sind genau das, was uns so anstrengt und auslaugt. Seien Sie klug und vor allem ehrlich hinsichtlich der Beziehungen, in die Sie Zeit investieren. Auch wenn wir uns in Beziehungen ein paarmal die Finger verbrannt haben, müssen wir trotzdem so fair sein, nicht alle über einen Kamm zu scheren und als schwierig einzustufen. Überlegen Sie gut, mit wem Sie Zeit verbringen, aber nehmen Sie sich Zeit für Ihre Beziehungen.

Es stimmt, dass alle Beziehungen Zeit kosten, und es stimmt auch, dass Beziehungen vieles komplizierter machen können, aber sie können auch die Kraft haben, uns zu einem sehr viel einfacheren Rhythmus zu zwingen. Halten Sie inne, hören Sie zu, reden Sie, sprechen Sie Dinge durch, gehen Sie spazieren, beobachten Sie, bringen Sie sich ein, machen Sie Komplimente, bedanken Sie sich, halten Sie Händchen, seien Sie einfach zusammen.

Letztes Jahr hat meine dreizehnjährige Tochter irgendwann ihre

To-do-Liste getwittert. Für mich war es eine absolute Herausforderung zu sehen, wie sie ihre Prioritäten setzt. Zwischen der Gedächtnisstütze, ihr Protokoll für Sozialkunde auszudrucken, ihre Allergiemedikamente zu nehmen und „duschen, Haar sieht nicht gut aus", zählte sie noch andere besonders wichtige Dinge auf:

- Mama sagen, dass ich sie lieb habe.
- Jesus danken, dass er für uns da ist.
- Papa fest drücken.
- Ashley sagen, dass sie eine tolle große Schwester ist.
- Hope sagen, wie hübsch sie ist.

Zugegeben, sie ist erst dreizehn, und ihre To-do-Liste ist sicher nicht mit Ihrer oder meiner zu vergleichen, aber eines Tages wird es so sein. Und mir gefällt es sehr, dass sie schon jetzt das bewusste Ja einübt. Sie pflegt und schützt und ebnet den Weg für gute Beziehungen in ihrem Leben.

WAS DU DA MACHST, IST NICHT GUT, MOSE!

Es gibt eine interessante Geschichte im Alten Testament, in der Jitro, der Schwiegervater von Mose, eingreifen und seinem Schwiegersohn helfen muss, eine Lebensphase zu entschleunigen und sie bewusster zu leben.

In 2. Mose 18,7-12 wird von einem schönen Wiedersehen zwischen Jitro und Mose berichtet. Es steht dort sogar, dass Mose seinem Schwiegervater entgegenging und ihn küsste. Dann standen sie eine ganze Weile zusammen und redeten miteinander. Dass sie sich lange nicht gesehen hatten, weiß ich, weil in Vers 8 steht:

„Da erzählte Mose seinem Schwiegervater alles, was der Herr um Israels willen dem Pharao und den Ägyptern angetan hatte, und alle die Mühsal, die ihnen auf dem Wege begegnet war, und wie sie der Herr errettet hatte."

Und ich weiß, dass in dieser Beziehung liebevolles Vertrauen herrschte, weil Mose Jitro auch von all dem Schweren erzählte, das sie unterwegs erlebt hatten. Man redet ja nicht mit jedem über die eigenen Probleme. Soweit ich es erkennen kann, hatten Jitro und Mose also eine gute Beziehung. Mose brachte Jitro auf den neuesten Stand darüber, was in seinem Leben passiert war, und Jitro war begeistert über all das, was der Herr getan hatte. Am Ende des Abends brachte Jitro sogar ein Dankopfer dar und opferte zusammen mit Mose und allen Ältesten des Volkes Israel.

Ich habe diese Geschichte in den letzten paar Tagen sehr oft gelesen, denn das, was als Nächstes passiert, ist für mich eine Herausforderung auf verschiedenen Ebenen. Lassen Sie uns den Abschnitt gemeinsam lesen. Ich weiß, dass er lang ist, aber bleiben Sie bei mir, und hinterher erkläre ich Ihnen dann, was ich meine.

Am andern Morgen setzte sich Mose, um dem Volk Recht zu sprechen. Und das Volk stand um Mose her vom Morgen bis zum Abend.

Als aber sein Schwiegervater alles sah, was er mit dem Volk tat, sprach er: Was tust du denn mit dem Volk? Warum musst du ganz allein da sitzen, und alles Volk steht um dich her vom Morgen bis zum Abend?

Mose antwortete ihm: Das Volk kommt zu mir, um Gott zu befragen. Denn wenn sie einen Streitfall haben, kommen sie zu mir, damit ich richte zwischen dem einen und dem andern und tue ihnen kund die Satzungen Gottes und seine Weisungen.

Sein Schwiegervater sprach zu ihm: Es ist nicht gut, wie du das tust. Du machst dich zu müde, dazu auch das Volk, das mit dir ist.

Das Geschäft ist dir zu schwer; du kannst es allein nicht ausrichten. Aber gehorche meiner Stimme; ich will dir raten und Gott wird mit dir sein. Vertritt du das Volk vor Gott und bringe ihre Anliegen vor Gott und tu ihnen die Satzungen und Weisungen kund, dass du sie lehrst den Weg, auf dem sie wandeln, und die Werke, die sie tun sollen.

Sieh dich aber unter dem ganzen Volk um nach redlichen Leuten, die Gott fürchten, wahrhaftig sind und dem ungerechten Gewinn Feind. Die setze über sie als Oberste über tausend, über hundert, über fünfzig und über zehn, dass sie das Volk allezeit richten. Nur wenn es eine größere Sache ist, sollen sie diese vor dich bringen, alle geringeren Sachen aber sollen sie selber richten. So mach dir's leichter und lass sie mit dir tragen. Wirst du das tun, so kannst du ausrichten, was dir Gott gebietet, und dies ganze Volk kann mit Frieden an seinen Ort kommen.

Mose gehorchte dem Wort seines Schwiegervaters und tat alles, was er sagte, und erwählte redliche Leute aus ganz Israel und machte sie zu Häuptern über das Volk, zu Obersten über tausend, über hundert, über fünfzig und über zehn (2. Mose 18,13-25, LÜ).

Die Herausforderung dabei ist für mich Folgendes: Mose widerspricht Jitro nicht und wehrt sich auch nicht. In der Bibel steht: „Mose gehorchte dem Wort seines Schwiegervaters und *tat alles, was er sagte*" (Hervorhebung der Autorin). Ich glaube, für den Anführer eines ganzen Volkes, wie es Mose war, war es bestimmt schwierig, sich von seinem Schwiegervater sagen zu lassen: „Was du da machst, ist nicht gut."

Also entschuldige mal, Jitro. Darf ich fragen, ob du überhaupt Erfahrung als Leiter hast? Und dann verpackst du deine Kritik noch nicht mal ein bisschen nett, indem du mir erst mal das sagst, was ich alles richtig mache?

Ja, für mich ist es eine echte Herausforderung zu lesen, wie

Mose auf Jitros Kritik reagiert. Aber ich glaube, Folgendes hat dazu beigetragen, dass es so gut lief: ihre Beziehung. Sie hatten eine echte Verbindung miteinander. Sie haben sich erst ausgetauscht, anschließend das Ausgetauschte gemeinsam durchgesprochen, zusammen geopfert und dann noch zusammen gegessen.

Und das gemeinsame Essen mit Jitro schmeckte für Mose nach mehr als nur gebratenem Fleisch. Mose schmeckte auch, wie zufrieden eine Seele durch eine gute Beziehung sein kann. Jitro zeigte Mose nicht nur auf, wie er das Volk Israel besser führen könne, sondern er zeigte Mose eine andere Art, wie sie alle besser den ständigen Spannungen widerstehen und sich auf ein bewusstes Ja einlassen konnten, um ihre Beziehungen zu schützen.

Die Verantwortung für das Lösen von Problemen auf mehrere Schultern zu verteilen sorgte dafür, dass Mose mehr Freiräume hatte und das Volk schneller Antworten auf anstehende Fragen bekam. Beachten Sie, dass das nicht nur für Mose galt. Jitro sagte zu Mose: „Es ist nicht gut, was du da tust. Du machst dich zu müde, dazu *auch das Volk, das mit dir ist …*" Das galt für Mose und für all die Menschen, zu denen er eine Beziehung hatte.

Mit anderen Worten: Tun Sie, was nötig ist, um das Geflecht Ihrer Beziehungen zu stärken, und es ist völlig in Ordnung, wenn sie sich dazu Hilfe holen. Verteilen Sie die Verantwortung auf viele Schultern, und wenn Sie keine Möglichkeit haben, sich Hilfe zu holen, dann reduzieren Sie die Liste Ihrer Aufgaben. Tun Sie, was notwendig ist, damit Sie gute, intakte Beziehungen haben.

Das bewusste Ja stärkt nicht nur das Geflecht meiner Beziehungen, damit sie dem Gezerre des Alltags besser widerstehen können, sondern es schafft auch Raum, um zu erkennen, wann eine Beziehung zusätzliche Aufmerksamkeit braucht, damit es nicht zu Auflösungserscheinungen kommt.

AUFLÖSUNGSERSCHEINUNGEN EINER EHE

Ich hatte einmal einen Lieblingspullover, den ich unheimlich mochte, weil er nicht zu stark auftrug, aber trotzdem warm und kuschelig war. Das einzige Problem bei dem Pullover war, dass er sehr locker gestrickt war, und man mit den lockeren Maschen leicht irgendwo hängen blieb. Ich musste also immer vorsichtig sein, wenn ich ihn anhatte, damit er lange schön blieb.

Bis ich eines Tages sehr in Eile war, um noch rechtzeitig zu einer Sitzung zu kommen. Ich suchte hastig die Sachen zusammen, die ich brauchte, hetzte zum Wagen, warf all mein Zeugs auf den Beifahrersitz, unter anderem ein Spiralheft, und dann blieb die Spiralbindung dieses Heftes an meinem Pullover hängen. Als ich den Arm wieder zurückzog, nachdem ich die Sachen auf den Beifahrersitzt gelegt hatte, zog das Spiralheft eine riesige Schlaufe in den Pullover.

Ich hakte das Heft von meinem Pullover ab und begutachtete den Schaden. Am besten wäre es jetzt natürlich gewesen, den Pullover sofort auszuziehen und etwas anderes anzuziehen und die herausgezogene Masche später zu verstopfen, aber weil ich schon spät dran war und es eilig hatte und an diesem Tag noch so viel anlag, traf ich die tragische Entscheidung, das zu tun, was in diesem Augenblick am einfachsten schien. Ich zerriss die Schlaufe und hoffte das Beste. Diese Entscheidung setzte einen Auflösungsprozess in Gang, den der wunderschöne Pullover leider nicht überlebte.

Vor ein paar Tagen hatten mein Mann und ich einen Streit, und zwar vor den Kindern, über irgendetwas Nebensächliches, und das auch noch unmittelbar bevor wir zu einem gemeinsamen schönen Abend aus dem Haus gehen wollten.

Im Eifer des Gefechtes verkündete mein Mann, das Date sei hiermit abgesagt, er habe jetzt keine Lust mehr. Und ich wollte ehrlich gesagt auch nicht mehr. Ich wollte allein in einem Coffee-shop sitzen und in Gedanken eine Liste all der Gründe erstellen, weshalb ich recht und er unrecht hatte und dadurch meine eigene Sichtweise untermauern. Genau in einem solchen Moment, in dem man sich auf diese Weise wehrt, kann bereits der Auflösungs-prozess einer Beziehung seinen Anfang nehmen.

Was gerade am einfachsten scheint, ist oft nicht das, was lang-fristig am besten ist. Ich drängte also darauf, trotz allem gemein-sam etwas zu unternehmen. Es war nicht besonders schön und es war auch nicht einfach. Es gab Tränen, und es gab lange Stre-cken unbehaglichen Schweigens, aber irgendwann durchbrachen wir dann den Widerstand, den wir beide empfanden, und redeten miteinander.

Es ist so wichtig, über die Laufmaschen in einer Beziehung zu reden, über das, was uns als Ehepaar auseinanderzubringen und unsere Ehe langsam aufzulösen droht, denn eine Ehe ist schließlich auch etwas Zartes und Empfindliches. Ehrlich gesagt gilt das eigentlich für alle Beziehungen, nur das vergisst man oft. Man betrachtet so leicht alles als selbstverständlich und ist nicht mehr vorsichtig, rücksichtsvoll, beschützend. Man hört oft auf, zu denen, die man liebt, ganz bewusst und immer wieder Ja zu sagen und dann kann eine solche Auflösung sehr schnell fortschreiten.

....

Fäden in Form von Gespräch bilden
das Geflecht, aus dem Beziehungen
bestehen. Wir müssen uns Zeit nehmen –
Zeit frei machen – um zu reden.

....

Mein bewusstes Ja an diesem Tag führte dazu, dass ich mich bei meinem Mann entschuldigte. Indem ich zugab, dass ich unrecht hatte und ihn um Verzeihung bat, wurde die Laufmasche sofort repariert und wieder in das Beziehungsgeflecht hineingezogen, sodass kein größerer Schaden entstehen konnte.

Im Englischen sagt man zum Heiraten auch „tie the knot", also wörtlich „den Knoten knüpfen", komisch, oder? Für uns war das Heiraten nicht nur der Akt in der Kirche, sondern es ist etwas, das wir ständig aufs Neue tun müssen.

Alle Beziehungen erfordern auf die eine oder andere Weise das Knüpfen dieses Knotens. Und das Verknüpfen von verschiedenen Leben geschieht, wenn wir bewusst Ja dazu sagen, mit anderen verbunden zu sein. Wie ich bereits gesagt habe, besteht das Geflecht von Beziehungen aus Gesprächsfäden. Wir müssen uns Zeit nehmen – Zeit frei machen – um miteinander zu reden.

Wie wir zu diesem bewussten Ja und der nötigen Zeit dafür kommen? Nun, indem wir uns diese Zeit nehmen. Wir nehmen uns Zeit für Beziehungen, indem wir sie bei unserer Zeit- und Terminplanung im Blick haben.

Louie Giglio hat recht, wenn er sagt: „Immer wenn man zu etwas Ja sagt, dann hat man für etwas anderes weniger zur Verfügung. Sorgen Sie dafür, dass Ihr Ja dieses Weniger wert ist."

Ich möchte nicht, dass es meine Beziehung ist, die ständig mein „Weniger" abbekommt. Deshalb lasse ich bewusst genügend freie Zeit in meinem Kalender, damit Beziehung stattfinden kann. Das Wichtige ist gar nicht so sehr, wo wir Zeit finden, sondern dass uns absolut bewusst und gegenwärtig ist, Zeit frei zu lassen und nach Möglichkeiten zu suchen, ein bewusstes Ja zu geben und zu leben.

Mir ist es wirklich wichtig sicherzustellen, dass ich genügend Freiraum für Beziehungen reserviere.

- Raum für gemeinsame Mahlzeiten am klebrigen Esstisch.
- Raum für Freundschaften, indem ich mich vom Computer wegbewege und mehr Zeit für persönliche Kontakte.

- Raum zum Lachen, laut Singen und zu kurzen oder langen Autotouren.
- Raum für die Zeiten in meiner Ehe, in der Laufmaschen wieder aufgesammelt werden müssen.
- Raum auf den To-do-Listen, um Menschen Priorität vor Projekten zu geben.
- Raum für Gespräche und Spaziergänge und verrückte Insiderwitze.
- Raum, um den Hemdkragen meines Mannes zu richten.
- Raum für ein ganz bewusstes Ja.

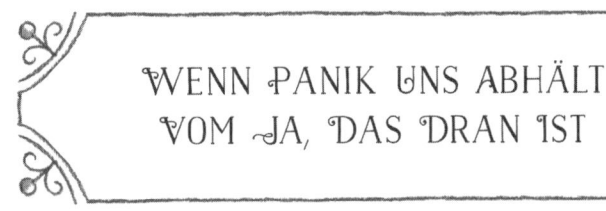

Kapitel 16

WENN PANIK UNS ABHÄLT VOM JA, DAS DRAN IST

Ich stand mit eingezogenem Bauch am Rand des Schwimmbeckens und schaute zu meiner damals etwa fünf Jahre alten Schwester hinüber, die bei den Stufen an der flachen Nichtschwimmerseite des Beckens spielte.

Die flache Seite ist jetzt Vergangenheit für mich, dachte ich. *Ich bin jetzt neun Jahre alt. Ich bin jetzt so groß und so alt, dass ich weiß, wie man den Bauch einzieht und auf der Schwimmerseite ins Wasser springt.*

Das Wirrwarr an Bedenken, die nicht ganz so mutigen und nicht ganz so sicheren Gefühle, die mir durch den Kopf gingen, schob ich beiseite. Und dann sprang ich ins kalte Wasser, das mich völlig umschloss. Ich ließ meinen Körper einfach sinken, bis meine Zehen den Boden berührten, und dort unten auf dem tiefen, tiefen Grund legte ich dann meinen Kopf in den Nacken, schaute in die Richtung, aus der ich gekommen war und stieß durch die Nase Luft aus, die als Kette von Luftblasen aufstieg. Als die Blasen langsam wieder verschwanden, machte ich die Augen auf und sah verschwommen die Gestalt eines Mädchens am Rand des Schwimmbeckens stehen.

Ihr Gesicht konnte ich nicht genau erkennen, aber die Gestalt tänzelte hin und her, je nachdem wie der Umriss durch das Wasser verzerrt wurde. Ich wusste aber trotzdem, dass es das Mädchen in dem rosa und grün geblümten Badeanzug war – meine kleine Schwester.

Ich drückte mich gegen den Widerstand des Wassers so weit nach oben, dass ich mit dem Kopf über der Wasseroberfläche war.

„Was machst du da? Du weißt doch, dass du auf der Nichtschwimmerseite bleiben sollst", sagte ich halb als Feststellung, halb als Schelte.

Sie wollte auch springen. Sie wollte auch schwimmen. Sie wollte genau so groß und so mutig sein wie ich. Sie wollte den Kick der Schwimmerseite.

„Nein!", sagte ich mit Nachdruck.

Ich mochte das Gefühl, sie herumzukommandieren. Ich fühlte mich zuständig, als ich das kleine Wort aussprach und den richtigen Ton für die Verwarnung fand. Ich wollte nicht, dass ihr etwas passierte – das war sicher ein Aspekt, aber was mir am besten gefiel, war dieser seltene Moment der Autorität.

Bis mir klar wurde, dass sie absolut nicht die Absicht hatte zu gehorchen. Sie machte sich über mich lustig, indem sie so tat, als würde sie springen. Sie holte Schwung mit den Armen, beugte sich vor und biss dabei ihre kleinen Zähne zusammen, als würde im nächsten Moment ihre gesamte Kraft von ihren Fußsohlen aus explodieren. Doch im letzten Moment verzog sich ihr Gesicht zu einem breiten Grinsen und sie ging vom Beckenrand weg.

Ich stieß einen erleichterten Seufzer aus.

Ich war zwar mutig, aber auch realistisch. Ich wusste, dass ich auf der tiefen Seite des Beckens zurechtkam, aber mir war auch klar, dass ich wahrscheinlich nicht die Kraft gehabt hätte, uns beide über Wasser zu halten.

Immer wenn wir ins Schwimmbad gingen, begab sich jetzt

jede von uns an ihren entsprechenden Platz. Ich ging mit einge-zogenem Bauch und wachsendem Mut an den Rand der tiefen Schwimmerseite, meine Schwester ging zu der Treppe auf der flachen Nichtschwimmerseite. Aber der Sommer verging und ich fragte mich: *Könnte ich? Sollte ich sie mit hier ins Tiefe nehmen?*

Jeden Tag wartete ich kurz ab, bevor ich mich ins tiefe Wasser stürzte, wo das Baden richtig Spaß machte, und schaute zu ihr hinüber. Meine Schwester tat mir richtig leid. Sie hatte ja keine Ahnung, wie toll es war zu schwimmen, ohne dass man mit den Zehen den Boden berühren konnte. Dort wo sie war, konnte sie stehen, aber ich musste schwimmen, musste Kraft einsetzen und mich bewegen, um nicht unterzugehen. Und ich wollte, dass sie dieses Gefühl auch kennenlernte.

Eines Tages kam mir dann die Idee, dass es mehr als nur eine Möglichkeit gab, sie an die tiefe Seite zu gewöhnen. Sie musste ja nicht direkt ins Schwimmerbecken springen, sondern ich konnte sie auch ganz langsam hineinholen. Ich konnte sie auf meinem Rücken bis zu dem abschüssigen Stück zwischen dem Nicht-schwimmer- und dem Schwimmerbereich bringen und dann ganz langsam schrittweise die Schräge hinuntergehen. Wenn sie irgendwann Angst bekam, konnte ich schnell wieder einen Schritt zurück dorthin gehen, wo sie sich sicher fühlte.

Ehrlich gesagt war ich schwer beeindruckt von meiner eigenen brillanten Idee. Ich schwamm also hinüber auf die Nichtschwimm-erseite und erklärte ihr meinen Plan, als ob ich ihr das größte Geschenk machte, das ein Mensch einem anderen machen kann.

Überraschenderweise zögerte sie. *Was? Wie konnte das sein? Ich war mir sicher gewesen, dass sie auf meinen Rücken springen und verlangen würde, dass ich schneller, schneller, schneller ins Tiefe gehen solle.* Doch so war es nicht. Er war einiges an Überzeu-gungsarbeit vonnöten und viele Versprechungen, damit sie sich von der Stelle fortbewegte, an der sie sich noch sicher fühlte.

Doch schließlich kletterte sie dann doch noch auf meinen Rücken und schlang ihre Arme um meine Schultern. Langsam ging ich das abschüssige Stück zwischen Nichtschwimmer- und Schwimmerbereich hinunter. Ich machte einen kleinen Schritt vorwärts, noch einen und einen dritten.

Beim dritten Schritt stand ich bereits auf Zehenspitzen, und mir war plötzlich klar, dass wir beim nächsten Schritt unter Wasser sein würden, denn das Wasser reichte mir schon bis übers Kinn, fast bis zur Nase. Ich schob meine Schwester ein Stückchen höher auf meinem Rücken, damit sie ein bisschen weiter von der Wasseroberfläche entfernt war.

Aber dann rutschte ich aus.

Wir gingen beide unter und die Hände meiner Schwester rutschten von meinen Schultern ab und umklammerten jetzt meinen Hals. Es war, als glaubte sie, die einzige Möglichkeit sich zu retten bestehe darin, mir mit aller Kraft den Hals zuzudrücken, so fest, dass ich beim nächsten Mal, als ich auftauchte, nicht Luft holen konnte. Es dauerte nicht lange, da wurde mir schwummrig und plötzlich hatte ich die Orientierung verloren. Ich wusste nicht mehr, in welche Richtung ich mich bewegen musste, um uns in Sicherheit zu bringen. Irgendwie wurde alles um mich her immer verschwommener, aber eines war mir absolut klar: Wir ertranken. Und anhand der Art, wie meine Schwester panisch um sich schlug und strampelte und mir die Kehle zudrückte, war deutlich, dass auch sie es wusste.

Und jetzt kommt der verrückteste Teil der Geschichte. Ich kann mich nicht erinnern, wie wir gerettet wurden. Ich weiß nur, dass es so war, denn meine Schwester und ich sind beide noch am Leben. Aber an den Rest der Geschichte kann ich mich nicht mehr erinnern.

An den Teil mit dem Ertrinken erinnere ich mich glasklar. Manchmal träume ich heute noch davon. Dann habe ich das

Gefühl keine Luft zu bekommen, setze mich im Bett auf, ringe nach Atem und reiße mir die eingebildeten kleinen Hände meiner Schwester vom Hals. Aber sogar solche Träume enden an der Stelle, wo ich ertrinke und nicht im Augenblick der Rettung.

Das liegt vielleicht daran, dass ich mich an die Panik besonders gut erinnern und daraus lernen soll, dass Panik niemals hilft, jemanden zu retten. Wenn Panik überhaupt etwas bewirkt, dann, dass derjenige, der zu helfen versucht, auch noch mit in Gefahr gerät. Das ist sehr wichtig zu wissen, denn auch heute komme ich immer wieder in Situationen, in denen ich unterzugehen drohe.

IN UNSICHERHEIT UNTERGEHEN

Man kann auch in anderen Dingen untergehen als Wasser. Menschen können untergehen und das Gefühl haben, gar nicht wieder hochzukommen. Manchmal liegen Menschen sogar auf dem Boden und müssen gerettet werden.

Und wissen Sie, wo ich dieses Ertrinken ohne Wasser und die panische Reaktion darauf am häufigsten erlebe? Bei Frauen, die unsicher sind. Es erfordert einfach Mut, sich den Gedanken zu eigen zu machen, immer nur das Ja zu sagen, das richtig und dran ist. Er erfordert Mut, Nein zu sagen. Es erfordert Mut, falsche Muster bei der Entscheidungsfindung aufzudecken und zu korrigieren. Jedes Mal, wenn Mut erforderlich ist, kann eine tiefe innere Unsicherheit dazu führen, dass wir vor der notwendigen Veränderung zurückschrecken.

Warten Sie! Hören Sie jetzt nicht auf zu lesen! Ich habe nämlich das Gefühl, dass Sie gerade kurz davor sind, genau das zu tun. Sie sehen vielleicht das Wort *Unsicherheit* und stellen fest, dass Sie nicht unsicher sind, und dass deshalb alles, was ich jetzt schreibe, auf Sie gar nicht zutrifft, aber das ist ein Irrtum. Ich garantiere Ihnen, dass auch Sie schon einmal den Würgegriff der Unsicherheit erlebt haben, auch wenn Sie es vielleicht nicht so bezeichnen würden. Zu Unsicherheit gehören auch Gedanken wie die folgenden:

- *Du bist nicht so begabt oder klug oder erfahren wie sie, und deshalb wird aus diesem Projekt niemals etwas werden.*
- *An deinen Kindern ist ganz deutlich deine Unzulänglichkeit als Mutter zu erkennen.*
- *Schütze dich selbst und deine Würde. Wage dich lieber nicht an dieses neue Projekt.*
- *Wenn du so strukturiert und zielstrebig oder kreativ wärest wie die anderen, dann könntest du es vielleicht auch schaffen, aber es ist nun mal nicht so.*
- *Hast du gehört, was er gerade über dich gesagt hat? Er kennt dich besser als jeder andere, also muss es wahr sein, wenn er es denkt.*
- *Diese Beziehung wird niemals besser werden.*
- *Du weißt doch selbst, dass das niemals klappt, oder?*

Woher ich weiß, dass Sie solche Dinge denken und empfinden? Weil ich sie nicht nur bei anderen beobachte, sondern auch selbst erlebe.

Vielleicht sind Sie auch deshalb versucht, jetzt nicht weiterzulesen, weil Ihnen nur allzu bewusst ist, wie sehr Sie mit Unsicherheit zu kämpfen haben, und Sie es leid sind, sich Ratschläge anzuhören, durch die Sie sich nur noch schlechter fühlen. Aussagen wie: „Finde dich damit ab." Oder: „Unsicherheit ist nur nach innen gerichteter Stolz."

Autsch. Das Letzte, was man braucht, wenn einen die eigene Unsicherheit im Würgegriff hat, ist jemand, der danebensteht und zu den Problemen, die man ohnehin schon hat, auch noch *Stolz* hinzufügt.

Ich weiß, dass ich Probleme habe. Deshalb bin ich ja so unsicher. Vielen Dank auch und schönen Tag noch. Das ist so, als würde man einem Ertrinkenden sagen, er solle einfach schneller schwimmen. Glauben Sie nicht, der Betreffende wünschte, er könnte es?

Wann ich das Gefühl habe unterzugehen? Ich habe es dann, wenn durch eine bestimmte Situation oder einen Menschen meine wunden Stellen offengelegt werden. Die Stellen, an denen ich mich so beschränkt fühle, so unfähig, so unannehmbar. Genau wie damals in dem Schwimmbecken, kann ich in dem einen Augenblick noch sicher stehen und den Kopf über Wasser haben, und schon im nächsten rutsche ich auf abschüssiger Strecke aus und finde scheinbar keinen Halt mehr. Und dann wird aus der Unsicherheit, die mir irgendwie immer im Nacken sitzt, plötzlich ein tödlicher Würgegriff.

Meine Unsicherheit kann mich dann dermaßen packen und Besitz von mir ergreifen, dass ich nichts, was mir das Leben retten könnte, noch an mich heranlasse. Ich vergesse, was wahr ist. Ich möchte mich aus allen Beziehungen zurückziehen. Ich will nicht einmal mehr in die Gemeinde gehen. Ich weiß zwar, dass ich all das brauche wie die Luft zum Atmen, aber der Würgegriff um meinen Hals ist einfach zu fest. Meine Gedanken werden sehr schnell verschwommen und wie benebelt, und plötzlich verliere ich die Orientierung und weiß nicht mehr, wo ich in Sicherheit bin. Ich werde mir der Dinge um mich her immer unsicherer, aber eines weiß ich ganz genau: Ich gehe unter.

Das hat die Unsicherheit so an sich. Wenn sie einen erst einmal im Griff hat, dann ist genau das, was man am dringendsten braucht, am schwersten zu ergreifen – die Wahrheit. Es gibt eine traurige und erschreckende Statistik zum Thema Ertrinken: Beinah die Hälfte aller Ertrinkungsunfälle passieren nicht einmal einen Meter vom rettenden Ufer entfernt.[35] Ich kann also der Wahrheit ziemlich nahe sein, aber trotzdem an meiner Unsicherheit untergehen. Ich kann die Wahrheit auf meinem Nachtschrank stehen haben, sie mir jeden Sonntag predigen lassen oder sie mir per Bibel-App schicken lassen. Ja, die lebensrettende Wahrheit kann so nah sein.

Aber sich an ihr festzuhalten und sich auf sie zu stellen und sich durch sie aus der Panik holen zu lassen – dazu muss die Wahrheit mehr als nur nahe sein. Sie muss vollkommen verinnerlicht sein, das Denken neu vernetzt haben und einem zuflüstern: „Hier ist es sicher. Die Unsicherheit kann dir nichts mehr anhaben, wenn du ihren Würgegriff beendest. Die Unsicherheit hat nur Macht über dich, wenn du ihr die Kontrolle über dein Denken überlässt."

FESTGELEGTES DENKEN UND AUF ENTWICKLUNG AUSGERICHTETES DENKEN

Eine Freundin hat mir folgenden Gedanken auf meine Facebook-Pinnwand geschrieben: „Wir tun, was wir tun und fühlen, was wir fühlen, weil wir denken, was wir denken."

Und wissen Sie, welches Denken unsere Unsicherheit am meisten fördert? Es ist ein Denken, das festgelegt und nicht auf Entwicklung ausgerichtet ist.

Ein Mensch, der in seinem Denken festgelegt ist, betrachtet seine Fähigkeiten, Begabungen, Fertigkeiten, Beziehungen und seine Intelligenz als beschränkt und mangelhaft. Er glaubt, dass er

---

35 BC Lifesaving Society (2000); zitiert in Joel Sutcliffe, „Drowning Physiology", NLS Course Pack, 2003, http://www.sutcliffe.ca/joel/nls/drowning.pdf.

immer dort bleiben wird, wo er gerade ist, dass nichts mehr besser werden kann und dass das eben so ist. Für einen Menschen, der so tickt wie ich, ist das unvorstellbar.

Ein Mensch, dessen Denken auf Wachstum und Entwicklung ausgerichtet ist, sieht seine Fähigkeiten, Begabungen, Fertigkeiten, Beziehungen und seine Intelligenz immer mit Entwicklungsmöglichkeiten. Der Jetztzustand ist nur der Ausgangspunkt und nicht die Ziellinie. Alles kann sich entwickeln und besser werden. Es ist möglich, dass wir unsere Weisheit einsetzen, um herauszufinden, welches Ja dran ist!

Mindset, also eine bestimmte Denkweise eines Menschen oder einer Gruppe von Menschen, ist eine relativ einfache Sache, die von der weltbekannten Psychologin Carol Dweck von der *Stanford University* in jahrelanger Forschungsarbeit entdeckt wurde. Dweck schreibt:

Bei einer festgelegten Denkweise (Mindset) glauben Menschen, dass ihre grundlegenden Eigenschaften, wie beispielsweise ihre Intelligenz oder Begabungen festgelegt und statisch sind, und sie verbringen ihre Zeit damit, ihre Intelligenz oder Begabungen zu dokumentieren, statt sie weiterzuentwickeln. Sie sind auch der Meinung, dass bereits Talent allein Erfolg schafft – ohne Mühe. Das ist ein Irrtum.

Bei einer Denkweise (Mindset), die auf Entwicklung ausgerichtet ist, glauben die Menschen, dass sich ihre grundlegenden Fähigkeiten und Fertigkeiten durch Einsatz und harte Arbeit weiterentwickeln lassen – dass Intelligenz und Begabung lediglich der Ausgangspunkt sind. Durch diese Sichtweise entsteht Liebe zum Lernen und eine Resilienz, die beide für großartige Leistungen von entscheidender Bedeutung sind.[36]

---

36 Carol Dweck, „What is Mindset," *Mindset*, 2006-2010, http://mindsetonline.com/whatisit/about/index.html.

Ich finde diese Untersuchung von Dweck faszinierend, weil sie genau bestätigt, wie wir laut Bibel über unsere Unsicherheit hinauswachsen können. Wir müssen nicht nur einfach mit unserer Unsicherheit fertigwerden oder uns zähneknirschend dazu zwingen, sie nicht zu beachten, sondern wir können über sie hinauswachsen.

Wir erlangen Sicherheit, wenn wir unser Denken daran ausrichten und festmachen, was Jesus in uns bewirken kann. Es stimmt zwar, dass wir an sich und aus uns selbst heraus sehr beschränkt sind. Aber in dem Moment, in dem wir Jesus als Herrn über unser Leben annehmen, kann aus unseren begrenzten Möglichkeiten Großartiges entstehen. Er lebt in uns. Er befreit uns von unserem toten Leben und schenkt uns die Kraft, ein neues Leben zu beginnen – ein Auferstehungsleben.

Wenn Gott in Ihnen lebt und atmet, (und das tut er, so sicher wie er es bei Jesus getan hat), dann sind Sie von diesem toten Leben erlöst. Wenn sein Geist in Ihnen lebendig ist, dann wird Ihr Körper so lebendig sein wie der von Jesus! Sehen Sie denn nicht, dass wir diesem alten Do-it-yourself-Leben gar nichts schuldig sind? Das Einzige, was wir damit noch machen können, ist, ihm ein anständiges Begräbnis zu gewähren und dann mit unserem neuen Leben weiterzumachen. Der Geist Gottes lockt. Es gibt Dinge, die getan werden wollen, Orte, die aufgesucht werden sollen! Dieses Auferstehungsleben, das Sie von Gott bekommen haben, ist kein zaghaftes Leben, sondern es ist abenteuerlich, erwartungsvoll, und es begrüßt Gott mit einem kindlichen: „Und was machen wir jetzt, Papa?"[37]

Mir gefällt die Formulierung: „Der Geist Gottes lockt." Ja, das tut er wirklich. Ich habe diesen Abschnitt einer Freundin vorgele-

---

37   Römer 8,10-16 nach *The Message*

sen, die mir gesagt hat, dass sie sich eigentlich gar nicht unsicher fühlt, aber als ich ihr diesen Satz vorlas, da seufzte sie. Und dann gestand sie mir: „Das Gefühl, wenn Gott lockt, das kenne ich. Und vielleicht ist das der Grund, weshalb ich mich nicht unsicher fühle. Ich weigere mich seit Jahren, mich von dem wegzubewegen, was für mich angenehm, bequem und sicher ist. Ich weigere mich, mich auf irgendetwas einzulassen, bei dem ich mir nicht absolut sicher bin, ob ich es schaffe. Ich glaube, ich fühle mich deshalb nicht unsicher, weil ich dort bleibe, wo ich mich auskenne und sicher fühle, aber dabei weigere ich mich, mich von Gott zu mehr verlocken zu lassen."

Ja, es gefällt mir, dass Gott uns alle lockt, dass er uns zu dem Ja hinlockt, das dran ist, ja vielleicht sogar zu ganz vielen Chancen für ein Ja, das dran ist. Ob wir uns unsicher und beschränkt fühlen oder vielleicht auch sicher, weil wir uns bewusst selbst auf das beschränken, worin wir uns von Natur aus sicher fühlen – wir behindern dadurch auf jeden Fall eine mögliche Entwicklung.

Wir können uns nicht weiterentwickeln, wenn uns Unsicherheit von dem lebenswichtigen Sauerstoff der verändernden Wahrheit fernhält. Gott lockt mich und lädt mich ein, mein Denken zu verändern, indem ich mein Augenmerk nicht auf meine Unsicherheit und Beschränktheit richte, sondern auf seine Sicherheit und seine grenzenlosen Möglichkeiten.

Ich muss von einem festgelegten Denken wechseln zu einem Denken, das auf Wachstum und Entwicklung ausgerichtet ist.

„Das festgelegte Denken", so Dweck, „führt zu einem inneren Monolog, der sich aufs Bewerten und Verurteilen konzentriert mit Aussagen wie: ‚… das heißt, dass ich ein Versager bin … Das bedeutet, dass ich ein schlechter Ehemann bin.'"[38]

---

38 Carol Dweck, „The Nature of Change", Mindset, 2006-2010, http://mindsetonline.com/changeyourmindset/natureofchange/index.htlm.

Mit anderen Worten, ich mache meine Identität an meiner Unsicherheit fest. Dabei ist es meine Identität, dass ich ein Kind Gottes bin, genau so wie es in Römer 8 steht. Doch ich nehme meine Lebensumstände, die Meinung anderer und meine eigenen verqueren Gefühle und mache sie Stück für Stück zu einem Teil meiner Identität, sodass ich schließlich sage:

- Ich bin ein Kind Gottes, *aber* guck doch mal, wie chaotisch meine finanzielle Situation ist.
- Ich bin ein Kind Gottes, *aber* ich haben zwanzig Kilo Übergewicht und fühle mich deshalb wie der letzte Versager.
- Ich bin ein Kind Gottes, *aber* schau doch mal, was mein Kind da gerade angestellt hat. Und dadurch fällt jetzt ein richtig schlechtes Licht auf die ganze Familie.

Und so lasse ich dann zu, dass bei jeder Entscheidung, die ich treffe, als Allererstes meine Unsicherheit einfließt und ins Gewicht fällt und bleibe somit bei dem festgelegten Denken, dass für eine Person wie mich und für eine Familie wie meine Entwicklung nicht möglich ist.

SCHLUSS MIT ABER!

Wenn ich dagegen mein Denken dahingehend verändere, dass es auf Entwicklung ausgerichtet ist, dann mache ich meine Identität nicht an meiner Unsicherheit fest, sondern am Wort Gottes, das jeder Situation wieder Hoffnung und neue Möglichkeiten einhaucht.

Jedes Mal wenn ich sage, dass ich ein Kind Gottes bin, muss ich das *Aber* weglassen und stattdessen das Wort *deshalb* einsetzen, um die Verheißung Gottes in meine Realität hineinzuholen.

Wir müssen Schluss machen mit dem Aber.

- Ich bin ein Kind Gottes, *deshalb* brauche ich mich weder zu fürchten noch verzagt zu sein. Ich weiß, dass Gott bei mir ist. Er wird mich stärken, mir helfen und mich mit seiner Hand halten.[39]
- Ich bin ein Kind Gottes, *deshalb* soll keine Waffe, die gegen mich gerichtet wird, mir schaden, und Gott wird jede Zunge, die sich gegen mich erhebt, schuldig sprechen.[40]
- Ich bin ein Kind Gottes, *deshalb* ist der Herr bei mir, ein starker Heiland. Er wird sich über mich freuen und freundlich sein, er vergibt mir in seiner Liebe und jubelt, wenn er an mich denkt.[41]
- Ich bin ein Kind Gottes, *deshalb* ist Gottes Wort für mich da. Es ist meines Fußes Leuchte und ein Licht auf meinem Weg.[42]

In 2. Timotheus 2,9 erinnert uns Paulus daran, dass wir als Gefangene zwar gebunden und eingesperrt sein können, dass aber „Gottes Wort nicht gebunden" ist. Anders ausgedrückt: Wenn wir unsere Identität an der Wahrheit Gottes festmachen, dann hebt uns das Wort Gottes über all die Unsicherheit hinaus, in der wir unterzugehen glauben.

Das mag nun theoretisch alles ganz gut klingen, aber funktioniert es auch? Ja, das tut es. Eine der Stellen, an denen ich manchmal das Gefühl habe, in Unsicherheit unterzugehen, ist ein Punkt in meiner Ehe. Ich liebe meinen Mann und er liebt mich. Ich weiß, dass er mich mit jeder Faser seines Seins liebt – außer an dieser einen Stelle, die mir manchmal ein Bein stellt, dieser Stelle, wo sich eine Wunde befindet.

---

39   Jesaja 41,10.
40   Jesaja 54,17.
41   Zephanja 3,17.
42   Psalm 119, 105.

Ganz am Anfang unserer Ehe hat Art mir einmal gestanden, dass er es gut fände, wenn ich ein bisschen abnehmen würde. Jetzt verurteilen Sie bitte meinen Mann nicht gleich. Er war damals jung und naiv in Bezug darauf, was das seelisch bei mir anrichten konnte. Ich hatte in meiner ersten Schwangerschaft sehr viel zugenommen und wurde dann ganz schnell ein zweites Mal schwanger. Ich war damals in Bezug auf meinen Körper und mein Aussehen unglaublich unsicher und versuchte durch alle möglichen Suggestivfragen an Art, Bestätigung von ihm zu bekommen. Und in einem ganz ehrlichen Moment geschah dann genau das Gegenteil.

Es kam dadurch zu einer inneren Verletzung und eine Welle von Unsicherheit überrollte mich, sodass ich mich wieder fühlte wie mit neun Jahren in dem Schwimmbecken. Ich ging unter. Ich wusste nicht mehr, wo oben und unten war, wusste nicht, wohin ich mich retten sollte und bekam keine Luft.

Wochenlang überlegte und plante ich, wie ich ihn am besten verlassen konnte. Ich wollte nur noch weg. Das lag nicht nur an dem, was er gesagt hatte, sondern auch daran, wie ich mit dieser Aussage umging. Ich legte es nämlich so negativ aus, wie ich nur konnte. In meinem Kopf wurde aus seinem kleinen Eingeständnis, dass er sich wünschte, ich würde ein bisschen abnehmen, der Gedanke: *Er findet mich nicht mehr attraktiv. Wahrscheinlich findet er jetzt andere Frauen viel attraktiver als mich. Wahrscheinlich fängt er demnächst eine Affäre an. Wahrscheinlich werde ich am Ende abgelehnt und völlig beschämt zurückbleiben. Um diesen furchtbaren Schmerz nicht aushalten zu müssen, verlasse ich ihn lieber gleich.*

Ich war völlig auf den Gedanken fixiert, dass dieser eine Kommentar von ihm unsere Ehe für immer beschädigen und letztlich zerstören würde. Ich war zwar ein Kind Gottes, aber weil ich schon als Kind von meinem Vater verlassen worden war, hätte es mich nicht weiter verwundert, wenn mein Mann irgendwann genau das Gleiche getan hätte.

Diese Unsicherheit hatte mich dermaßen im Würgegriff, dass die Wahrheit mich nicht erreichen konnte, bis Art mich eines Abends, als ich wieder einmal in meine furchtbaren Gedanken verstrickt war, anschaute und sagte: „Weißt du was? Eigentlich sollten wir unsere Konflikte und unseren Streit als Entwicklungschancen bezeichnen, oder? Denn eigentlich sind sie doch ein Zeichen dafür, dass wir uns weiterentwickeln. Und so lange sich unsere Beziehung entwickelt, ist sie noch lebendig. Es tut mir so leid, dass ich dich verletzt habe. Ich liebe dich, Lysa. Ich möchte mich durch das hier gemeinsam mit dir weiterentwickeln."

Und genau an diesem Punkt hatte ich eine Wahl. Ich hätte bei meinem festgelegten Denken bleiben können, demzufolge wir nicht das hatten, was nötig war, um unsere Ehe aufrechtzuerhalten. Ich hätte unserer Ehe keine Chance mehr gegeben. Und eine Ehe ohne Hoffnung ist ganz schnell eine tote Ehe. Ich konnte aber auch mein Denken auf Wachstum und Entwicklung ausrichten, indem ich mir sagte, dass es mir zwar so, wie es gerade war, nicht gut ging, es aber gar nicht so bleiben musste. Wir konnten uns weiterentwickeln. Wir sind Kinder Gottes, und *deshalb* ist alles möglich – sogar eine Ehe, die nicht immer leicht ist.

So blieben wir also zusammen. Ich glaube, dass dieses Denken, das auf Entwicklung ausgerichtet ist, meine Ehe immer wieder gerettet hat. Wir haben jedenfalls immer noch jede Menge „Entwicklungschancen". Gerade erst letzte Woche gab es wieder eine, bei der ich so wütend war, dass ich das Gefühl hatte, jeden Moment zu explodieren. Und vielleicht habe ich meinen Mann sogar mit einem Wort beschimpft, das mit A anfängt und mit H aufhört – vielleicht aber auch nicht. Fünf Buchstaben. Aber ich bin immer noch verrückt nach meinem Mann. Wirklich.

Ich weiß nicht, was für Entscheidungen bei Ihnen heute anstehen, aber ich schreibe das alles hier, um für dieses Kapitel folgende Herausforderung zu stellen: Wir müssen in jeder Situation, in die wir geraten, bei jeder Entscheidung, die wir zu treffen haben, als Erstes unsere Identität im Blick haben und nicht unsere Unsicherheit.

Wenn wir so leben wollen, dass wir die Chance haben, das Ja zu erkennen und auszusprechen, das richtig und dran ist, dann müssen wir Schluss machen mit dem ewigen Aber, das uns an unsere Unsicherheit fesselt. Dann – und nur dann, geraten wir nicht mehr in den Würgegriff fehlender Wahrheit.

Davon sind so viele Menschen betroffen. Ich habe heute Folgendes getwittert: „Ich schreibe über Unsicherheit und wüsste zu gern, was ihr dazu zu sagen habt." Und sofort bekam ich eine Flut von Antworten von unterschiedlichsten Frauen an den unterschiedlichsten Orten, in den unterschiedlichsten Lebensphasen, mit unterschiedlichstem Hintergrund: Von einer alleinstehenden Ärztin aus Chicago, einer Missionarin in Afrika, einer jungen Mutter, die unterwegs zum Spielkreis war und weniger Angst vor den eigenen Gefühlen hatte als vor den anderen Müttern. Die erste Reaktion lautete:

···

Wir müssen in jeder Situation, in die
wir geraten, bei jeder Entscheidung, die
wir zu treffen haben, als Erstes unsere
Identität im Blick haben und nicht
unsere Unsicherheit.

···

Lysa TerKeurst 140 Zeichen reichen nicht annähernd aus, um alle Gedanken über Unsicherheit auszutauschen. So. Viele.

Genau wie unser Körper Sauerstoff braucht, braucht unsere Seele ständig den Zufluss und auch das Wiederabfließen von Wahrheit. Ich weiß zwar nicht mehr, wie ich damals aus dem Schwimmbecken gerettet wurde, aber ich weiß noch genau, wie schlimm es war, so sehr die Orientierung zu verlieren, dass ich nicht mehr wusste, wo ich in Sicherheit war. Wenn Sie an so einem solchen Punkt stehen, möchte ich mich selbst in Ihre Geschichte einbringen. Ich stehe auf der flachen Nichtschwimmerseite, halte mich mit einer Hand an einem fest stehenden Geländer der Wahrheit fest – und die andere Hand, die reiche ich Ihnen.

....

Genau wie unser Körper Sauerstoff braucht, braucht unsere Seele ständig den Zufluss und auch das Wiederabfließen von Wahrheit.

....

Greifen Sie danach und halten Sie sich daran fest. Kommen Sie weg von der Stelle, an der Sie untergehen. Und dann holen Sie aus tiefster Seele Luft.

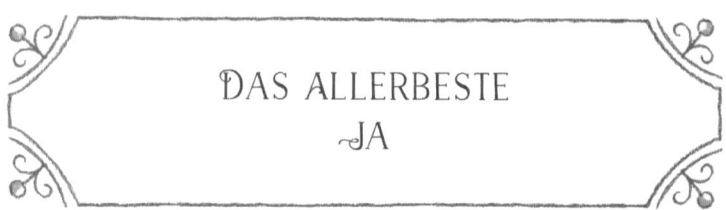

Kapitel 17

DAS ALLERBESTE
~JA

Seit siebzehn Jahren – das ist ihr gesamtes Leben – weiß meine mittlere Tochter eines ganz sicher: Wenn alles zusammenbricht, dann gibt es einen sicheren Ort, nämlich die Arme ihrer Mama. Die bedeuten nicht nur eine Umarmung, sondern dort schlägt ein Herz im selben Rhythmus wie ihres und fühlt, was sie fühlt. Deshalb kommt meine Tochter mit dem, was sie nicht allein aushalten kann, an diesen Ort, und wir sind wieder in Verbindung.

Dadurch, dass die Nabelschnur vor vielen Jahren im Kreißsaal durchtrennt wurde, ist sie dazu gezwungen, selbstständig zu leben und zu atmen. Unsere Körper sind also zwar voneinander getrennt, aber unsere Herzen können von nichts und niemandem getrennt werden. Es ist immer noch so, dass ich so ziemlich das Gleiche fühle wie sie.

Freude für Freude. Schmerz für Schmerz. Begeisterung für Begeisterung. Träne für Träne. Feiern für Feiern. Enttäuschung für Enttäuschung. Wenn sie es fühlt, fühle ich es auch.

Und das liegt nicht nur daran, dass ich sie zur Welt gebracht habe. Ich habe ja auch Adoptivkinder und auch zu ihnen besteht diese unsichtbare Verbindung. Ich glaube, selbst wenn Sie keine

Kinder haben, kennen Sie dieses Gefühl tiefer Liebe und Fürsorge, durch das zwei Seelen miteinander verbunden sein können.

Dieses intuitive Wissen, Fühlen, Ringen und Pulsieren ist eine ungewöhnliche Art der Verständigung. Was den Menschen, den ich liebe, berührt, berührt auch mich.

Als also meine Tochter vor ein paar Tagen morgens um drei in meine Arme gekrochen kam, da wusste ich Bescheid. Sie hatte Kummer. Ein Junge, von dem sie geglaubt hatte, er würde mit ihrem Herzen behutsam umgehen, hatte es doch nicht getan. Es ist erstaunlich, wie bereits eine einfache Verliebtheit einen Menschen innerlich zerbrechen kann, wenn sie nicht erwidert oder gar abgewiesen wird.

HUNGRIG, WÜTEND, EINSAM, MÜDE

Das ist jetzt gerade eine schwere Zeit für meine Tochter, eine Zeit, in der das liebe Mädchen mit dem gebrochenen Herzen besser nicht weitreichende Entscheidungen alleine treffen sollte.

Ihre Tränen trüben ihre Sicht für das Ja, das jetzt dran ist. Ihre Einsamkeit bewirkt, dass sie innerlich ein bisschen schwächelt. Manchmal kann sie nicht schlafen. Ihre Träume trügen sie hin und wieder. Und wenn sie an manchen Tagen mit diesem pochenden Schmerz aufwacht, ist es, als würde ihr aufs Neue der Boden unter den Füßen weggezogen.

Mir ist klar, dass es sich dabei um den Liebeskummer eines Teenagers handelt. Ich weiß, dass es in ein paar Jahren nur noch eine Erinnerung ist, bei der sie die Augen verdreht und Gott dafür dankt, dass er das Ende der Beziehung zugelassen hat. Ich kann das alles sehen, aber meine Tochter, die gerade noch mittendrin steckt, kann das nicht.

Erschwerend kommt noch hinzu, dass die sozialen Netzwerke

in so einer Situation wie eine Lupe wirken: Sein Desinteresse an ihr; sein Interesse an anderen Mädchen; sein Dilemma, mit wem er jetzt zum Abschlussball gehen soll; wie er bei Kerzenlicht eine andere fragt. Das alles wird im Lauf einer Woche im World Wide Web thematisiert und zwar zum Mitverfolgen für jeden, der mag. Das ist schwer.

Sie empfindet das alles ganz intensiv. Und während ich erkennen kann, dass es zu ihrem Besten ist, leide ich mit dem verletzten Mädchen mit, weil sie meine Tochter ist – meine Tochter, die zu mir ins Bett gekrochen kommt, weil sie nicht schlafen kann, um den Rhythmus meines Herzschlags zu hören, den sie seit dem Moment kennt, in dem ich sie empfangen habe.

Und in der Stille der Nacht halte ich sie fest, streiche ihr das lange braune Haar aus dem tränennassen Gesicht, küsse ihr salzige Tränen von den Wangen und flüstere: „Ich hab dich lieb!"

Und sie weiß, dass sie in Sicherheit ist. Es ist ihr sicherer Ort der Geborgenheit, an den sie sich flüchten kann, wenn die Welt wild und grausam und so gemein ist.

Am nächsten Morgen zeigte sie mir den Anlass für ihren mitternächtlichen Herzschmerz, eine SMS von ihm. Seine Worte kommen aus dem Inneren einer noch unreifen und auch selbst verletzten Persönlichkeit. Er ist bestimmt kein schlechter Mensch. Er ist jung. Und manchmal ist jung eben auch dasselbe wie unfähig, gut und angemessen mit einer Situation umzugehen.

Das verstehe ich, weil ich schon älter bin – ein Geschenk. Aber meine Tochter kann es nicht verstehen. Für sie sind seine Worte wie Dolche, die ihr ins Herz gestoßen wurden. Und sie weint.

Sie gab mir ihr Handy und sagte:

„Hilf mir bitte, darauf zu antworten."

Und so saßen wir dann also zwischen gekochten Eiern und Toastkrümeln, überlegten zusammen, was sie schreiben sollte, und schrieben es schließlich auch gemeinsam.

Gemeinsam ist an dieser Stelle ein richtig gutes Wort. Es ist gut, wenn wir schwere Strecken des Lebens nicht allein, sondern gemeinsam gehen. Man sollte Entscheidungen nicht alleine treffen, wenn einen das Leben zum Weinen bringt.

Wie schwer auch immer der Streckenabschnitt sein mag, auf dem wir gerade unterwegs sind – wenn wir uns einsam fühlen, kann das dazu führen, dass wir falsche Entscheidungen treffen. Es gibt mehrere Therapieprogramme, in denen den Teilnehmern mit einer Suchtproblematik beigebracht wird, innezuhalten, bevor sie in einer schwierigen Situation eine Entscheidung treffen. Wenn man *hungrig, wütend, einsam oder müde* ist, kann man sehr verwundbar sein. Ein Teil dieser besagten Therapieprogramme besteht darin zu lernen, auf innere Signale zu achten und dann die entsprechenden Bedürfnisse angemessen zu befriedigen, ohne wieder in das alte Suchtverhalten zurückzufallen. Das gefällt mir.

Ich glaube, das kann auch für Menschen hilfreich sein, die sich nicht in einer Suchttherapie befinden. Schwierige Umstände können leicht dazu führen, dass wir nur auf unsere Gefühle hören, statt uns von unserer Klugheit leiten zu lassen. Wenn man gerade etwas Schweres erlebt, ist das nicht der beste Zeitpunkt, um Entscheidungen zu treffen, jedenfalls nicht alleine.

In solchen Momenten, in denen uns ein Auf und Ab und ein schneller Wechsel von Gefühlen den Boden unter den Füßen wegzieht, müssen wir innehalten. Da ist es sinnvoll, jemanden an seiner Seite zu haben, der Klarheit in die Situation bringt, weil er oder sie mehr Abstand hat und gefühlsmäßig nicht so stark beteiligt ist.

Wenn Sie gerade etwas Schweres durchmachen, dann wahrscheinlich etwas, das mit dem Liebeskummer eines Teenagers nicht zu vergleichen ist. Das ist mir klar. So etwas habe ich auch selbst schon erlebt und werde es wahrscheinlich wieder erleben. Aber wenn man in so einer schweren Situation ist, dann muss man so ehrlich sein und sich eingestehen, dass man nicht in der Lage ist, schwerwiegende Entscheidungen zu treffen. Ja, vielleicht ist man dann nicht einmal in der Lage, auf ganz einfache Bitten oder Anfragen von anderen zu reagieren.

Deshalb ist man aber noch lange kein schlechter oder unfähiger Mensch, sondern man ist sogar klug. Klug genug jedenfalls, um zu wissen, dass man eine Pause machen und sich Zeit nehmen muss, wenn das Leben hart wird.

Wenn Sie eine solche Pause einlegen, in der Sie keine Entscheidungen treffen, dann suchen Sie am besten einen Ort auf, an dem Sie sich sicher fühlen. Wenn das Leben Sie durchschüttelt oder sogar umhaut, schlagen Sie Ihre Bibel auf und lassen Sie Gottes Wahrheit vor sich hergehen wie einen Führer auf einem dunklen Weg.

Und suchen Sie sich jemanden in Ihrem Umfeld, von dem Sie wissen, dass er weise ist, und lassen Sie sich helfen. Greifen Sie auf die Weisheit dieses Menschen zurück, wenn Sie sich schwach und unsicher fühlen, und richten Sie sich von dieser Position aus neu aus. Wenn man durch die Weisheit anderer einen neuen Überblick bekommen kann, dann kommt einem der nächste Schritt schon ein bisschen leichter vor.

Und woher weiß man, an wen man sich da wenden soll? Die Bibel gibt darauf eine ganz klare Antwort:

Wer von euch ist weise und verständig? Er soll in weiser Bescheidenheit die Taten eines rechtschaffenen Lebens vorweisen. Wenn aber euer Herz voll ist von bitterer Eifersucht und von Ehrgeiz, dann prahlt nicht und verfälscht nicht die Wahrheit! Das ist nicht die Weisheit, die von oben kommt, sondern eine irdische, eigennützige, teuflische Weisheit. Wo nämlich Eifersucht und Ehrgeiz herrschen, da gibt es Unordnung und böse Taten jeder Art. Doch die Weisheit von oben ist erstens heilig, sodann friedlich, freund-

lich, gehorsam, voll Erbarmen und reich an guten Früchten, sie ist
unparteiisch, sie heuchelt nicht. Wo Frieden herrscht, wird (von
Gott) für die Menschen, die Frieden stiften, die Saat der Gerechtig-
keit ausgestreut.[43]

Das ist eine sehr wichtige und gute Stelle, aber ich möchte mich
auf einen Satz konzentrieren, der mir wirklich hilft zu erkennen,
an wen ich mich wenden soll, wenn ich mich unsicher und nicht
in der Lage fühle, selbst Entscheidungen zu treffen – „Er soll in
weiser Bescheidenheit die Taten eines rechtschaffenen Lebens
vorweisen."

Weisheit und Bescheidenheit beziehungsweise Demut sind
ein Gesamtpaket, und oft haben die Menschen, die über die
meiste Weisheit verfügen, am meisten Demut – vielleicht sogar
die meiste Demütigung erlebt. Eine Weisheit, wie sie nur entsteht
an den Stellen des Lebens, die richtig schwer sind, an denen man
ganz unten gewesen ist.

Wenn ich Dinge erlebe, durch die es schwer ist, gute Entscheidungen zu treffen, dann möchte ich mich an Leute wenden, die
auch schon das eine oder andere hinter sich haben. Und nicht
nur an solche, die Schweres durchgemacht haben, sondern die
daraus gelernt haben und weise geworden sind. Echte Weisheit –
eine Weisheit, die an den chaotischen, unschönen, schmudde-
ligen Stellen unseres Lebens sichtbar wird. Wenn jemand über
eine solche Weisheit verfügt, und zwar jemand, der verletzlich
genug ist, seinen Stolz fahren zu lassen und das weiterzugeben,
was er erlebt und gelernt hat, dann ist das ein Geschenk, das
ich dringend brauche, wenn ich gerade selbst Schweres durch-
mache.

---

43 Jakobus 3,13-17, EÜ

DIE WEISHEIT ANDERER NUTZEN

Gerade erst vor ein paar Wochen war ich genau in so einer Situation, dass ich jemanden brauchte, der diese hart erkämpfte Weisheit hat. Ich hatte eine schwerwiegende Entscheidung zu treffen und bekam fast zeitgleich eine sehr schlimme Nachricht. Eines meiner Kinder im Collegealter hatte etwas getan, was mich absolut schockierte, und ich erfuhr davon zwei Tage vor meiner Abreise zur größten Veranstaltung, für die ich jemals als Referentin gebucht war.

Mein erster Impuls war, meine Teilnahme als Referentin auf der Stelle abzusagen. Ich legte mich ins Bett und weinte. Mein Herz pochte so heftig, dass die Matratze vibrierte, und ich wirklich Angst hatte, einen Herzinfarkt zu bekommen. Ich rief meinen Arzt an und fragte, ob ich kommen und meinen Blutdruck checken lassen könne. Am Ende wurde ein EKG geschrieben, und man sagte mir, ich hätte das Herz einer kerngesunden Sportlerin. Aber wahrscheinlich lässt sich mit einem EKG nicht die Art von gebrochenem Herzen messen, unter der ich gerade litt.

Ich brachte dann schließlich so viel Energie auf, meinen Laptop zu öffnen und mir zu überlegen, wie ich die Absage für die Veranstaltung formulieren sollte. Ich hatte noch nie zuvor eine Veranstaltung abgesagt, und deshalb flüsterte ich noch schnell ein Gebet, in dem ich Gott bat, meine Entscheidung für eine Absage zu bestätigen.

In diesem Moment entdeckte ich eine E-Mail von meiner Assistentin, in der stand, dass bei der besagten Veranstaltung eine Referentin abgesagt hätte, und man angefragt habe, ob ich nicht zwei Hauptreferate halten könne.

Soll das ein Scherz sein? Ich weiß ja noch nicht einmal, ob ich überhaupt einen Vortrag halten kann – geschweige denn zwei!

Ich wusste, dass ich jetzt die Weisheit einer außenstehenden

Person brauchte, die selbst schon einmal so etwas erlebt hatte; die Weisheit einer Person, die mit ihren Kindern etwas Ähnliches erlebt hatte und so mutig war, darüber zu sprechen. Also rief ich eine andere Referentin an, von der ich wusste, dass sie durch Demut und sogar durch Demütigung aufgrund ganz ähnlicher Dinge über ein großes Maß an Weisheit verfügte.

Es war kein leichtes Telefonat. Ich wand mich innerlich, weil ich mich durch das Geständnis dessen, was mein Kind getan hatte, so angreifbar und wund fühlte. Es ist viel einfacher, ein Lächeln aufzusetzen und so zu tun, als wäre alles in bester Ordnung, aber ich wusste, dass ich bei dieser Frau sicher war, denn wir hatten Jahre zuvor einmal ein Gespräch geführt, in dem sie mir von großen Schwierigkeiten in ihrer Familie berichtet hatte.

Ich rief sie also an, und was sie sagte, war dann wie ein Geschenk für mich.

Sie war so großzügig, mir Einblick zu gewähren in das, was sie selbst erlebt hatte, und sie bestätigte mir, dass ich mit meinem Problem nicht allein war, durch Sätze wie: „Ich auch"; „Ja, ich weiß", und „Wir erleben auch gerade wieder Enttäuschungen und Verletzungen." Es war keinerlei Härte oder Missbilligung in ihrem Tonfall zu erkennen. Interessant war, dass ich genau an diesem Morgen Sprüche 11,2 in der Bibel gelesen hatte: „Wo Hochmut ist, da ist auch Schande; aber Weisheit ist bei den Demütigen."

Ja, ich wusste, woher ihre Weisheit kam. Und dann beruhigte sie mein immer noch wild hämmerndes Herz mit den Worten: „Sie sind nicht allein, Lysa. Die Gnade, die unsere Zuhörerinnen brauchen, ist dieselbe Gnade, von der auch wir Tag für Tag leben. Lassen Sie diese Verletzung für und nicht gegen Sie arbeiten. Sprechen Sie bei der Veranstaltung."

Ich wusste, dass sie recht hatte, weil sie weise war. Und ich nutzte diese Weisheit und sagte zu, beide Hauptreferate zu halten. Nachdem ich entschieden hatte, zu dem Kongress zu fahren, rief ich meine erwachsene Tochter an, um ihr zu sagen, ich hätte ihr gerade ein Ticket gekauft, sie solle mitkommen.

Und dann flogen wir gemeinsam zu dieser Veranstaltung und durchlebten gemeinsam das Schwere. Als wir schließlich mittendrin waren, demütig zu werden bis hin zu dem Punkt der Demütigung, entdeckte ich meine eigene, schwer erarbeitete Weisheit.

Auf mich alleingestellt, hätte ich nicht die Entscheidung getroffen, doch zu der Veranstaltung zu fahren. Vom Gefühl her hätte ich am liebsten einfach nur abgesagt, aber als ich dann die Weisheit der Kollegin erlebte, die meine Gefühle überzeugen konnte, entdeckte ich, dass ein Ja zu diesem Kongress dran war.

Das soll auf keinen Fall heißen, dass man nie absagen darf, aber man soll sich eine Absage auch nicht zu leicht machen. Und letztlich geht es auch nicht um eine Absage oder nicht, sondern es geht darum, wie wichtig es ist, sich weisen Rat zu holen, wenn man durch Umstände oder Situationen überfordert ist.

Beachten Sie bitte auch, dass ich nicht die Freundinnen angerufen habe, von denen ich wusste, dass sie mir zustimmen würden, die Veranstaltung abzusagen. Nein, ich rief diese Frau an, von der ich wusste, dass sie weise ist. Und obwohl ich keine Ahnung hatte, wozu sie mir raten würde, wusste ich, dass ihr Rat auf Erfahrung, Ehrlichkeit, Demut und, ja, Weisheit beruhte. Indem ich auf sie hörte, öffnete ich eine Tür, um selbst Weisheit zu erlangen, inmitten dieser emotional sehr schwierigen Situation.

UND DANN HATTE ICH EINEN LICHTBLICK

Es gibt im Leben wirklich erstaunliche Momente, kostbare Augenblicke.

Und dann gibt es andere Momente, über die nicht so oft gesprochen wird, Momente, in denen wir uns wie die letzten Versager fühlen. Das sind Zeiten, die ähnlich bitter sind wie die besagte Situation mit meinem erwachsenen Kind – Zeiten, die nicht fürs Fotoalbum oder das Buch mit den schönsten Erinnerungen geeignet sind. Wir fragen uns dann, ob wir die Aufgabe, vor die wir gestellt werden, wirklich bewältigen können. Nein, die Augenblicke, in denen uns das Herz bricht, sind nicht die, in denen wir die Kamera zücken möchten. Aber es gibt einen Lichtblick, den ich für solche Momente entdeckt habe: Weisheit.

Weisheit ist der Lichtblick. Weisheit hilft uns, unsere Fehler nicht zu wiederholen, sondern an ihnen zu lernen und uns weiterzuentwickeln.

Wie wir eine solche Weisheit erlangen können? Wir bitten Gott darum. Wir verzichten auf Entschuldigungen, Ausreden, unsere Gewohnheiten und alle Rechtfertigung und flüstern: „Ich brauche deine Sicht von dieser Situation, Gott. Ich komme vor dich und bekenne demütig, dass ich absolut auf dich angewiesen bin." So, wie es in Sprüche 11,2 steht: „Weisheit ist bei den Demütigen."

Ja, Demut ist es.

Aber Weisheit kann auch aus Situationen entstehen, in denen wir regelrechte Demütigung erlebt haben.

Erinnern Sie sich an König David? Er hatte eine Affäre mit einer verheirateten Frau namens Batseba. Als Batseba David mitteilen ließ, dass sie von ihm schwanger war, geriet er in Panik und ließ ihren Mann umbringen, damit er sie schnell heiraten konnte.

Davids Entscheidung brachte Unheil über sein ganzes Haus, und der Sohn, den Batseba und er bekamen, starb. Sünde hat immer Folgen. Und David sollte noch Jahre unter den Folgen seiner schlimmen Entscheidungen zu leiden haben.

Doch außer dem gebrochenen Herzen und der Demütigung geschah noch etwas. Als der bußfertige David ging, um Batseba zu trösten, wurde sie mit Salomo schwanger. Gerade aus dieser Situation, in der Demütigung allgegenwärtig war, ging ein Mann hervor, über den in der Bibel Folgendes steht:

Und Gott gab Salomo sehr große Weisheit und Verstand und einen Geist, so weit, wie Sand am Ufer des Meeres liegt, dass die Weisheit Salomos größer war als die Weisheit von allen, die im Osten wohnen, und als die Weisheit der Ägypter. Und er war weiser als alle Menschen, auch weiser als Etan, der Esrachiter, Heman, Kalkol und Darda, die Söhne Mahols, und war berühmt unter allen Völkern ringsum.

Und er dichtete dreitausend Sprüche und tausendundfünf Lieder. Er dichtete von den Bäumen, von der Zeder an auf dem Libanon bis zum Ysop, der aus der Wand wächst. Auch dichtete er von den Tieren des Landes, von Vögeln, vom Gewürm und von Fischen.

Und aus allen Völkern kam man, zu hören die Weisheit Salomos, und von allen Königen auf Erden, die von seiner Weisheit gehört hatten.[44]

Aus einer Demütigung entstand große Weisheit.

Demut und Demütigung können Lichtblicke sein, die letztlich zu Weisheit führen.

WEISHEIT UND FREUDE SIND AN DEN SELTSAMSTEN STELLEN ZU FINDEN

Erst jetzt beginnt man zu verstehen, worum es in Jakobus 1 geht, wo es heißt: „Meine lieben Brüder, erachtet es für lauter Freude, wenn ihr in mancherlei Anfechtungen fallt" (Vers 2). Ist das nicht

---

44   1. Könige 5,9-14, LÜ

ein Widerspruch in sich? Anfechtungen als Freude? Zunächst scheint das wirklich etwas seltsam, bis einem klar wird, dass dort steht, wir sollen es als lauter Freude „erachten". Mit anderen Worten: Durch die Brille der Weisheit sollen wir an dieser Stelle der Anfechtungen, an der Freude eher unwahrscheinlich ist, danach suchen. Und in den darauffolgenden Versen steht da dann noch etwas Wichtiges, eine Bestätigung für das, was wir eben besprochen haben:

Und wisst, dass euer Glaube, wenn er bewährt ist, Geduld wirkt. Die Geduld aber soll ihr Werk tun bis ans Ende, damit ihr vollkommen und unversehrt seid und kein Mangel an euch sei.

Wenn es aber jemandem unter euch an Weisheit mangelt, so bitte er Gott, der jedermann gern gibt und niemanden schilt; so wird sie ihm gegeben werden. Er bitte aber im Glauben und zweifle nicht; denn wer zweifelt, der gleicht einer Meereswoge, die vom Winde getrieben und bewegt wird. Ein solcher Mensch denke nicht, dass er etwas von dem Herrn empfangen werde.

Ein Zweifler ist unbeständig auf allen seinen Wegen. Ein Bruder aber, der niedrig ist, rühme sich seiner Höhe (Jakobus 1,3-9).

Anfechtungen bewirken etwas Gutes bei uns, das wir auf eine andere Weise nicht bekommen würden. Und darüber können wir uns freuen.

Wenn wir durchhalten, werden wir reif und es fehlt uns an nichts. Auch darüber können wir uns freuen.

Gläubige, die demütig sind, werden hoch geachtet. Auch darüber können wir uns freuen. Es stimmt also. Ich kann das alles jetzt bedenken und es als Freude empfinden, wenn ich es mit Anfechtungen zu tun bekomme. Und inmitten all dessen kann ich Weisheit erlangen – Weisheit, die ich brauche, Weisheit, die ich einsetzen kann, um künftig noch bessere Entscheidungen zu

treffen, und um die Weisheit, die ich jetzt habe, an andere weiterzugeben.

Genauso wie meine siebzehn Jahre alte Tochter wusste, wohin
sie mit ihrem Herzschmerz gehen sollte, weiß ich, wohin ich mit
meinem gehen kann, denn sogar Weisheitsjäger sind manchmal
müde und traurig. Und selbst wenn wir es schaffen, in unserem
Leid und unserer Demütigung an die Freude zu denken, empfinden wir das alles so unsagbar tief. Und obwohl Gott weiß, dass
dies alles zu unserem Besten dient, ist mir klar, dass es auch ihm
wehtut, wenn ich einfach nur ein Kind mit einem tiefen inneren
Schmerz bin. Weil ich sein bin: sein Kind, seine Tochter, die nicht
schlafen kann und deshalb unter Tränen sein Wort aufschlägt, um
ganz nah am Rhythmus seines Herzschlags zu sein. Und im Auge
des Sturms meines Schmerzes, da ist es ganz ruhig, weil er mich
festhält.

Ich weiß, dass ich in Sicherheit bin. Er ist unser sicherer Ort,
an den wir uns flüchten können, wenn die Welt wild und grausam
und gemein ist. Und er flüstert dann: „Ich hab dich lieb. Diese
Zeit, die du dafür einsetzt, nach mir und meiner Wahrheit zu
suchen; diese verzweifelte Abhängigkeit von mir – das ist dein Ja,
das jetzt und immer dran ist – das beste Ja überhaupt.“

Kapitel 18

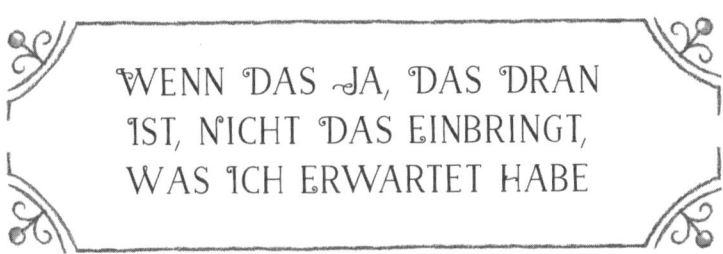

WENN DAS JA, DAS DRAN IST, NICHT DAS EINBRINGT, WAS ICH ERWARTET HABE

Ich stand an einem Getränkeautomaten und war wütend. Ich war nicht nur ärgerlich, nicht nur sauer, sondern richtig wütend.

Man kann ja manchmal auf etwas, das man erlebt, unverhältnismäßig reagieren. Und genauso wie ein Kompass immer ganz genau nach Norden zeigt, zeigte diese Wut auf etwas, das ich eigentlich gar nicht so genau wissen wollte.

Ich wollte einfach nur eine Cola. Ich tat also alles, was dazu erforderlich war. Ich befolgte die Anweisungen. Ich warf den angegebenen Geldbetrag in den entsprechenden Münzeinwurf und drückte auf den richtigen Knopf, aber das, was ich bekam, war nicht das, was ich wollte. Irgendetwas war schiefgelaufen.

Ich ballte meine Hände zu Fäusten und biss mir auf die Lippe, dabei war mir klar, dass meine unverhältnismäßige Reaktion eigentlich gar nichts mit dem Getränk zu tun hatte. Ich war einfach enttäuscht, und zwar von einem meiner Teenager. Es ging um die Erwartung, dass man gefälligst das richtige Ergebnis bekommt, wenn man alles richtig gemacht hat. Man tut, was von einem verlangt wird, und dann bekommt man auch, was man erwartet: Geld einwerfen, Knopf drücken, Cola bekommen.

Man investiert ununterbrochen: Liebe, Vater-Tochter-Abende, Orientierung, Gebet, Disziplinierung, Bibelstunden, Sonntagsgottesdienste, gemeinsame Mahlzeiten, Gespräche vor dem Einschlafen, Küsse, Umarmungen und Pflichten.

Man drückt auf den Knopf und bekommt natürlich ein Kind, das auf dem rechten Weg bleibt.

Aber nein! Manchmal bekommt man auch etwas, womit man nicht gerechnet hat.

Und wissen Sie, was ich dann als Mutter leicht tue? Ich ziehe eine gerade Linie von der schlechten Entscheidung, die mein Kind getroffen hat, zu dem, was ich in der Erziehung des betreffenden Kindes alles falsch gemacht habe. Doch das bringt jede Mutter um. Es bricht ihr das Herz und erfüllt es mit einer lähmenden Reue in Bezug auf die Vergangenheit und lähmende Angst vor der Zukunft. Genauso will der Teufel uns Mütter haben – gelähmt.

Doch was wäre eigentlich, wenn diese Linie, die ich da ziehe, falsch wäre? Was wäre, wenn die Linie eigentlich von der falschen Entscheidung meines Kindes zu meinen *Stärken* als Mutter gezogen werden sollte?

Was wäre, wenn Gott sagt: „Welche Mutter ist stark und widerstandsfähig genug, um sich unter der Last der Entscheidungen, die ihr Kind trifft, zwar zu neigen, aber nicht zu zerbrechen? Welche Mutter ist bereit, demütig zu werden, bis hin zu echter Demütigung, ohne dabei blind zu werden für die Weisheit, die wie ein Edelstein gerade an den dunklen, schmutzigen Stellen zu finden ist? Welche Mutter wird denn nicht nur für ihr Kind beten, sondern das Kind durch all sein Zeugs durchbeten? Welche Mutter ist mutig genug, es wirklich mir zu überlassen, die Geschichte ihres Kindes zu schreiben?"

Und dann zeigt Gott auf irgendjemanden. Ich kann nicht

behaupten, ich hätte mir jemals gewünscht, dass Gott in meine Richtung zeigt, wirklich nicht. Aber manchmal bekommt man etwas, womit man nicht gerechnet hat.

Wir entscheiden nach bestem Wissen und Gewissen. Wir beten, wir bitten um Gottes Führung, wir leben mit ihm und reden mit ihm und vertrauen ihm. Wir lesen christliche Bücher und bekommen christlichen Rat. Wir haben Gemeinschaft mit anderen Christen und singen Lobpreislieder, in denen Worte wie *Segen*, *Berufung* und *Gemeinschaft* vorkommen.

Das alles tun wir, aber trotzdem bricht das Unerwartete über uns herein, etwas, womit wir niemals gerechnet hätten.

Dieses Unerwartete ist plötzlich da und verkündet, dass es vorhat, eine Weile zu bleiben. Wie ein Schimpfwort, das im Gottesdienst von einem Zwischenrufer geschrien wird, trifft es uns völlig unvorbereitet, sorgt dafür, dass wir uns innerlich winden und hinausgebracht werden müssen. Doch irgendwie bleibt es trotzdem da. Und die Leute flüstern über das, was passiert ist, und wir fragen uns, ob der Pastor weiterpredigen oder lieber einfach abbrechen sollte.

Schimpfwörter haben in der Kirche genauso wenig etwas zu suchen, wie sich gute Mütter als Versagerinnen fühlen sollten.

Und Ehefrauen, die ihre Männer gut lieben, sollten nicht erfahren, dass ihre Männer Affären haben oder pornosüchtig sind.

Und Männer, die schwer arbeiten, Überstunden machen, alles für die Firma und den Chef getan haben, von dem sie auch noch schlecht behandelt werden, sollten nicht entlassen werden.

Und Adoptiveltern sollten nicht die Erhörung von Millionen von Gebeten an eine biologische Mutter zurückgeben müssen, die noch am selben Nachmittag Drogen nehmen wird.

Und berufstätige Frauen sollten nicht zu hören bekommen, dass sie nicht die großen Aufträge bekommen werden, weil sie nicht bereit sind, mit zwielichtigen Kunden in Striplokale zu gehen.

Und eine Braut, deren Bräutigam es sich noch einmal anders überlegt hat, sollte sich nicht schämen und Hochzeitsabsagen verschicken müssen.

Sie wissen, was ich damit sagen will, oder? Hat Sie schon einmal etwas Unerwartetes völlig umgehauen?

Und dann kommt eine wohlmeinende Freundin, deren Kinder alle aufs Gymnasium gehen und auch noch gute Noten bekommen, in ihrem blitzblanken Kombi angefahren. Ihr Mann hat einen Traumjob, der auch entsprechend traumhaft bezahlt wird. Ihre Eileiter funktionieren. Ihre Beine sind dünn und ihre Haut ist rein, und sie überreicht mir eine Karte, auf der die Bibelstelle Habakuk 3,17-18 in Kalligrafie geschrieben steht.

Da wird der Feigenbaum nicht grünen, und es wird kein Gewächs sein an den Weinstöcken. Der Ertrag des Ölbaums bleibt aus, und die Äcker bringen keine Nahrung; Schafe werden aus den Hürden gerissen, und in den Ställen werden keine Rinder sein. Aber ich will mich freuen des Herrn und fröhlich sein in Gott, meinem Heil.

Toller Vers, aber ganz schlechtes Timing. Ich möchte ihr jetzt am liebsten sagen, dass sie sich ihre Feigen, Oliven, Trauben, Schafe und Rinder sonst wohin stecken kann.

Ich frage mich, ob sich wohl auch Maria, die Mutter Jesu, manchmal so gefühlt hat. Gott hatte ihr gesagt, sie sei gesegnet und auserwählt. Dann rief das Unerwartete ein Schimpfwort in ihre Kirche: Ihr Verlobter glaubte ihr nicht. Das Getuschel und Gerede der Leute setzte ihr bestimmt zu. Sie brachte das Kind in einem Stall zur Welt, ohne saubere Wäsche, ohne Arzt und auch ohne Schmerzmittel oder Periduralanästhesie, wie ich hinzufügen möchte.

Und dann war sie eine Frau, die auf der Flucht war wie eine gesuchte Kriminelle, während das Böse ihr Kind jagte mit einem Dolch in der Hand, an der bereits getrocknetes Blut klebte.

Da gelang es ihr zunächst noch, der tödlichen Jagd auf ihr Kind zu entkommen, aber das sollte nicht so bleiben. Das Schlimmste von allem war, im Schatten eines Kreuzes zusammenzubrechen, während der Körper des Sohnes, den sie zur Welt gebracht hatte, daran hing und ganz langsam sein Leben aushauchte. Das Einzige, was sie von ihm noch erkannte, war seine Stimme, die keuchend und nach Luft ringend die letzten Worte sagte.

Sehen Sie das Unerwartete, das passiert,
als Hinweis auf ihre Stärken und nicht
auf Ihre Schwächen. Vielleicht ist es
Ihnen anvertraut worden, und es ist gar
nichts Schlechtes.

Wenn gesegnet und auserwählt so aussieht, Gott, dann kann ich darauf händeringend verzichten. Wenn dorthin das Ja führt, das gerade dran ist, dann hätte ich lieber etwas anderes. Doch genau an dieser Stelle müssen wir einen inneren Wechsel vollziehen. Wir müssen die Verbindungen anders ziehen und zu anderen Schlussfolgerungen kommen.

Wenn Dinge nicht so aufgehen, wie wir es uns gedacht haben, dann leuchten wir mit dem Scheinwerfer doch meistens sofort auf unsere Schwächen, oder?

Wir sagen und denken: Diese Situation ist so schlimm, weil ich als Person so schlimm bin.

Mein Kind versagt, weil ich als Mutter versagt habe.

Meine Arbeit in Kirche und Gemeinde ist nicht so erfolgreich, wie ich gehofft habe, weil ich nicht klug genug oder nicht gut genug geschult oder nicht geschäftstüchtig genug bin.

Dabei gebe ich mir solche Mühe, gebe wirklich alles. Doch

dann scheint alles einfach unglaublich aus dem Gleichgewicht zu sein und alles geht kaputt.

Sehen Sie denn nicht, dass wir mitten im Unerwarteten die Chance bekommen, eines der großartigsten Jas, das dran ist, zu sagen? Betrachten Sie das Unerwartete, das passiert, als Hinweis auf Ihre Stärken und nicht Ihre Schwächen. Vielleicht ist es Ihnen anvertraut worden, und es ist gar nichts Schlechtes.

TUN SIE DAS NÄCHSTE RICHTIGE, WAS JETZT AN DER REIHE IST

Gestern hat mein Pastor darüber gepredigt, warum Jesus vier Tage wartete – so lange, bis Lazarus wirklich tot war –, bevor er Marias und Marthas Bitte zu kommen erfüllte. Vier Tage! Vier Tage! So lange, dass Lazarus schon in Grabtücher gehüllt in einer Höhle beigesetzt worden war. Und das tat Jesus Menschen an, die er sehr lieb hatte.

Warum verhielt er sich so? Mit einer Zärtlichkeit, die wirklich jeden Gottesdienstbesucher zutiefst berührte, sagte mein Pastor dazu: „Jesus hatte der Welt bereits gezeigt, dass er heilen konnte. Jetzt musste er zeigen, dass er auch vom Tod auferwecken konnte. Das mussten alle erfahren."

Da standen alle Gottesdienstbesucher auf und applaudierten. Nicht unserem Pastor applaudierten wir, sondern weil sich die Wahrheit seiner Worte an den tiefen Stellen niederließ, die eine persönliche Auferstehung nötig hatten. Manche unerwarteten Verletzungen erfordern mehr als nur Heilung. Gelähmte Stellen in unserem Inneren, die sich wie tot anfühlen, brauchen eine vollständige Wiederbelebung, müssen auferweckt werden.

Kurzfristig betrachtet ergibt das wahrscheinlich keinen Sinn, sondern tut nur weh. Es sorgt nur für Tränen und einen Zorn, den man in dieser Heftigkeit bei sich selbst nicht für möglich gehalten hätte. Aber lassen Sie sich nicht lähmen. Tun Sie das nächste Richtige, was jetzt an der Reihe ist. Und dann das nächste. Machen Sie ganz kleine Schritte in die richtige Richtung, und Sie werden schon bald merken, dass Sie mit einer neuen Kraft unterwegs sind, die Sie ebenfalls nie für möglich gehalten hätten.

Gute Mütter, die sich wie Versagerinnen fühlen, tun das nächste Richtige, was an der Reihe ist. Rufen Sie eine Freundin an, eine Freundin, die bereits selbst Schweres mit ihren Kindern hinter sich hat. Reden Sie. Tragen Sie zusammen, was los ist. Beten Sie zusammen. Gehen Sie zu Ihren Kindern, sagen Sie ihnen, dass sie mehr sind als ihre Fehler, dass dasselbe aber auch für Sie gilt. Und stehen Sie dann auch wirklich hinter dieser Aussage.

....

Tun Sie das nächste Richtige,
das an der Reihe ist.

....

Ehefrauen, die gut lieben, aber nicht gut geliebt werden – tun Sie das nächste Richtige, das an der Reihe ist. Schreiben Sie Verheißungen aus dem Wort Gottes ab. Jedes Mal wenn die Stimmen des Verrates und der Verletzung Sie verfolgen, stellen Sie die Wahrheit ein bisschen lauter dagegen, und wenn es sein muss, dann schreien Sie sie sogar. Und suchen Sie sich einen Therapeuten oder Seelsorger, der Ihnen beisteht und ebenfalls die Wahrheit ausspricht.

Männer, die hart gearbeitet haben, aber trotzdem entlassen worden sind, tun Sie das nächste Richtige, das an der Reihe ist. Erstellen Sie eine Liste Ihrer Fähigkeiten – der Eigenschaften, durch die Sie so gut in Ihrem Job sind. Bitten Sie Gott, Ihnen zu zeigen, wie Sie jetzt Ihre Familie ernähren können, und zwar sowohl kurzfristig als auch langfristig.

Was auch immer falsch gelaufen ist, es gibt immer etwas Richtiges, das als Nächstes an der Reihe ist.

„In jedem beliebigen Moment, in dem eine Entscheidung ansteht, ist das Beste, was man tun kann, das Richtige zu tun, das als Nächstes an der Reihe ist. Das Schlimmste, was man tun kann, ist nichts zu tun." Das hat Präsident Theodore Roosevelt gesagt, und obwohl ich ihn nicht gerade für einen brillanten Theologen halte, war er doch ein Mann, der sich leicht hätte lähmen lassen können durch das Unerwartete, das über sein Leben hereinbrach.

Seine junge Frau starb, nachdem sie die gemeinsame Tochter zur Welt gebracht hatte. Das allein wäre schon furchtbar genug gewesen, aber das Unerwartete traf Roosevelt an diesem Tag mit doppelter Wucht, denn am selben Tag war nur ein paar Stunden früher seine Mutter an Typhus gestorben. Nach Aussage von Historikern schrieb er am 14. Februar des Jahres 1884 ein großes X über die ganze Seite seines Tagebuches und außerdem: „Das Licht ist aus meinem Leben gewichen."[45]

Etwas Unerwartetes dieser Art hätte einen Menschen gut und gerne vollständig lähmen können. Vielleicht hat es das auch eine Zeit lang getan, aber aus den Geschichtsbüchern weiß ich, dass er danach wieder zurückgekommen ist. Anscheinend war da eine Stärke, die durch das Unerwartete nicht hatte ausgelöscht werden können. Vielleicht, wirklich nur vielleicht, diente das Unerwartete sogar dazu, ihm die Kraft zu geben, die er für die Aufgabe brauchte, die ihm zugedacht war; denn nur zwölf Jahre später, im Jahr 1898, wurde er zum Gouverneur gewählt, 1900 zum Vizepräsidenten und nach der Ermordung von McKinley wurde er 1901

---

45 „Roosevelt's Pocket Diary (Memory)," *American Treasure of the Library of Congress*, July 27, 2010, http://www.loc.gov./exhibits/treasures/trm052.html.

im Alter von zweiundvierzig Jahren Präsident der Vereinigten Staaten.[46]

Sie sind stark, liebe Freundin. Sie haben Durchhaltevermögen, sind zäh, biegen sich, ohne zu brechen, sind bereit, demütig zu werden bis hin zu dem Punkt der Demütigung, aber nicht blind. Sie sind auf der Jagd nach Weisheit, eine Frau, die betet, eine mutige Frau, eine, die ganz von Gott abhängig sein und ihm nachfolgen will.

In Form der Buchstaben auf dieser Buchseite möchte ich Ihnen die Hand reichen und Ihnen beistehen. Von dieser Stelle aus, an der Sie mit bloßem Herzen dastehen, wird eine von Gott gegebene Kraft da sein und immer weiter zunehmen. Diese Kraft wird Ihnen helfen, dem Widersacher ins Gesicht zu sagen: „Diesmal hast du dir leider die falsche Frau ausgesucht, um dich mit ihr anzulegen!"

46 „Theodore Roosevelt – Biographical," *Nobelprize.org*, 2013, http://www.nobelprize.org/nobel_prizes/peace/laureates/1906/roosevelt-bio.html.

Kapitel 19

WIR TREFFEN ENTSCHEIDUNGEN, UND LETZTLICH SIND ES UNSERE ENTSCHEIDUNGEN, DIE UNS PRÄGEN

Ich bin keine große Bäckerin, obwohl ich die Ausrüstung und das Gerät dazu besitze. Wenn jemand sich in meiner Küche umschauen würde, könnte er zu dem Schluss kommen, dass ich gut und gerne backe.

„Sie besitzt eine Schürze, Messbecher, Rührschüsseln, Vanillearoma, Zucker, Mehl und Kochbücher. Vielleicht ist sie eine Bäckerin."

Aber wenn Sie dann etwas genauer hinschauen würden, dann würden sie merken, dass meine Backformen zu sauber sind, zu blank. Sie sehen zu neu und unbenutzt aus.

Nein, sie ist keine Bäckerin. Sie ist eine Frau, die ab und zu Backanfälle hat, aber in der Regel ist sie dankbar dafür, dass es im Supermarkt schöne Torten gibt, die sie zu Hause aus der Verpackung nehmen und auf den tragbaren Tortenbehälter umbetten kann. Sie will damit gar nicht schummeln, sondern sie ist nur kreativ. Sie kann doch nichts dafür, was Leute vermuten, wenn sie eine Torte in einem Tuppertortenbehälter mitbringt.

Jedenfalls werde ich nicht in einer Tortenbacksendung mitmachen. Ja, ich werde noch nicht einmal gefragt, ob ich etwas zum Tortenbüfett in der Schule beitragen möchte, an dem der Kuchen für einen guten Zweck verkauft wird, weil vielleicht die echten Tortenbackmütter (die ich wirklich von ganzem Herzen bewundere) meinen kleinen Trick durchschaut haben und mich jetzt nicht mehr fragen.

Ich bin also keine Bäckerin, aber die Vorstellung, eine zu sein, gefällt mir. Mir gefällt die Vorstellung, Dinge in einer Schüssel zusammenzumengen, die normalerweise nicht zusammengehören, nur weil das so im Rezept steht. Wie beispielsweise Eier und Mehl. Vanille und Zucker. Backpulver und Milch.

Wenn ich diese Zutatenpaare einfach so für sich essen würde, wäre ich höchstwahrscheinlich sehr enttäuscht. Wenn man sie aber nach einem bestimmten Rezept zusammenmixt, ergeben sie Köstlichkeiten, die ich essen und auch mit anderen teilen möchte. Natürlich in Maßen.

Jetzt stellen Sie sich vor, ich würde all diese Zutaten einfach in eine Schüssel füllen, sie aber nicht miteinander vermengen. Dann lägen glänzende Eigelbe auf Weizenmehl mit ein paar schwarzen Punkten von der Vanille. Kleine Zuckerhäufchen befänden sich am Rand der Schüssel zusammen mit dem Backpulver, und die Milch, die ich dazugeschüttet hätte, würde in den Mehlhaufen sickern. Ich hätte eine Schüssel voller Potenzial, das aber niemals entfaltet würde, wenn ich nicht vor dem Backen alles miteinander verrühren würde. Ich weiß nicht so genau, was passieren würde, wenn ich einfach alles ohne zu rühren in die Backform füllen und in den Ofen stellen würde, aber ich weiß, dass es nicht das Richtige wäre.

Und genauso ist es auch mit all den Zutaten für unsere Weisheit, von denen in diesem Buch die Rede gewesen ist. Sie sollen nicht einzeln betrachtet, sondern zusammengerührt werden und Sie dann anschließend innerlich in Bewegung bringen. Einzeln betrachtet haben wir nur über eine Prise Erfahrung, einen Schuss Erkenntnis, einen Löffel Inspiration und einen Becher Wahrheit gesprochen, aber wenn man das alles miteinander vermengt, dann wird aus dieser Mischung innere Reife. Und wer anschließend die innere Reife in der Hitze des Alltags backen lässt, wird ein Mensch nach dem Herzen Gottes. Eugene Peterson sagt, wir müssen „lange in eine Richtung gehorsam sein.“

....

Nicht Aktivitäten oder Leistungen machen ein gut gelebtes Leben aus, sondern ein weises Herz, das wir uns innerhalb der Jahre erarbeiten und auf dem Weg einsetzen.

....

Entscheidung für Entscheidung, Tag für Tag. Wir müssen alles, was wir gelernt haben, in unser Leben hineinrühren.

„Die Geduld aber soll ihr Werk tun bis ans Ende, damit ihr vollkommen und unversehrt seid und kein Mangel an euch sei.

Wenn es aber jemandem unter euch an Weisheit mangelt, so bitte er Gott, der jedermann gern gibt und niemanden schilt; so wird sie ihm gegeben werden“ (Jakobus 1,4-5).

Mit der Zeit werden Sie ein weises Herz bekommen und aus diesem weisen Herzen werden sich all die Entscheidungen ergeben zu dem Ja, das dran ist.

Und in Bezug darauf, was ein weises Herz ausmacht, bin ich von einem immer überzeugter: Nicht Aktivitäten oder Leistungen machen ein gut gelebtes Leben aus, sondern ein weises Herz, das wir uns innerhalb der Jahre erarbeiten und auf dem Weg einsetzen.

Wir treffen jeden Tag Entscheidungen, und irgendwann machen unsere Entscheidungen uns aus, definieren, wer wir sind. Wir haben verschiedene Möglichkeiten; wir treffen Entscheidungen und dann leben wir mit ihren Folgen – den guten wie den schlechten. Diese Entscheidungen haben einen großen Einfluss auf unser Leben. Vieles von dem, was ich heute lebe, ist die Folge von Entscheidungen, die ich gestern getroffen habe.

Das zu verstehen, hilft mir zu begreifen, wie viel Gewicht die Entscheidungen haben, die ich heute treffe. Diese Folgen können ebenso etwas Herrliches wie etwas Unheilvolles sein. Ach, dass ich doch ein Herz voller Weisheit in meinem Leben erlangen möge.

⨌JEDER HAT SEINE AUFGABE

C.S. Lewis schreibt:

Jedes Mal wenn man eine Entscheidung trifft, verwandelt man dadurch den innersten Kern des eigenen Wesens, eben jenen Teil, der entscheidet, und er wird um eine Spur anders. Wenn man sein Leben überblickt, mit all den unzähligen sittlichen Entscheidungen, so sieht man, dass man ein Leben lang diesen innersten Kern in etwas Himmlisches oder Teuflisches verwandelt, in ein Geschöpf, das mit Gott in Harmonie lebt, mit anderen Geschöpfen und mit sich selbst, oder aber in ein Geschöpf, das mit sich selbst, mit der Welt und mit Gott zerfallen ist. Ein himmlischer Wesenskern bringt Freude und Frieden, Wissen und Macht; ein teuflischer aber Zorn, Grauen, Blödheit, Wut, Ohnmacht und ewige Einsamkeit. Jeder von uns entwickelt sich in jedem Augenblick auf den einen oder anderen Zustand hin.[47]

---

47   C.S.Lewis, *Pardon ich bin Christ (Brunnen Verlag, 1982)*, S. 76.

Ach Gott, dass ich doch diesen zentralen Teil von mir, den Teil, der auswählt und entscheidet, zu etwas anderem machen möge als zuvor. Dass ich in diesen Teil all die Zutaten mit hineinrühre – Reife, Weisheit und Geduld.

Es gibt Momente, in denen ich absolut aufrichtig sein kann in Bezug darauf, was wirklich los ist. Oft passiert es in nur ganz kurzen Momenten zwischen den Dingen, die anliegen und die meinen Alltag bilden, wenn mich ungefilterte Ehrlichkeit packt.

Beschreibungen schwirren mir im Kopf herum, aber diesmal sind sie anders. Ich bin nicht mehr die Frau, die von ihrem Terminplan überfordert ist, die unter der Last der Trauer einer überforderten Seele leidet, sondern ich verändere mich – langsam. Ich nutze die Kraft des rechtzeitigen Neins – meistens – und ich denke meine Entscheidungen zu Ende. Ich überlege, was ich mir dadurch einhandele und erscheine zum Training. Ich möchte zu bewussten Entscheidungen kommen über das Ja, das gerade dran ist.

Das alles gelingt mir noch nicht perfekt, aber ich suche auf jeden Fall nach immer mehr Momenten ständiger, ununterbrochener Gemeinschaft mit dem Geber aller Weisheit.

Ja, ich verändere mich.

Und ich bete, dass Sie sich auch verändern.

Weisheit zeigt sich entweder durch unser Handeln oder sie wird durch unser Handeln widerlegt. Jesus sagt: „Weisheit wird gerechtfertigt durch ihre Taten" (Matthäus 11,19). Also lassen Sie uns die Weisheit wählen. Lassen Sie uns die beiden mächtigsten Worte Ja und Nein mit Sicherheit, Klarheit und Kraft einsetzen. Damit die Menschen Jesus sehen, wenn sie uns sehen; damit sie Jesus hören, wenn sie uns hören, und damit sie Jesus kennenlernen, wenn sie uns kennen.

Ja, im Plan Gottes haben Sie und ich eine Aufgabe. Wenn wir das wissen und glauben, dann leben wir diese Aufgabe. Wir leben unser Leben und machen Entscheidungen zum Ja, das dran ist, zu einem Filter. Dann sind wir gelebtes Wort Gottes. Durch unsere bewusste, unabgelenkte Liebe wird unser Glaube glaubwürdig. Unsere Weisheit wird uns dabei helfen, Entscheidungen zu treffen, die auch morgen noch gut und richtig sind.

Und jetzt lassen Sie uns praktisch werden und das Ja leben, das dran ist.

Richtig mit
Gefühlen umgehen

„Hervorragend geeignet zum gemeinsamen Lesen mit anderen - offen und ehrlich. Danke, Lysa!"

Joyce

Gott hat uns mit Gefühlen ausgestattet, damit wir die ganze Bandbreite des Lebens spüren können. Aber nicht, um ihnen willenlos ausgeliefert zu sein! Doch wie kann man mit seinen Gefühlen konstruktiv umgehen? Mit großer Ehrlichkeit und viel Humor hilft Lysa TerKeurst Ihnen dabei herauszufinden, wie Ihre typischen Reaktionen auf Gefühle aussehen; wie Sie Konflikte lösen, ohne dabei Menschen zu verletzen; wie Sie inmitten von Schwierigkeiten Frieden finden und die Wahrheit in Liebe aussprechen können.

Lysa TerKeurst • Achterbahn der Gefühle
Klappenbroschur • 240 Seiten • ISBN 978-3-86591-920-5

Grenzen setzen ohne Schuldgefühle

„Mit vielen praktischen Beispielen geht Antje Balters auf die Problematik des *Nicht-Nein-Sagen-Könnens* ein und zeigt Wege heraus. Dabei macht ihre spritzig-humorvolle Art das Lesen spannend und ergreifend."

Leserstimme

Fühlen Sie sich manchmal durch Ihre Freunde, Familie, Kollegen und deren Ansprüche überfordert? Haben Sie häufig den Drang, auch mal Nein zu sagen? Dieses Buch möchte Ihnen dabei helfen, sich vor Überforderung zu schützen und Ihre persönlichen Grenzen auf sachliche und verständliche Art klar zu machen. Es geht dabei aber keineswegs um Tipps zum radikalen „Ellbogenverhalten". Vielmehr finden Sie prägnante Hilfen, wie Sie Ihre eigenen Grenzen ausloten und so vermitteln können, dass sie von anderen wahrgenommen und respektiert werden.

Antje Balters • Mut zum Neinsagen
Taschenbuch • 128 Seiten • ISBN 978-3-89437-707-6

MIX
Papier aus verantwor-
tungsvollen Quellen
FSC® C014496

Verlagsgruppe Random House FSC®N001967
Das für dieses Buch verwendete FSC®-zertifizierte Papier *Munken Premium Cream*
liefert Arctic Paper Munkedals AB, Schweden.

Die Bibelzitate wurden, wenn nicht anders vermerkt,
der folgenden Bibelübersetzung entnommen:
Gute Nachricht, © 1997 Deutsche Bibelgesellschaft, Stuttgart. (GN)

Weitere verwendete Bibelübersetzungen:
Hoffnung für alle, Copyright © 1983, 1996, 2002 by Biblica, Inc.®
Verwendet mit freundlicher Genehmigung des Herausgebers Fontis –
Brunnen Basel. (Hfa)
Einheitsübersetzung der Heiligen Schrift, Katholische Bibelanstalt,
Stuttgart 1980. (EÜ)
Luther, revidierte Fassung von 1984, durchgesehene Ausgabe in neuer Rechtschreibung.
© 1984 Deutsche Bibelgesellschaft, Stuttgart. (LÜ)

Die Verlagsgruppe Random House/Gerth Medien weist ausdrücklich darauf hin,
dass im Text enthaltene externe Links vom Verlag nur bis zum Zeitpunkt
der Buchveröffentlichung eingesehen werden konnten. Auf spätere Veränderungen
hat der Verlag keinerlei Einfluss. Eine Haftung des Verlags für externe Links
ist stets ausgeschlossen.

Die amerikanische Originalausgabe ist im Verlag
Thomas Nelson, Nashville, Tennessee, USA erschienen
unter dem Titel „The Best Yes".
© 2014 by Lysa TerKeurst

© der deutschen Ausgabe 2014 Gerth Medien GmbH, Asslar
in der Verlagsgruppe Random House, München

Best.-Nr. 816069
ISBN 978-3-95734-069-6
1. Auflage 2015

Umschlaggestaltung: Hanni Plato
Satz: Vornehm Mediengestaltung, München
Druck und Verarbeitung: GGP Media GmbH, Pößneck
Printed in Germany